Aufbaukurs der Buchführung

ISBN-Lsgsheft 3- 7910- 1493 - 5

SCHÄFFER
POESCHEL

Dieter Schiederer / Christa Loidl

Aufbaukurs der Buchführung

5., aktualisierte Auflage

1999
Schäffer-Poeschel Verlag Stuttgart

Die Deutsche Bibliothek – CIP-Einheitsaufnahme

Aufbaukurs der Buchführung /Dieter Schiederer/ Christa Loidl/
5., aktualisierte Aufl. - Stuttgart : Schäffer- Poeschel, 1999
   ISBN 3-7910-1492-7

Gedruckt auf säure- und chlorfreiem, alterungsbeständigem Papier.

ISBN 3-7910-1492-7

© 1999 Schäffer-Poeschel Verlag für Wirtschaft · Steuern · Recht GmbH & Co. KG
Einbandgestaltung: Willy Löffelhardt
Druck und Bindung: Franz Spiegel Buch GmbH, Ulm
Printed in Germany

Schäffer-Poeschel Verlag Stuttgart
Ein Tochterunternehmen der Verlagsgruppe Handelsblatt

VORWORT

Dieser Lehrgang baut auf den

"Grundkurs der Buchführung"

derselben Autoren auf und führt ihn - soweit methodisch sinnvoll, mit gewissen Wiederholungen - weiter.

Die Absicht, Praxisnähe zu vermitteln, wird mit vielen Beispielen und Aufgaben verwirklicht, die im Unterricht erprobt wurden und auch derzeit dem neuesten Rechtsstand entsprechen. Sie entstammen nicht nur der Unterrichtserfahrung der Autoren, sondern auch deren praktischer Tätigkeit.

Die Kontierungen orientieren sich an den beiden in der Praxis sehr weit verbreiteten DATEV-Kontenrahmen SKR 03 (Prozessgliederung) und SKR 04 (Abschlussgliederung).

Aus dem Inhalt:

- Grundlagen der Buchführung

- Organisation der Buchführung

- Lohn- und Gehaltsbuchungen

- Wechselverkehr

- Steuern

- Kauf, Abgang und Herstellung von Sachanlagen

- Anzahlungen

- Werterhaltende und werterhöhende Reparaturen

- Betriebsausgaben mit besonderen Aufzeichnungspflichten

- Ausserordentliche Aufwendungen und Erträge

- Import und Exportgeschäfte

- Grundsätze der Bewertung nach Handels- und Steuerrecht

- Jahresabgrenzung

- Verbindlichkeiten

- Grundzüge der Industriebuchführung

- Inhalt des Jahresabschlusses bei Kapitalgesellschaften

- Hauptabschlussübersicht

INHALTSVERZEICHNIS

Abkürzungsverzeichnis

AB	=	Anfangsbestand
AfA	=	Absetzung für Abnutzung
AK	=	Anschaffungskosten
AktG	=	Aktiengesetz
AG	=	Arbeitgeber
AMI	=	Aktivminderung
AO	=	Abgabenordnung
AR	=	Ausgangsrechnung
AT	=	Aktivtausch
AV	=	Anlagevermögen
BewG	=	Bewertungsgesetz
BfA	=	Bundesversicherungsanstalt für Angestellte
BiRiLiG	=	Bilanzrichtliniengesetz
COM-Verfahren	=	Computer-Output on Microfilm
DATEV	=	Datenverarbeitungsorganisation des steuerberatenden Berufes in der Bundesrepublik Deutschland eG
DV	=	Datenverarbeitung
EB	=	Endbestand
EDV	=	Elektronische Datenverarbeitung
EG	=	Europäische Gemeinschaft
EK	=	Eigenkapital
ER	=	Eingangsrechnung
EStDV	=	Einkommensteuer-Durchführungsverordnung
EStG	=	Einkommensteuergesetz
EStR	=	Einkommensteuer-Richtlinien
EU	=	Europäische Union
EUSt	=	Einfuhr-Umsatzsteuer
GmbH	=	Gesellschaft mit beschränkter Haftung
GmbHG	=	GmbH-Gesetz
GenG	=	Genossenschafts-Gesetz
geom.-degr.	=	geometrisch-degressiv
GOB	=	Grundsätze ordnungsmässiger Buchführung
GoBS	=	Grundsätze ordnungsmässiger DV-gestützter Buchführungssysteme
GoDS	=	Grundsätze ordnungsmässiger Datensicherung
GOM	=	Grundsätze ordnungsmässiger Mikroverfilmung
GuV	=	Gewinn- und Verlust
GVo	=	Geldwerte Vorteile
H	=	Haben
HGB	=	Handelsgesetzbuch
IAS	=	International Accounting Standards

IKS	=	Internes Kontrollsystem
KV	=	Krankenversicherung
KiSt	=	Kirchensteuer
LFZ	=	Lohnfortzahlung
LVA	=	Landesversicherungsanstalten für Arbeiter
KStG	=	Körperschaftsteuergesetz
PMI	=	Passivminderung
PT	=	Passivtausch
PublG	=	Publizitätsgesetz
RV	=	Rentenversicherung
USt	=	Umsatzsteuer
UStG	=	Umsatzsteuergesetz
UStR	=	Umsatzsteuer-Richtlinien
GewStG	=	Gewerbesteuergesetz
R	=	Richtlinie, Abschnitt
S	=	Soll
SB	=	Schlussbestand
SKR	=	Sachkontenrahmen
UV	=	Umlaufvermögen
US-GAAP	=	**US**-amerikanische **G**enarally **A**cceptet **A**ccounting **P**rinciples
UStDV	=	Umsatzsteuer-Durchführungsverordnung
USt-IdNr	=	Umsatzsteuer-Identifikationsnummer
VSt	=	Vorsteuer
VWL	=	Vermögenswirksame Leistungen
WES	=	Wareneinsatz

1 Grundlagen der Buchführung

1.1 Buchführungspflicht nach Handels- und Steuerrecht

Erfüllung gesetzlicher Pflichten	
Handelsrecht **§ 238 HGB**	**Steuerrecht** **§§ 140, 141 AO**
Buchführungspflicht für alle (Voll-) Kaufleute	Buchführungspflicht für alle, die handelsrechtlich zur Führung von Büchern verpflichtet sind. Buchführungspflicht für gewerbliche Unternehmer sowie Land- und Forstwirte, die bestimmte Merkmale des § 141 AO erfüllen.
Handelsrechtliche Vorschriften gelten, sofern sich aus den Steuergesetzen nichts anderes ergibt (Massgeblichkeitsprinzip).	

Vollkaufleute nach HGB sind

Istkaufmann (§ 1 HGB)
Kaufmann im Sinne des HGB ist, wer ein Handelsgewerbe treibt. Handelsgewerbe ist jeder Gewerbebetrieb, es sei denn, dass das Unternehmen nach Art oder Umfang einen in kaufmännischer Weise eingerichteten Geschäftsbetrieb nicht erfordert.

Kannkaufmann (§ 2 HGB)
Ein gewerbliches Unternehmen, dessen Gewerbebetrieb nicht schon nach § 1 Abs. 2 Handelsgewerbe ist, gilt als Handelsgewerbe im Sinne des HGB, wenn die Firma des Unternehmens in das Handelsregister eingetragen ist. Der Unternehmer ist berechtigt, aber nicht verpflichtet, die Eintragung nach den für die Eintragung kaufmännischer Firmen geltenden Vorschriften herbeizuführen. Ist die Eintragung erfolgt, so findet eine Löschung der Firma auch auf Antrag des Unternehmers statt, sofern nicht die Voraussetzung des § 1 Abs. 2 eingetreten ist.

Kaufmann kraft Eintragung (§ 5 HGB)
Ist eine Firma im Handelsregister eingetragen, so kann gegenüber demjenigen, welcher sich auf die Eintragung beruft, nicht geltend gemacht werden, dass das unter der Firma betriebene Gewerbe kein Handelsgewerbe sei.

Handelsgesellschaften Formkaufmann (§ 6 HGB)
Die in betreff der Kaufleute gegebenen Vorschriften finden auch auf die Handelsgesellschaften Anwendung.
Die Rechte und Pflichten eines Vereins, dem das Gesetz ohne Rücksicht auf den Gegenstand des Unternehmens die Eigenschaft eines Kaufmanns beilegt, bleiben unberührt, auch wenn die Voraussetzung des § 1 Abs. 2 nicht vorliegen.

Kaufmannseigenschaft und öffentliches Recht (§ 7 HGB)
Durch die Vorschriften des öffentlichen Rechtes, nach welchen die Befugnis zum Gewerbebetrieb ausgeschlossen oder von gewissen Voraussetzungen abhängig gemacht ist, wird die Anwendung der die Kaufleute betreffenden Vorschriften dieses Gesetzbuchs nicht berührt.

Buchführungspflicht nach Steuerrecht

Das Steuerrecht regelt die Buchführungs- und Aufzeichnungsvorschriften in der Abgabenordnung (AO). Nach § 140 AO ist der Personenkreis, der bereits nach Handelsrecht buchführungspflichtig ist, auch nach Steuerrecht buchführungspflichtig. Für die Vollkaufleute sind daher handelsrechtliche und steuerrechtliche Vorschriften zu beachten.

Der Personenkreis, der nach Handelsrecht nicht buchführungspflichtig ist, wird nach Steuerrecht trotzdem buchführungspflichtig, wenn es sich um gewerbliche Unternehmer und Land- und Forstwirte handelt, die für den einzelnen Betrieb folgende Voraussetzungen erfüllen:

---

§ 141 AO

- **Umsätze von mehr als 500 000,00 DM im Kalenderjahr oder**
- **Gewinn aus Gewerbebetrieb von mehr als 48 000,00 DM im Wirtschaftsjahr,**
- **Gewinn aus Land- und Forstwirtschaft von mehr als 48 000,00 DM im Kalenderjahr, selbstbewirtschaftete land- und forstwirtschaftliche Fläche mit einem Wirtschaftswert von mehr als 40 000,00 DM.**

Buchführungspflicht allgemein

Steuerrechtlich wird unterschieden zwischen abgeleiteter (§ 140 AO) und originärer Buchführungspflicht (§ 141 Abs. 1 AO).

- abgeleitete Buchführungspflicht

Wer nach anderen Gesetzen (z. B. HGB) als den Steuergesetzen Bücher und Aufzeichnungen führen muss, die für die Besteuerung von Bedeutung sind, ist auch steuerrechtlich buchführungspflichtig.

- originäre Buchführungspflicht

Soweit die Buchführungspflicht von den Finanzbehörden wegen Überschreitung der Buchführungsgrenze oder aus anderen Gründen angeordnet wird, versteht man darunter die originäre Buchführungspflicht.

Die Buchführungspflicht betrifft jeden einzelnen Betrieb des Steuerpflichtigen. Darunter wird jede planmässig organisierte Wirtschaftseinheit verstanden, die Dienstleistungen durch Arbeitskräfte erbringt in Verbindung mit dem Einsatz von Betriebsmitteln und/oder Werkstoffen zur Produktion.

Beginn der Buchführungspflicht

Die Entscheidung, ob die Buchführungsgrenze überschritten wird, trifft die Finanzbehörde, und zwar entweder im Steuerbescheid oder durch besondere Feststellung. Es ist notwendig, dass der Steuerpflichtige auf die Verpflichtung hingewiesen wird.

Die Buchführungspflicht beginnt mit Beginn des Wirtschaftsjahres, das auf die Bekanntgabe der Mitteilung des Finanzamtes folgt, durch die die Finanzbehörde auf die Verpflichtung hinweist.

Ende der Buchführungspflicht

Handelsrechtlich endet die abgeleitete Buchführungspflicht mit Beendigung der Kaufmannseigenschaft. Es sind jedoch auch bei der abgeleiteten Buchführungspflicht die steuerrechtlichen Vorschriften zu beachten.

Nach den Steuervorschriften endet die Buchführungspflicht mit Ablauf des Wirtschaftsjahres, das auf das Wirtschaftsjahr folgt, in dem die Finanzbehörde festgestellt hat, dass keine Buchführungspflicht mehr besteht.

Die Buchführungspflicht endet nicht bei einmaligem Unterschreiten der Buchführungsgrenzen, wenn im nächsten Jahr die Grenzen wieder überschritten werden, auch dann nicht, wenn von den Finanzbehörden ein Ende der Buchführungspflicht festgestellt wurde.

Bei einem Vergleich endet die Buchführungspflicht nicht!

Wird ein Unternehmen verpachtet oder veräussert, geht die Buchführungspflicht auf denjenigen über, der den Betrieb im Ganzen zur Bewirtschaftung als Eigentümer oder Nutzungsberechtigten übernimmt.

Merke:

- **Die Buchführung liefert Informationen**

  - für Anteilseigner, Gläubiger und Arbeitnehmer und erfüllt somit das Schutzbedürfnis, um Schädigungen Dritter zu verhindern.

  - für eigene Zwecke (Kosten- und Leistungsrechnung, Controlling, Preiskalkulation, Selbstkostenkontrolle, Investitionsvorhaben, Wirtschaftlichkeit, Rentabilität)

  - für die richtige Einkunftsermittlung aus Gründen gerechter, gleichmässiger Steuerbemessung zur Finanzierung der öffentlichen Haushalte.

- **Die Buchführung dient der Beurteilung der Lage des Unternehmens. Sie muss in regelmässigen Abständen das Vermögen und die Schulden ermitteln.**

- **Die Buchführung muss alle Aufwendungen und Erträge aufzeichnen, damit der Gewinn oder Verlust ermittelt werden kann.**

- **Die Buchführung muss jederzeit Einblick in die tatsächliche Vermögens-, Finanz- und Ertragslage geben.**

- **Die Buchführung stellt beweiskräftige Unterlagen in Rechts- und Vermögensstreitigkeiten gegenüber Finanzämtern, -gerichten und anderen Gerichten bereit.**

- **Es besteht eine abgeleitete und originäre Buchführungspflicht.**

- **Beginn und Ende der originären Buchführungspflicht werden von den Finanzbehörden bestimmt.**

Aufgaben zur Sicherung des Lernerfolges:

1. Wozu braucht der Unternehmer eine Buchführung? Nennen Sie Beispiele und gehen Sie anschliessend auf nachstehende Zusatzfragen ein:

    a) Welche Aussage kann die Buchführung in bezug auf die Geschäftsbeziehungen mit einem Kunden liefern?

    b) Welche Aussagen kann die Buchführung für die Preiskalkulation liefern?

    c) Ist es für den Unternehmer von Interesse, dass er Eingangs- und Ausgangsrechnungen aufbewahrt?

2. Warum ist der Staat grundsätzlich an einer ordnungsmässigen Buchführung interessiert?

3. Welches Interesse haben die Lieferanten eines Unternehmens daran, dass dieses ordnungsgemäss Bücher führt?

4. Der Unternehmer will sich eine sehr teure Maschine kaufen.

    a) Wovon hängt die Entscheidung ab?

    b) Welche Hilfe kann ihm die Buchführung bei dieser Entscheidung geben?

    c) Der Unternehmer braucht einen Kredit für die Beschaffung der Maschine. Wird ihm die Bank den Kredit gewähren? Wovon hängt dies ab und wie kann der Unternehmer seine Verhältnisse glaubhaft machen?

5. Wie bezeichnet man Kaufleute, die ein Grundhandelsgewerbe betreiben?

6. Welche Kaufleute sind nach Handelsrecht verpflichtet, Bücher zu führen?

7. Wer muss nach Steuerrecht Bücher führen?

8. Nennen Sie Gesetze, die der Kaufmann nach Handelsrecht beachten muss.

9. Nennen Sie Gesetze, die der Kaufmann nach Steuerrecht beachten muss.

10. Ein Kaufmann tätigte im vergangenen Wirtschaftsjahr Umsätze in Höhe von 450 000,00 DM und erzielte dabei einen Gewinn von 37 800,00 DM.

    Bis September des laufenden Jahres konnte er bereits Waren im Wert von 960 000,00 DM verkaufen.

    a) Ist er im folgenden Jahr bereits buchführungspflichtig? Begründung!

    b) Ab wann ist der Kaufmann buchführungspflichtig? Begründung!

1.2 Handels- und steuerrechtliche Buchführungsvorschriften

§ 238 Abs. 1 HGB §§ 140, 141 AO §§ 4, 5 EStG	Buchführungspflicht: Jeder Kaufmann ist verpflichtet, Bücher zu führen und in diesen seine Handelsgeschäfte und die Lage seines Vermögens nach den Grundsätzen ordnungsmässiger Buchführung ersichtlich zu machen.
§ 238 Abs. 1 HGB § 145 Abs. 1 AO	Die Buchführung muss so beschaffen sein, dass sie einem sachverständigen Dritten innerhalb angemessener Zeit einen Überblick über die Geschäftsvorfälle und die Lage des Unternehmens vermitteln kann. Die Geschäftsvorfälle müssen sich in ihrer Entstehung und Abwicklung nachvollziehen lassen.
§ 238 Abs. 2 HGB	Der Kaufmann ist verpflichtet, eine mit der Urschrift übereinstimmende Wiedergabe der abgesandten Handelsbriefe (Kopie, Abdruck, Abschrift oder sonstige Wiedergabe des Wortlauts auf einem Schrift-, Bild- oder anderen Datenträger) zurückzuhalten.
§ 239 Abs. 2 HGB § 146 Abs. 1 AO	Führung der Handelsbücher: Bei der Führung der Handelsbücher und bei den sonst erforderlichen Aufzeichnungen hat sich der Kaufmann einer lebenden Sprache zu bedienen. Werden Abkürzungen, Ziffern, Buchstaben oder Symbole verwendet, muss im Einzelfall deren Bedeutung eindeutig feststehen.
§ 239 Abs. 2 HGB § 146 Abs. 1 AO § 239 Abs. 3 HGB § 146 Abs. 4 AO	Die Eintragungen in Büchern und die sonst erforderlichen Aufzeichnungen müssen vollständig, richtig, zeitgerecht und geordnet vorgenommen werden. Eine Eintragung oder eine Aufzeichnung darf nicht in der Weise geändert werden, dass der ursprüngliche Inhalt nicht mehr feststellbar ist. Auch solche Veränderungen dürfen nicht vorgenommen werden, deren Beschaffenheit es ungewiss lässt, ob sie ursprünglich oder erst später gemacht worden sind.
§ 239 Abs. 4 HGB § 146 Abs. 5 AO	Die Handelsbücher und die sonst erforderlichen Aufzeichnungen können auch in der geordneten Ablage von Belegen bestehen oder auf Datenträgern geführt werden, soweit diese Formen der Buchführung einschliesslich des dabei angewandten Verfahrens den Grundsätzen ordnungsmässiger Buchführung entsprechen. Bei der Führung der Handelsbücher und der sonst erforderlichen Aufzeichnungen auf Datenträgern muss insbesondere sichergestellt sein, dass die Daten während der Dauer der Aufbewahrungsfrist verfügbar sind und jederzeit innerhalb angemessener Frist lesbar gemacht werden können.
§ 240 Abs. 1 HGB	Inventar: Jeder Kaufmann hat zu Beginn seines Handelsgewerbes seine Grundstücke, seine Forderungen und Schulden, den Betrag seines baren Geldes sowie seine sonstigen Vermögensgegenstände genau zu verzeichnen und dabei den Wert der einzelnen Vermögensgegenstände und Schulden anzugeben.

§ 242 Abs. 1 HGB <u>Bilanz:</u> Der Kaufmann hat zu Beginn seines Handelsgewerbes und für den Schluss eines jeden Geschäftsjahrs einen das Verhältnis seines Vermögens und seiner Schulden darstellenden Abschluss (Eröffnungsbilanz, Bilanz) aufzustellen.

§ 257 Abs. 1 HGB <u>Aufbewahrung von Unterlagen, Aufbewahrungsfristen:</u> Jeder Kaufmann ist verpflichtet, die folgenden Unterlagen geordnet aufzubewahren:

1. Handelsbücher, Inventare, Eröffnungsbilanzen, Jahresabschlüsse, Lageberichte, Konzernabschlüsse sowie die zu ihrem Verständnis erforderlichen Arbeitsanweisungen und sonstigen Organisationsunterlagen,

2. die empfangenen Handelsbriefe,

3. Wiedergaben der abgesandten Handelsbriefe,

4. Belege für Buchungen in den von ihm nach § 238 Abs. 1 HGB zu führenden Büchern (Buchungsbelege)

§ 257 Abs. 4 HGB
§ 147 Abs. 3 AO Die in Nr. 1 und 4 aufgeführten Unterlagen sind 10 Jahre und die sonstigen in Nr. 2 - 3 aufgeführten Unterlagen 6 Jahre aufzubewahren.

Merke:

- **Die Steuerpflichtigen sind bei der Ermittlung der Besteuerungsgrundlagen zur Mitwirkung verpflichtet.**

- **Vollkaufleute sind zur doppelten Buchführung verpflichtet. Für sie gelten die handels- und steuerrechtlichen Vorschriften.**

- **Kleingewerbetreibende und Land- und Forstwirte werden steuerrechtlich trotzdem zur doppelten Buchführung verpflichtet, wenn sie die Grenzen in § 141 AO übersteigen. Beginn und Ende der Buchführungspflicht stellt das Finanzamt fest.**

- **Die Buchführungspflicht geht ohne besondere Feststellung auf einen Betriebsübernehmer über, wenn der Betrieb im ganzen übernommen wird.**

- **Nichtkaufleute (Freiberufler wie Ärzte, Rechtsanwälte, Architekten, Steuerberater usw.), Minderkaufleute, Kleingewerbetreibende sowie Land- und Forstwirte, die nach Handels- oder Steuerrecht nicht zur doppelten Buchführung verpflichtet sind, ermitteln ihren Gewinn durch eine Einnahmen-/Überschussrechnung nach § 4 Abs. 3 EStG.**

- **Die Buchführung muss den Grundsätzen ordnungsmässiger Buchführung entsprechen.**

- **Ist die Buchführung nicht ordnungsmässig, so kann diese verworfen werden und die Finanzbehörde schätzt die Besteuerungsgrundlagen.**

- **Bei Verletzung der Buchführungspflicht drohen strafrechtliche Konsequenzen.**

Aufgaben zur Sicherung des Lernerfolges:

1. Ein Kleingewerbetreibender ist nach Handelsrecht nicht buchführungspflichtig. Nennen Sie die Bedingungen, unter welchen er nach Steuerrecht trotzdem buchführungspflichtig wird!

2. Die Aufzeichnungsvorschriften in § 239 HGB und § 146 AO besagen, dass die Eintragungen in Büchern und die sonst erforderlichen Aufzeichnungen vollständig, richtig, zeitgerecht und geordnet vorgenommen werden müssen.

   a) Welche Daten müssen demnach bei der Buchung bzw. Erfassung einer Ausgangsrechnung aufgrund obengenannter Vorschrift Eingang in die Buchführung finden, damit der Nachweis ordnungsmässiger Buchführung erbracht ist?

   b) Können Buchungsbelege auch auf Mikrofilm gebracht (aufbewahrt) und die Originalbelege anschliessend vernichtet werden? Welche Erfordernisse müssen dabei gegebenenfalls berücksichtigt werden?

   c) Kann die Aufbewahrung von Unterlagen auf Datenträgern wie z. B. Magnetband, Magnetplatte, Diskette, Streamerband, Compakt-Disk und dgl. erfolgen?

   d) Mit welchen Konsequenzen muss ein Steuerpflichtiger rechnen, dessen Buchführung nicht den Grundsätzen ordnungsmässiger Buchführung entspricht?

3. a) Nennen Sie vier allgemeine Anforderungen an Buchführung und Aufzeichnungen!

   b) Nennen Sie mindestens acht Ordnungsvorschriften für Buchführung und Aufzeichnungen!

   c) Ein Unternehmer betreibt ein kleines Schuhgeschäft. Er hat einen Jahresumsatz von 20.000,00 DM, sein Jahresgewinn beläuft sich auf 6 000,00 DM.

   - Ist der Unternehmer zur doppelten Buchführung nach Handelsrecht verpflichtet?

   - Besteht nach Steuerrecht Buchführungspflicht?

   - Muss der Unternehmer eine Bilanz zum Schluss des Geschäftsjahres erstellen?

   - Muss der Unternehmer sein Vermögen zum Bilanzstichtag bewerten?

   - Muss der Unternehmer den Gewinn des Kalenderjahres ermitteln, gegebenenfalls wie?

   - Müsste der Unternehmer nach Steuerrecht Bücher führen, wenn er einen Umsatz von 200 000,00 DM und einen Gewinn von 50 000,00 DM erzielen würde?

   - Kann ein Kleinunternehmer freiwillig den Gewinn mit einem Betriebsvermögensvergleich ermitteln?

2 Organisation der Buchführung

2.1 Aufgabe und Aufbau der Kontenrahmen und Kontenpläne

Der **Kontenrahmen** ist ein **überbetriebliches Ordnungsschema** für die systematische Zuordnung der Sachkonten. Das **betriebsindividuell** daraus abgeleitete Ordnungsschema ist der **Kontenplan**. Beim Aufstellen des Kontenplans gehen die Unternehmen vom Kontenrahmen ihrer Wirtschaftsgruppe (Handel, Handwerk, Industrie) oder dem stärker vorgegliederten Kontenrahmen ihrer Branche (Baugewerbe, Bauindustrie, Kfz-Handel) oder vom Kontenrahmen eines Dienstleistungs-Rechenzentrums (z. B. DATEV) aus. Kapitalgesellschaften verwenden Kontenpläne, die die Erfordernisse des **Bilanzrichtliniengesetzes** erfüllen.

Alle Kontenrahmen sind nach der Dezimalklassifikation aufgebaut. Die Grundgliederung besteht aus 10 Klassen (0-9) mit der Zuordnung von Bestands- und Erfolgskonten. Die Klassen sind in je 10 Gruppen (00-99) untergliedert. Je nach Bedürfnis weiterer Untergliederung der Gruppenkonten kann durch Anhängen der Ziffern 0-9 an die Gruppe eine weitere Auffächerung innerhalb der Gruppe mit den Kontennummern 000-999 erreicht werden. Bei weitergehender Untergliederung hängt man an die Kontonummer die Ziffern 0-9 an und erhält ein vierstelliges Unterkonto (0000 - 9999). Grundsätzlich können im **Kontenplan eines Unternehmens** je nach erforderlicher Untergliederung folgende Konten enthalten sein:

- Gruppenkonto mit zweistelliger Nummer,
- Artenkonto mit dreistelliger Nummer,
- Unterartenkonto mit vierstelliger Nummer

Die **EDV-Kontenrahmen** sehen jedoch praktisch immer Kontennummern mit **fester Länge** vor. Die **feste Länge** wird durch Anhängen von Nullen erreicht.

Die meisten Kontenrahmen der Praxis haben die Konten nach dem Ablauf des Betriebsprozesses gegliedert (prozessorientierte Kontenrahmen). Das Musterbeispiel für einen abschlussorientierten Kontenrahmen ist der Industriekontenrahmen (IKR). Seine Kontenklassengliederung ist nachstehend derjenigen des prozessorientierten neuen Grosshandelskontenrahmens gegenübergestellt.

IKR	**GROSSHANDEL**
Kontenklasse	**Kontenklasse**
0: Sachanlagen und immaterielle Anlagenwerte	0: Anlage- und Kapitalkonten
1: Finanzanlagen und Geldkonten	1: Finanzkonten
2: Vorräte, Forderungen und aktive RAP	2: Abgrenzungskonten
3: Kapital, Wertberichtigungen, Rückstellungen	3: Wareneinkaufs- und Warenbestandskonten
4: Verbindlichkeiten und passive RAP	4: Konten der Kostenarten
5: Erträge	5: Konten der Kostenstellen
6: Material- und Personalaufwendungen, Abschreibungen, Wertberichtigungen	6: Konten für Umsatzkostenverfahren
7: Zinsen, Steuern und sonstige Aufwendungen	7: frei
8: Eröffnungs- und Abschlusskonten	8: Warenverkaufskonten (Umsatzerlöse)
	9: Abschlusskonten

Die Anwendung eines bestimmten Kontenrahmens ist gesetzlich nicht vorgeschrieben. Jedes Unternehmen kann auch einen selbst entwickelten Kontenrahmen anwenden. Es ist jedoch zu empfehlen, sich wegen der Vergleichbarkeit an einen Standardkontenrahmen zu halten.

Für **Kapitalgesellschaften** ist die **Gliederung** von **Bilanz und GuV-Rechnung** nach **HGB** zwingend vorgeschrieben. EDV-Kontenrahmen nach dem Bilanzrichtliniengesetz müssen daher jedes einzelne Konto einer bestimmten Position des amtlichen Bilanz- bzw. GuV-Schemas zuordnen. Diese Zuordnung ist auch allgemein für alle Betriebe wichtig, die nach den offiziellen Abschlussschemata bilanzieren. In allen Standard-Kontenrahmen sind die Bilanz- und GuV-Positionen angegeben, in welche die Konten einfliessen.

Merke:

- Der Kontenrahmen ist ein Ordnungsschema für die Zuordnung von Sachkonten.
- Die Grundgliederung der Kontenrahmen besteht in der Regel aus 10 Kontenklassen.
- Die Kontenklassen werden in 10 Kontengruppen untergliedert.
- Jedes Gruppenkonto kann in 10 Artenkonten untergliedert werden.
- Jedes Artenkonto kann in 10 Unterarten untergliedert werden.
- Es gibt Kontenrahmen für Wirtschaftsgruppen, z.B. für den Handel, für das Handwerk, für die Industrie usw.
- Es gibt Kontenrahmen für Branchen, z.B. das Kfz-Handwerk.
- Je grösser der Betrieb ist, desto vorteilhafter wird eine tiefe Gliederung des Kontenrahmens, wobei zu beachten ist, dass die Übersichtlichkeit dabei nicht vorlorengeht.
- Kontenpläne sind laufend zu pflegen und zu aktualisieren.
- Für den Jahresabschluss werden die untergliederten Konten wieder zu Bilanz- bzw. GuV-Positionen nach dem BiRiLiG zusammengefasst.
- Das aus dem Kontenrahmen abgeleitete betriebsindividuelle Ordnungsschema heisst Kontenplan.
- Der Kontenplan gehört zu den Arbeitsanweisungen und Organisationsunterlagen und ist 10 Jahre aufzubewahren.
- Der Kontenrahmen dient der systematischen Erfassung der Geschäftsvorfälle, damit gleichartige Geschäftsvorfälle auf den gleichen Konten erfasst werden.

Aufgaben zur Sicherung des Lernerfolges:

1. Wie könnte ein betriebsindividueller Kontenplan unter Zugrundelegung des SKR03/SKR04 für nachfolgende Fahrzeuge aussehen? Nennen Sie Kontenklasse, Kontogruppe, Kontenart und Konten-Unterart!

   Lkw, Transporter, Pkw, Flugzeug, Fahrrad, Gabelstapler

2.2 Buchführungssysteme

Kleingewerbetreibende sind nach Handelsrecht nicht zur doppelten Buchführung verpflichtet. Nach Steuerrecht sind sie aber verpflichtet, zur Ermittlung des Gewinns aus Gewerbebetrieb eine **Einnahmen-Überschussrechnung** nach § 4 Abs. 3 EStG durchzuführen. Wird dieser Personenkreis nach § 141 AO von der Buchführungspflicht erfasst, so ist die doppelte Buchführung anzuwenden. Freiwillig kann die doppelte Buchführung immer angewendet werden. Dann sind aber alle handels- und steuerrechtlichen Buchführungsvorschriften für Buchführungspflichtige anzuwenden. Vollkaufleute sind immer zum System der **doppelten Buchführung** verpflichtet.

Zu prüfen ist nun, wie diese Systeme organisiert, welche Aufzeichnungsvorschriften zu beachten und welche Unterlagen erforderlich sind. Die Organisation der doppelten Buchführung ist natürlich umfangreicher als eine Einnahmen-Überschussrechnung. An sie werden auch zwangsläufig höhere Anforderungen gestellt, ihre Aufgaben sind weitgehender.

Eine Buchführung ist aber nicht nur für das Finanzamt da! Auch der Steuerpflichtige selbst sollte ein Interesse daran haben, umfangreiche und aussagefähige Aufzeichnungen zu führen. Es ist zu klären, was man unter einer Einnahmen-Überschussrechnung und der doppelten Buchführung versteht und welche Bücher und Aufzeichnungen zu führen sind.

Die Bücher und Aufzeichnungen des Steuerpflichtigen müssen den Grundsätzen ordnungsmässiger Buchführung entsprechen. Dabei ist wichtig, dass **keine Buchung ohne Beleg** erfolgen darf.

Hinsichtlich der Ermittlung des Gewinns unterscheidet man zwei Systeme, nämlich

- **Einnahmen-Überschussrechnung nach § 4 Abs. 3 EStG**
- **doppelte Buchführung (Betriebsvermögensvergleich nach § 4 Abs. 1 EStG / § 5 EStG)**

2.2.1 Einnahmen-Überschussrechnung

Der Gewinn des Kalenderjahres wird in vereinfachter Form nach § 4 Abs. 3 EStG wie folgt ermittelt:

> **Betriebseinnahmen**
> **./. Betriebsausgaben**
> _____
> **= Gewinn**

Unter **Betriebseinnahmen** sind alle baren und unbaren Einnahmen zu verstehen, die dem Steuerpflichtigen im Rahmen seines Betriebes im abzuschliessenden Kalenderjahr **zufliessen**. Als **Betriebsausgaben** sind alle Aufwendungen anzusetzen, die durch den Betrieb veranlasst sind und im abzuschliessenden Kalenderjahr **abgeflossen** sind.

Beispiele für Betriebseinnahmen: bezahlte Erlöse aus Warenlieferungen, Zinsgutschriften

Beispiele für Betriebsausgaben: Zahlungen für Wareneinkäufe, für Personal, für Steuern

Kennzeichen der Einnahmen-/Überschussrechnung ist, dass der Gewinn als Differenz der Betriebseinnahmen und Betriebsausgaben ermittelt wird. Die doppelte Buchführung ermittelt den Gewinn in der Bilanz und in der Gewinn- und Verlustrechnung.

Zur Ermittlung der Betriebseinnahmen und der Betriebsausgaben sind Unterlagen bzw. Aufzeichnungen zu führen, die den allgemeinen steuerrechtlichen Buchführungsvorschriften entsprechen wie

- Einnahmen- und Ausgabenbuch,
- Bestandsverzeichnis des Anlagevermögens,
- Wareneingangs- und gegebenenfalls Warenausgangsbuch,
- gegebenenfalls Lohnbuch/-journal,
- Reisekosten.

Die Führung einer Kasse ist nicht zwingend. Die Aufzeichnung der Entgelte für die Berechnung der Umsatzsteuer ist evtl. notwendig. Es muss aber betont werden, dass im Interesse des Überblicks die Frage nach der Pflicht überflüssig erscheint, dient die Buchführung doch der Entscheidungsfindung des Unternehmers. Sinnvolle Kontrollunterlagen sind daher auch ohne steuer- oder handelsrechtlichen Zwang zu führen.

2.2.2 Betriebsvermögensvergleich

Der Gewinn des Wirtschaftsjahres wird wie folgt ermittelt:

1. **Gewinnermittlungsart**

   Betriebsvermögen am Schluss des Wirtschaftsjahres
   ./. **Betriebsvermögen am Schluss des vorangegangenen Wirtschaftsjahres**
   ./. **private Einlagen**
   +   **private Entnahmen**
   =   **Gewinn**

2. **Gewinnermittlungsart**

   Erträge
   ./. **Aufwendungen**
   =   **Gewinn**

Es ist erkennbar, dass man das **Reinvermögen des Betriebs vergleicht**. Es muss zu einem Stichtag nach handels- und steuerrechtlichen Vorschriften bewertet werden. Daneben werden die Aufwendungen und Erträge, die wirtschaftlich zum abzuschliessenden Wirtschaftsjahr gehören, in der Gewinn- und Verlustrechnung gesammelt.

Der Erfolg wird daher doppelt ermittelt, nämlich in der

Bilanz als **Vermögensänderung**	**Gewinn- und Verlustrechnung** als **Kapitaländerung**

Für die Ermittlung des Gewinns sind bei der doppelten Buchführung folgende organisatorische Grundlagen erforderlich:

Grundbuch: Hier werden die Geschäftsvorfälle in zeitlicher Reihenfolge in einem Buchungsjournal (Primanota) aufgezeichnet. Aus dem Journal muss erkennbar sein:

- Geschäftsvorfall, Vorgang (Buchungstext)
- Datum des Geschäftsvorfalles
- Buchungsdatum
- Beleg mit Belegnummer oder anderem Ordnungskriterium
- Buchung = Kontierung (mit Konto, Gegenkonto, Betrag)

Hauptbuch: Hier werden die Belege aufgrund der vorgenommenen Grundbuchungen in Sachkonten (= sachliche Gliederung), also sortiert nach der Belegart verbucht

Beispiel: alle Eingangsrechnungen auf Wareneinkaufskonto
alle Ausgangsrechnungen auf Warenverkaufskonto
alle Bankbelege auf Bankkonto
alle Kassenbelege auf Kassenkonto
alle Aufwendungen, die den Fuhrpark betreffen, auf Kfz-Konto

Für jeden Vorgang muss erkennbar sein:

- Geschäftsvorfall, Vorgang (Buchungstext)
- Buchungsdatum
- Datum des Geschäftsvorfalles
- Beleg mit Belegnummer oder anderem Ordnungskriterium
- Betrag
- Gegenkonto
- Hinweis auf die Journalseite

Das **Hauptbuch** wird in Form von **Kontenblättern/Kontenkarten** geführt.

Buchungsbelege sind:

- Rechnungen
- Lieferscheine
- Quittungen
- Auftragszettel
- Warenbestandsaufnahmen
- Bankauszüge
- Betriebskostenabrechnungen
- Bewertungsunterlagen
- Buchungsanweisungen
- Gehaltslisten
- Kassenberichte
- Portokassenbücher
- Prozessakten
- Kaufverträge

Des weiteren sind Nebenbücher erforderlich:

Geschäfts-freunde-buch:	Aufgrund der gesetzlichen Vorschrift in Abschnitt 29 Abs. 2 Nr. 4 EStR müssen Kreditgeschäfte in ihrer Entstehung und Abwicklung nachvollziehbar sein. Daher werden die im Hauptbuch zusammengefassten Belege nach den einzelnen Kunden und den einzelnen Lieferanten zergliedert. Man sieht so auf diesen Personenkonten die Veränderungen durch Zu- und Abgänge je Kunden oder Lieferanten. Das Geschäftsfreundebuch wird auch als Kunden- und Lieferantenbuch, Personenbuch oder Kontokorrentbuch bezeichnet.

Die abschliessende Gesamtsumme der Kundenkonten muss mit dem Sachkonto Forderungen übereinstimmen, ebenso die der Lieferantenkonten mit dem Sachkonto Verbindlichkeiten. So ist eine zusätzliche Kontrolle zwischen Sachkonten des Hauptbuches und den Personenkonten möglich.

Wenn keine Personenkonten auf Kontenblättern/Kartei-/Kontokarten geführt werden, kann das Geschäftsfreundebuch auch in der geordneten Ablage der Ein- und Ausgangsrechnungen bestehen. Es entsteht aus der Kontokorrentbuchführung (d. h. laufende Rechnung) dann eine **Offene-Posten-Buchhaltung**.

Sonstige Neben-bücher:	**Lohn- und Gehaltsbuch** für den Einzelnachweis abgerechneter und ausgezahlter Löhne und Gehälter (Lohnjournale, Lohn- und Gehaltslisten usw.) in Lohn- bzw. Gehaltskonten für jeden Arbeitnehmer.

Wechselbuch, das Angaben über die einzelnen gezogenen oder eingegangenen Besitzwechsel enthält, zur Überwachung von Betrag, Fälligkeit, Ausstellung, Bezogenen und Indossanten bis zur Einlösung der Wechsel.

Anlagenverzeichnis, das jedes Wirtschaftsgut des Anlagevermögens getrennt erfasst mit Bezeichnung, Inventarnummer, Tag der Anschaffung, Nutzungsdauer, Anschaffungs- und/oder Herstellungskosten, Abschreibungsmethode, Abschreibungstechnik, Abschreibungssatz, Bilanzwert am Bilanzstichtag und Tag des Abgangs.

Lagerbuchhaltung, in dem für jeden einzelnen Artikel eine Waren- oder Lagerkarte erstellt wird, um die einzelnen Warenbestände überprüfen zu können. Es ist dabei Artikel, Datum, Buchungstext, Beleg-Nummer, Art, Anfangsbestand, Endbestand, Einstandspreis und Journalseite festzuhalten.

Buchführung - Aufzeichnung

§ 145 Abs. 2 AO schreibt vor, das Aufzeichnungen so vorzunehmen sind, dass der Zweck erreicht wird, den sie für die Besteuerung erfüllen sollen. § 145 AO fasst die allgemeinen Grundsätze über die Anforderungen an die Buchführung zusammen.

- **Buchführung** ist die **planmässige Darstellung der Geschäftsvorfälle**.

- **Aufzeichnungen** sind die **Buchungen von Geschäftsvorfällen**, ohne Bilanz und Inventur. Dies sind insbesondere Aufzeichnungen, die für die Besteuerung von Bedeutung sind.

Das Erfordernis, Bücher zu führen, beruht teilweise auf steuerrechtlichem und handelsrechtlichem Zwang, ist aber für den Unternehmer auch zur Kontrolle seines Unternehmens unverzichtbar. Abschnitt 29 EStR erläutert die steuerrechtlichen Erfordernisse der Buchführung, wonach für den Betriebsvermögensvergleich folgende Vorschriften anzuwenden sind:

HANDELSRECHT	- **§§ 238 ff. HGB**
	- **§§ 150, 152, 158 AktG**
	- **§ 41 GmbHG**
STEUERRECHT	- **§§ 140 - 148, 154 AO**
	- **Einzelsteuergesetze wie EStG**
	- **allgemeine Gesetze, wie BewG**

Die Buchführung ist danach ordnungsmässig, wenn

- die Grundsätze des Handelsrechts erfüllt sind,
- die erforderlichen Bücher geführt werden,
- die Bücher förmlich in Ordnung sind,
- der Inhalt sachlich richtig ist.

Wichtige Vorschriften des Abschnitts R 29 EStR sind:

- Sämtliche Geschäftsvorfälle sind zeitnah und der Zeitfolge nach in Grundbüchern zu erfassen. Zeitnah heisst, dass mit Ausnahme des baren Zahlungsverkehrs keine täglichen Aufzeichnungen nötig sind, deshalb auch periodenweise Aufzeichnungen zulässig sind, wenn der Überblick dabei nicht verlorengeht. Im Regelfall ist lt. Rechtsprechung ein Rückstand von 10 Tagen zulässig.

- Kreditgeschäfte eines Monats können aus Rationalisierungsgründen (EDV-Buchführung) erst bis zum Ablauf des nächsten Monats erfasst werden, wenn organisatorische Vorkehrungen getroffen sind (Belegnumerierung, geordnete Ablage), dass kein Beleg bis zur grundbuchmässigen Aufzeichnung verloren geht.

- Entstehung und Tilgung von Forderungen und Schulden sind im Grundbuch grundsätzlich getrennt zu behandeln.

- Für Kreditgeschäfte ist grundsätzlich ein Kontokorrentkonto, unterteilt nach **Schuldnern (Kunden, Debitoren)** und **Gläubigern (Lieferanten, Kreditoren)** zu führen (Personenkonten) oder eine geordnete Ablage der nicht ausgeglichenen Rechnungen (Offene-Posten-Buchhaltung).

- Bei geringer Zahl der Kreditgeschäfte bestehen Erleichterungen. Es muss kein Kontokorrentbuch geführt werden. Für den Bilanzstichtag ist jedoch eine Personenübersicht der bestehenden Forderungen und Schulden zu erstellen.

- Einzelhändler und Handwerker können Kreditein- und -verkäufe kleineren Umfangs vereinfacht buchen. Es genügt eine besondere Spalte im Wareneingangsbuch bei Krediteinkäufen. Bei Kreditverkäufen wird unter diesen Umständen auch auf den Eintrag im Kontokorrentbuch verzichtet.

2.2.3 Verfahrenstechniken

Die aus den Belegen in die Buchhaltung eingehenden Daten müssen von Bilanz zu Bilanz nachweisbar sein. Die Buchführung muss ordnungsmässig sein. Es ist jedoch keine bestimmte Verfahrenstechnik vorgeschrieben. So kennt man bei der doppelten Buchführung insbesondere folgende Techniken:

ÜBERTRAGUNS-BUCHFÜHRUNG	DURCHSCHREIBE-BUCHFÜHRUNG	EDV-BUCHFÜHRUNG (SPEICHERBUCHFÜHRUNG)
gebundene Bücher (amerikanisches Journal)	Konto	Kontoauszug
Grundbuch und Hauptbuch (Spalte je Sachkonto)	Lose Kontoblätter für alle Konten	Lose Kontoauszüge für alle Konten
Geschäftsfreundebuch	Durchschrift	Erfassungsjournal / EDV-Journal (Prima Nota)

In der Praxis wird bereits in der überwiegenden Zahl der Betriebe EDV-Buchführung eingesetzt, die entweder innerhalb des Unternehmens oder von einem EDV-Dienstleistungsunternehmen ausser Haus erfasst, verarbeitet und ausgewertet wird.

Merke:

- **Keine Buchung ohne Beleg, kein Beleg ohne Kontierung.**

- **Die Einnahmen-Überschussrechnung ist eine Gewinnermittlungsmethode für Nicht-kaufleute, Minderkaufleute und Kleingewerbetreibende, die auch nach Steuerrecht nicht buchführungspflichtig sind und freiwillig keine Bücher führen.**

- **Buchführungspflichtige sind zum Betriebsvermögensvergleich und zur doppelten Buchführung verpflichtet.**

- **Organisatorische Grundlagen der doppelten Buchführung sind:**
  - **Grundbuch (Journale, Prima-Nota)**
  - **Hauptbuch (Kontoblätter, Kontokarten)**
  - **Geschäftsfreundebücher (Kontoblätter, Kontokarten)**
  - **Nebenbücher, wie**
    - **Lohn- und Gehaltsbuch**
    - **Wechselbuch**
    - **Anlagenbuch**
    - **Wareneingangs- und -ausgangsbücher**

- **Verfahrenstechniken in der doppelten Buchführung sind insbesondere:**
  - **Übertragungsbuchführung**
  - **Durchschreibebuchführung**
  - **EDV-Buchführung**

2.3 Bestandsverzeichnis

Es genügt nicht, die Anlagen nur in der Finanzbuchführung zu erfassen, sondern es bedarf zusätzlicher Aufzeichnungen, die eine Darstellung der Anschaffungskosten, des Abschreibungsverlaufes etc. für **jedes einzelne Anlagegut** beinhalten. Dies geschieht im Bestandsverzeichnis (Anlagenbuch, Anlagenkartei, Anlagenbuchführung).

Trägt ein Steuerpflichtiger jeden Zu- und Abgang von beweglichen Wirtschaftsgütern laufend in ein Bestandsverzeichnis ein, so muss er für diese Gegenstände **keine Inventur** durchführen. Folgende Angaben müssen dann aus dem Bestandsverzeichnis ersichtlich sein:

1. **die genaue Bezeichnung des Gegenstandes**
2. **sein Bilanzwert am Bilanzstichtag**
3. **Tag der Anschaffung oder Herstellung des Gegenstandes**
4. **die Höhe der Anschaffungs- und Herstellungskosten**
5. **der Tag des Abgangs**

Im Hinblick auf das Bilanzrichtliniengesetz kommt der Anlagenkartei bzw. Anlagenbuchhaltung eine grössere Bedeutung zu (nicht bei Personengesellschaften), da nach § 268 Abs. 2 HGB wesentlich genauere Angaben als seither gemacht werden müssen. So ist die Entwicklung des Anlagevermögens von den historischen Anschaffungs- oder Herstellungskosten ausgehend über Mengen- und Wertänderungen bis zum Buchwert des Bilanzstichtages darzustellen. Bei der Einnahmen-Überschussrechnung muss ein Bestandsverzeichnis geführt werden.

Der Aufbau des Bilanzspiegels erfolgt nach dem Bruttoprinzip. Die Vermögensgegenstände werden so lange im Anlagenspiegel ausgewiesen, wie sie im Unternehmen vorhanden sind. Die Abschreibungen des jeweiligen Geschäftsjahres sind gesondert auszuweisen.

Da in der Buchhaltung in der Regel nur mit den Restbuchwerten (Nettoprinzip) gearbeitet wird und die Abschreibungen direkt vorgenommen werden, ist auf eine genaue Fortschreibung der Werte in der Anlagenkartei bzw. Anlagenbuchhaltung zu achten.

Anlagenspiegel:

	Anschaffungs-/ Herstellungs-kosten (kumuliert)	Zu-gänge (+)	Ab-gänge (./.)	Umbuchungen (+) (./.)	Zuschreibungen des Geschäfts-jahres (+)	Abschreibungen (kumuliert) (./.)	Buchwert am Bilanz-stichtag
einzelne Positionen							

Merke:

- **Anlagengegenstände sind dazu bestimmt, dem Unternehmen dauernd durch Gebrauch zu dienen (Nutzung durch Gebrauch).**

- **Anlagengegenstände werden zu Anschaffungs- oder Herstellungskosten aktiviert. Anschaffungsnebenkosten erhöhen den Wert des Anlagegutes. Anschaffungskostenminderungen vermindern der Wert des Anlagegutes.**

3 Beschaffung von Waren / Stoffen - Verkauf von Waren / Stoffen

Beim Einkauf und Verkauf entstehen Belege, die gebucht werden müssen. Der Grundsatz lautet: **"Keine Buchung ohne Beleg"!** Die in der Rechnung aufgeführten Positionen führen möglicherweise zu zusammengesetzten Buchungen. Die Umsatzsteuer knüpft an die Leistung an, die Grundlage der Besteuerung ist der Umsatz, die Bemessungsgrundlage ist das Entgelt. Damit ergeben sich Schwierigkeiten, wenn sich **nachträglich** die Bemessungsgrundlage durch Rücksendungen oder Preisnachlässe ändert.

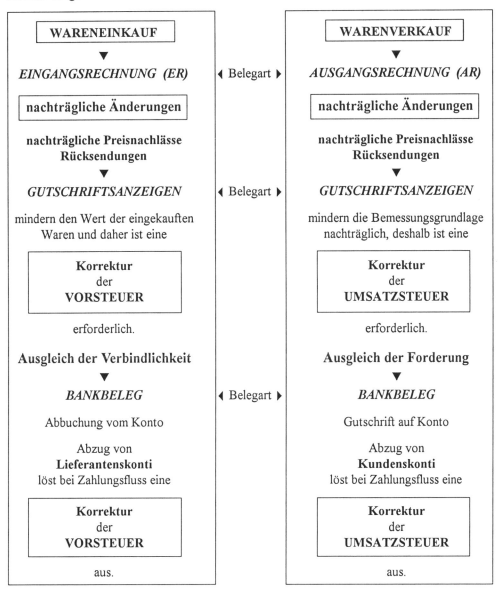

17

3.1 Ausstellung von Rechnungen

Führt ein Unternehmer eine umsatzsteuerpflichtige Lieferung oder sonstige Leistung an einen anderen Unternehmer aus, so ist er auf Verlangen des anderen verpflichtet, eine Rechnung mit gesondertem Ausweis der Umsatzsteuer auszustellen, ohne die der Leistungsempfänger die in Rechnung gestellte Umsatzsteuer nicht in Abzug bringen kann.

Rechnungen brauchen nicht ausdrücklich als solche bezeichnet werden. Es reicht aus, wenn sich aus dem Inhalt der Urkunde ergibt, dass es sich um eine Abrechnung des Unternehmens über ein Leistung handelt.

> **§ 14 Abs. 1 UStG**
>
> **Rechnungen müssen folgende Angaben enthalten:**
>
> - **Name und Anschrift des leistenden Unternehmers,**
> - **Name und Anschrift des Leistungsempfängers,**
> - **Menge und handelsübliche Bezeichnung des Gegenstandes der Lieferung oder die Art und den Umfang der sonstigen Leistung,**
> - **den Zeitpunkt der Lieferung oder der sonstigen Leistung,**
> - **das Entgelt für die Lieferung oder sonstige Leistung,**
> - **den auf das Entgelt entfallenden Steuerbetrag.**
>   **(auf den Steuersatz könnte hier verzichtet werden.)**

Eine **Ausnahmeregelung** besteht für Rechnungen, die 200,00 DM brutto einschliesslich Umsatzsteuer nicht übersteigen (**Kleinbetragsrechnungen**).

> **§ 33 UStDV Rechnungen über Kleinbeträge**
>
> **Kleinbetragsrechnungen müssen folgende Angaben enthalten:**
>
> - **Name und Anschrift des leistenden Unternehmers,**
> - **Menge und handelsübliche Bezeichnung des Gegenstandes der Lieferung oder die Art und den Umfang der sonstigen Leistung,**
> - **den Zeitpunkt der Lieferung oder der sonstigen Leistung,**
> - **das Entgelt und den Steuerbetrag für die Lieferung oder sonstige Leistung in einer Summe,**
> - **den Steuersatz (<u>zwingend</u> vorgeschrieben!).**

- **Rechnungen über Umsätze, die verschiedenen Steuersätzen unterliegen**

    Werden in einer Rechnung Leistungen aufgeführt, die verschiedenen Steuersätzen unterliegen, sind die Entgelte und Steuerbeträge nach Steuersätzen zu trennen. Bei einer maschinell erstellten Rechnung darf der Steuerbetrag in einer Summe angegeben werden, wenn die einzelnen Posten der Rechnung nach Steuersätzen gekennzeichnet sind.

- § 34 UStDV Fahrausweise als Rechnungen

Fahrausweise, die für die Beförderung von Personen ausgegeben werden, gelten als Rechnungen, wenn sie mindestens folgende Angaben enthalten:

- Name und Anschrift des Unternehmers, der die Beförderung ausführt,
- das Entgelt und den Steuerbetrag in einer Summe,
- den Steuersatz, wenn die Beförderung nicht dem ermässigten Steuersatz unterliegt.

Die verrechneten Steuersätze betragen für Fahrleistungen:

bis zu 50 km = ermässigter Regelsteuersatz, derzeit 7 %
über 50 km = Regelsteuersatz, derzeit 16 %

- **Rechnungserteilung durch Telex, Telefax, Datenfernübertragung, Datenübertragung durch Teletex, unmittelbare Rechnungserteilung durch Datenträgeraustausch**

Rechnungen setzen im umsatzsteuerrechtlichen Sinn das Vorliegen einer Urkunde voraus. Als Urkunde wird jedes Schriftstück verstanden, mit dem eine Leistung abgerechnet wird. Werden Daten elektronisch oder auf Datenträger übermittelt, dann werden die Voraussetzungen nur erfüllt, wenn eine zusätzliche schriftliche Abrechnung des leistenden Unternehmers gegenüber dem Leistungsempfänger vorliegt, die dem Inhalt der übermittelten Daten entspricht.

Vorsteuerabzugsberechtigt sind Rechnungen, die wie folgt übertragen bzw. übermittelt werden:

- Teletex, Telefax
- Datenfernübertragung
- Datenübertragung durch Teletex
- Datenträgeraustausch

Es sind in jedem Fall aber die Vorschriften darüber einzuhalten (R 183 § 14 UStG).

- **Fehlerhafte Rechnungen**

Fehlerhafte Rechnungen sind vom Vorsteuerabzug ausgeschlossen. Bei Ergänzungen oder Berichtigungen durch den Leistungsempfänger kann es evtl. zu einer Urkundenfälschung kommen.

Ergänzungen und/oder Berichtigungen dürfen/müssen durchgeführt werden bei:

- falschem Namen oder falscher Adresse der Leistungsempfängers	- Fehler im
	  - Lieferumfang
	  - Preis
	  - Datum

nur vom Leistenden	**vom Leistenden sowie von Leistungsempfänger, wenn ein Belegaustausch vorgenommen und die Änderung vom Leistenden anerkannt wird.**

3.2 Aufzeichnungsvorschriften

Der Unternehmer ist verpflichtet, zur Feststellung der Steuer und der Grundlagen ihrer Berechnung Aufzeichnungen zu machen.

Aus den Aufzeichnungen müssen zu ersehen sein:

1. die vereinbarten Entgelte für die vom Unternehmer ausgeführten Lieferungen und sonstige Leistungen. Es ist ersichtlich zu machen, wie sich die Entgelte auf die steuerpflichtigen Umsätze und steuerfreien Umsätze verteilen. Steuerpflichtige Umsätze sind getrennt nach Steuersätzen aufzuzeichnen. Entgeltminderungen sind gesondert aufzuzeichnen (getrennt nach Steuersätzen),

2. die vereinnahmten Entgelte und Teilentgelte für noch nicht ausgeführte Lieferungen und sonstige Leistungen getrennt nach Steuersätzen (erhaltene Anzahlungen),

3. die Bemessungsgrundlagen für den Eigenverbrauch (getrennt nach Steuersätzen),

4. die wegen unberechtigten Steuerausweises geschuldeten Steuerbeträge,

5. die verauslagten Entgelte und Teilentgelte für noch nicht ausgeführte Lieferungen und sonstige Leistungen (geleistete Anzahlungen),

6. die Bemessungsgrundlagen für die Einfuhr von Gegenständen und die zu entrichtende Einfuhrumsatzsteuer,

7. die Bemessungsgrundlagen für den innergemeinschaftlichen Erwerb von Gegenständen sowie die darauf entfallenden Steuerbeträge.

3.3 Ein- und Ausgangsrechnungen

Auf Ein- und Ausgangsrechnungen können neben dem reinen Warenwert die nachstehenden Positionen aufgeführt sein. Die Umsatzsteuer bemisst sich dabei nach dem Entgelt.

Alles, was der Leistungsempfänger aufwendet, um die Leistung zu erhalten, unterliegt der Umsatzsteuer (jedoch ohne Umsatzsteuer).

Rabatte, Boni und Skonti mindern die Bemessungsgrundlage, neben dem Warenwert verrechnete Kosten wie Fracht, Verpackung usw. erhöhen die Bemessungsgrundlage.

ANSCHAFFUNGSKOSTEN	EINGANGSRECHNUNG		RECHNUNGSBETRAG	ENTGELT	AUSGANGSRECHNUNG		RECHNUNGSBETRAG
	WARENWERT				**WARENWERT**		
	- RABATTE				- RABATTE		
	+ ANSCHAFFUNGSNEBENKOSTEN				+ ANSCHAFFUNGSNEBENKOSTEN		
	- Fracht - Verpackung - Versicherung				- Fracht - Verpackung - Versicherung		
	= Nettorechnungsbetrag				= Nettorechnungsbetrag		
	+ verrechnete USt (= Vorsteuer)				+ verrechnete Umsatzsteuer		

WARENEINKAUF

Rabatte werden in Form von Mengen-, Sonder-, Frühbezugs-, Treue-, Natural- und Wiederverkäuferrabatten gewährt. Sie werden in der Rechnung **sofort vom Preis der Waren gekürzt**. Nachträglich eingeräumte Rabatte führen zu einer Gutschriftsanzeige, die eine Korrektur der Vorsteuer erforderlich macht.

Zustellgebühren und sonstige Aufwendungen, die durch den **Bezug der Waren** entstehen und an die Post oder den Spediteur zu entrichten sind, können entweder direkt auf die Einkaufskonten gebucht oder auf eigens dafür eingerichtete Konten für Beschaffungskosten.

Anschaffungsnebenkosten bilden mit dem Anschaffungswert der Waren (Warenwert) die Anschaffungskosten. Für die Anschaffungsnebenkosten können Unterkonten angelegt werden. Diese sind am Abschlussstichtag jedoch über die Hauptkonten abzuschliessen.

Buchung **Anschaffungsnebenkosten** (ANK) über separate **Unterkonten**:

Konto Soll			Konto Haben			Betrag DM
3201	*5201*	ANK bei Waren				
3011	*5111*	ANK bei Rohstoffen				
3021	*5121*	ANK bei Hilfsstoffen				
3031	*5131*	ANK bei Betriebsstoffen				
1575	*1405*	Vorsteuer				
			1600	*3300*	Verbindlichkeiten	

Alternativ können die Anschaffungsnebenkosten auch auf ein Sammelkonto gebucht werden, das am Jahresende über einen Schlüssel den Haupt-Einkaufskonten zugeordnet werden.

Buchung **Anschaffungsnebenkosten** über **Sammelkonto**:

Konto Soll			Konto Haben			Betrag DM
3800	*5800*	Anschaffungsnebenkosten				
1575	*1405*	Vorsteuer				
			1600	*3300*	Verbindlichkeiten	

Buchung **Abschluss der Anschaffungsnebenkosten** (ANK) am Jahresende über das Hauptkonto:

Konto Soll			Konto Haben			Betrag DM
3200	*5200*	Wareneinkauf	3201	*5201*	ANK bei Waren	
3010	*5110*	Einkauf Rohstoffe	3011	*5111*	ANK bei Rohstoffen	
3020	*5120*	Einkauf Hilfsstoffe	3021	*5121*	ANK bei Hilfsstoffen	
3030	*5130*	Einkauf Betriebsstoffe	3031	*5131*	ANK bei Betriebsstoffen	
3 . . .	*5 . . .*	diverse Einkaufskonten	3800	*5800*	Anschaffungsnebenkosten	

Wird **Verpackungsmaterial mehrmals verwendet**, wird wie folgt gebucht:

Konto Soll			Konto Haben			Betrag DM
3830	*5820*	Leergut				
1570	*1400*	Vorsteuer				
			1600	*3300*	Verbindlichkeiten	

Bei Rückgabe des Verpackungsmaterials wird die vereinbarte Erstattung auf dem gleichen Konto gegengebucht.

Buchung **Rückgabe** von **mehrmals verwendbarem Verpackungsmaterial**:

Konto Soll			Konto Haben			Betrag DM
1600	*3300*	Verbindlichkeiten				
			3830	*5820*	Leergut	
			1575	*1405*	Vorsteuer	

Wird die Verpackung nicht zurückgegeben, so erhöhen die dafür verrechneten Kosten den Wareneinsatz der bezogenen Ware.

Umbuchung **Wareneinsatz**:

Konto Soll			Konto Haben			Betrag DM
3200	*5200*	Wareneinkauf	3380	*5820*	Leergut	

Der Wareneinkauf kann nach Warengruppen unterteilt werden. Dies bietet sich an, wenn der Unternehmer die Anteile der von ihm geführten verschiedenen Warengruppen trennen will, um sie den in Warengruppen aufgeteilten Erlösen gegenüberstellen zu können.

Beispiel:

> **Warengruppe I** **Spielwaren**
> **Warengruppe II** **Sportartikel**

Eine **Aufteilung von Warengruppen** könnte folgendermassen aussehen:

3200	*5200*	Wareneinkauf Spielwaren	3250	*5250*	Wareneinkauf Sportartikel
3201	*5201*	ANK Spielwaren	3251	*5251*	ANK Sportartikel
3202	*5202*	Rücksendungen Spielwaren	3252	*5252*	Rücksendungen Sportartikel
3205	*5205*	erhaltene Skonti Spielwaren	3255	*5255*	erhaltene Skonti Sportartikel
3206	*5206*	erhaltene Boni Spielwaren	3256	*5256*	erhaltene Boni Sportartikel

22

WARENVERKAUF

Rabatte werden in Form von Mengen-, Sonder-, Frühbezugs-, Treue-, Natural- und Wiederverkäuferrabatten gewährt. Sie werden in der Rechnung **sofort vom Preis der Waren gekürzt.** Nachträglich eingeräumte Rabatte führen zu einer Gutschriftsanzeige, die eine Korrektur der Umsteuer erforderlich macht.

Transportkosten, die dem Verkäufer durch die Warenzustellung, z. B. Zahlung an die Post oder an den Spediteur für Fracht, Porti, Rollgeld, Transportversicherungen, Ausgangszölle entstehen, gehören zu den **Vertriebskosten.** Sie entstehen durch den Absatz der Produkte am Markt.

Buchung **Kosten der Warenabgabe und Zustellung**:

Konto Soll			Konto Haben			Betrag DM
4700	*6700*	Kosten der Warenabgabe				
4730	*6740*	Ausgangsfrachten				
4750	*6760*	Transportversicherungen				
1575	*1405*	Vorsteuer				
			1600	*3300*	Verbindlichkeiten ggf.	
			1000	*1600*	Kasse	

Kosten, die durch den Kauf von **Verpackungsmaterial** entstehen, das nur **einmalig verwendbar** ist (Tüten, Schachteln, Packpapier, Folie etc.) werden ebenfalls als Vertriebskosten erfasst.

Buchung **einmalig verwendbares Verpackungsmaterial**:

Konto Soll			Konto Haben			Betrag DM
4710	*6710*	Verpackungsmaterial				
1575	*1405*	Vorsteuer				
			1600	*3300*	Verbindlichkeiten	

Mehrmals verwendbares Verpackungsmaterial wie Kisten, Behälter, Pfandflaschen, Paletten usw. stellt für den Lieferanten **Anlagevermögen** dar.

Buchung **Kauf mehrmals verwendbares Verpackungsmaterial**:

Konto Soll			Konto Haben			Betrag DM
0490	*0690*	**über 800,00 DM** sonstige Betriebs- und Geschäftsausstattung				
0480	*0670*	**bis 800,00 DM** Geringwertige Wirtschaftsgüter				
1575	*1405*	Vorsteuer				
			1600	*3300*	Verbindlichkeiten	

Dem Kunden **verrechnete Kosten für die Zustellung** der Waren können zusammen mit dem Netto-Verkaufspreis auf das Konto Verkaufserlöse gebucht werden. Weil sie aber mit der Ware direkt nichts zu tun haben, ist es betriebswirtschaftlich aussagefähiger, wenn diese Nebenerlöse getrennt erfasst werden. Diese weiterberechneten Versandspesen können dann sehr leicht den Vertriebskosten gegenübergestellt werden.

Buchung **weiterberechnete Versandspesen** in Verbindung mit dem Verkaufserlös:

Konto Soll			Konto Haben			Betrag DM
1400	*1200*	Forderungen				
			8400	*4400*	Erlöse	
			8655	*4540*	Erlöse weiterberechnete Kosten	
			1775	*3805*	Umsatzsteuer	

Wird mehrmals **verwendbares Verpackungsmaterial dem Kunden in Rechnung gestellt**, dann sollte die Buchung unbedingt auf einem separaten Konto erfolgen.

Buchung **weiterberechnetes Verpackungsmaterial** in Verbindung mit dem Verkaufserlös:

Konto Soll			Konto Haben			Betrag DM
1400	*1200*	Forderungen				
			8400	*4400*	Erlöse	
			8540	*4520*	Erlöse aus Leergut	
			1775	*3805*	Umsatzsteuer	

Bei der Rücksendung der Umschliessung durch den Kunden erfolgt die Gegenbuchung des Erstattungsbetrages auf diesem Konto.

Buchung **Gutschrift Verpackungsmaterial**:

Konto Soll			Konto Haben			Betrag DM
8540	*4520*	Erlöse aus Leergut				
1775	*3805*	Umsatzsteuer				
			1400	*1200*	Forderungen	

Der Warenverkauf kann nach Erlösgruppen unterteilt werden. Dies bietet sich an, wenn der Unternehmer die Anteile der von ihm geführten verschiedenen Warengruppen trennen will, um sie dem in Warengruppen aufgeteilten Einkauf gegenüberstellen zu können.

Beispiel:

Erlösgruppe I	**Spielwaren**
Erlösgruppe II	**Sportartikel**

Eine **Aufteilung der Verkaufserlöse** könnte folgendermassen aussehen:

8400	*4400*	Erlöse Spielwaren	8450	*4450*	Erlöse Sportartikel
8401	*4401*	Erlösschmälerungen Spielwaren	8451	*4451*	Erlösschmälerungen Sportartikel
8402	*4402*	Rücksendungen Spielwaren	8452	*4452*	Rücksendungen Sportartikel
8405	*4405*	gewährte Skonti Spielwaren	8455	*4455*	erhaltene Skonti Sportartikel
8406	*4406*	gewährte Boni Spielwaren	8456	*4456*	erhaltene Boni Sportartikel

Bei der Führung der Konten **"Wareneinkauf"** und **"Umsatzerlöse"** kann die Vorsteuer bzw. Umsatzsteuer bei jedem Geschäftsfall einzeln gebucht werden. Bei Inanspruchnahme von Skontiabzügen bei Zahlungsfluss ist die Vorsteuer bzw. Umsatzsteuer zu korrigieren. Die Korrektur kann bei jedem einzelnen Vorgang durchgeführt werden. Man spricht dann vom **Nettoverfahren**.

Wird die Korrektur der Vorsteuer bzw. der Umsatzsteuer als Sammelkorrektur vorgenommen, z. B. bei Abschluss des jeweiligen Monats für die Erstellung der Umsatzsteuer-Voranmeldung, handelt es sich um das zulässige **Bruttoverfahren**. Bei **manueller Buchhaltung** (Durchschreibe-Buchführung, Amerikanisches Journal und dgl.) ist dies rationeller und vor allem praxisgerecht.

In der **Erfassung der Buchhaltung durch EDV** wird die Berichtigung automatisch nach jedem Buchungsvorgang durchgeführt.

Beispiel: (siehe Schema auf der nächsten Seite)

Die Firma Lampe & Co. liefert an die Grosshandlung Schirm KG Waren zum Listenpreis von 2 300,00 DM, abzüglich 10 % Rabatt (230,00 DM), zuzüglich Verpackungskosten (24,00 DM), Transportkosten (23,50 DM) und 16 % Umsatzsteuer (338,80 DM), Rechnungsbetrag brutto 2 456,30 DM. Über diese Lieferung wird eine ordnungsgemässe Rechnung erteilt.

Lampe & Co. versendet die Waren mit der Post und bezahlt dafür 23,50 DM. Diese Leistungen der Post sind von der Umsatzsteuer befreit.

Leistungsempfänger Schirm KG

Buchung **Eingangsrechnung**:

Konto Soll			Konto Haben			Betrag DM
3400	*5400*	Wareneinkauf				2 070,00
3800	*5800*	Anschaffungsnebenkosten				47,50
1575	*1405*	Vorsteuer				338,80
			1600	*3300*	Verbindlichkeiten	2 456,30

Führt ein anderer Unternehmer an Grosshändler Schirm eine Lieferung oder sonstige Leistung aus, dann kann Schirm die in der Rechnung gesondert ausgewiesene Umsatzsteuer als Vorsteuer abziehen.

LEISTUNGSEMPFÄNGER

EINGANGSRECHNUNG

LEISTENDER

AUSGANGSRECHNUNG

RECHNUNG NR.. 121314 vom 12.08....

Wir lieferten Ihnen am 12.08....

	DM	DM
10 Stk. Lampen		
Artikel 1231	230,00	2 300,00
./. 10 % Rabatt		230,00
		2 070,00
+ Verpackungskosten		24,00
+ Transportkosten		23,50
netto		2 117,50
+ 16 % Umsatzsteuer		338,80
Rechnungsbetrag		**2 456,30**

Konto Soll

3400 *5400* Wareneinkauf ◄

3800 *5800* Anschaffungsnebenkosten ◄

3800 *5800* Anschaffungsnebenkosten ◄

1575 *1405* Vorsteuer ◄

Konto Haben

1600 *3300* Verbindlichkeiten L/L ◄

Konto Haben

8400 *4400* Erlöse ►

8655 *4540* Erlöse weiter- ►

8655 *4540* berechnete Kosten ►

1775 *3805* Umsatzsteuer ►

Konto Soll

1400 *1200* Forderungen L/L ►

Leistender Lampe & Co.

Buchung Paketgebühr:

Konto Soll			Konto Haben			Betrag DM
4700	*6700*	Kosten der Warenabgabe	1000	*1600*	Kasse	23,50

Buchung Ausgangsrechnung:

Konto Soll			Konto Haben			Betrag DM
1400	*1200*	Forderungen L/L				2 456,30
			8400	*4400*	Erlöse	2 070,00
			8655	*4540*	Erlöse weiterberechnete	
					Kosten	47,50
			1775	*3805*	Umsatzsteuer	338,80

Unternehmer Lampe führt im Rahmen seines Unternehmens eine Lieferung an einen anderen Unternehmer für dessen Unternehmen aus. Der Umsatz ist steuerbar, nicht von der Umsatzsteuer befreit und daher steuerpflichtig. Die Bemessungsgrundlage ist das Entgelt.

Entgelt ist alles, was Schirm aufwendet, um die Lieferung zu erhalten (2 456,30 DM), jedoch ohne die Umsatzsteuer (338,80 DM), also 2 117,50 DM.

3.4 Nachträgliche Änderungen der Bemessungsgrundlage und Korrektur der Umsatzsteuer bzw. der Vorsteuer (§ 22 UStG, R 256)

Ändert sich nachträglich die Bemessungsgrundlage für einen steuerpflichtigen Umsatz, so haben

- der Unternehmer, der diesen Umsatz ausgeführt hat, den dafür geschuldeten Steuerbetrag und
- der Unternehmer, an den dieser Umsatz ausgeführt worden ist, den dafür in Anspruch genommenen Vorsteuerabzug

entsprechend zu berichtigen.

Dasselbe gilt, wenn

- das vereinbarte Entgelt für eine steuerpflichtige Lieferung, sonstige Leistung oder einen steuerpflichtigen innergemeinschaftlichen Erwerb uneinbringlich geworden ist,
- für eine vereinbarte Lieferung oder sonstige Leistung ein Entgelt entrichtet, die Lieferung oder sonstige Leistung jedoch nicht ausgeführt worden ist,
- eine steuerpflichtige Lieferung, sonstige Leistung oder ein steuerpflichtiger innergemeinschaftlicher Erwerb rückgängig gemacht worden ist.

Ist Einfuhrumsatzsteuer, die als Vorsteuer abgezogen worden ist, herabgesetzt, erlassen oder erstattet worden, so hat der Unternehmer den Vorsteuerabzug entsprechend zu berichtigen.

- **Berichtigungszeitpunkt**

  Berichtigungen sind für den Zeitraum vorzunehmen, in dem die Änderung der Bemessungsgrundlage eingetreten ist.

Beispiel:

Die Firma Schirm KG überweist die Rechnung der Firma Lampe & Co. vom 20.08.... am 02.09....
unter Abzug von 2 % Skonto. Der Überweisungsträger weist folgende Abrechnung aus:

Rechnung vom 20.08....	
Rechnungs-Nr. 121314	**2 456,30 DM**
./. 2 % Skonto	**49,13 DM**
Zahlungsbetrag	**2 407,17 DM**

Durch den Skontoabzug hat sich nachträglich die Bemessungsgrundlage für die Umsatzsteuer
geändert. Berichtigungszeitraum ist der September (Zeitraum der Zahlung). Schirm muss in diesem
Monat die Vorsteuer korrigieren, Lampe kürzt die Umsatzsteuer.

Rechnungsbetrag	=	Entgelt	+	Umsatzsteuer
2 456,30	=	2 117,50	+	338,80 DM
- 2 % 49,13	=	42,35	+	6,78 DM
2 407,17	=	2 075,15	+	332,02 DM

49,13	=	116 %
6,78	=	16 %

$$49{,}13 \times 16/116 = 6{,}78 \text{ DM}$$

oder

$$49{,}13 \times 13{,}79\,\% = 6{,}78 \text{ DM}$$

bisheriges Entgelt	2 117,50 DM
korrigiertes Entgelt	2 075,15 DM
Bemessungsgrundlage der Korrektur	42,35 DM
abgeführte USt / zum Abzug gebrachte VSt	338,80 DM
korrigierte USt / richtiger Abzugsbetrag	332,02 DM
Umsatzsteuerkorrektur / Vorsteuerkorrektur	**6,78 DM**

Buchung der **Zahlung** bei Grosshändler Schirm: *- Nettoverfahren -*

Konto Soll			Konto Haben			Betrag DM
1600	*3300*	Verbindlichkeiten L/L				2 456,30
			1200	*1800*	Bank	2 407,17
			3736	*5736*	erhaltene Skonti	42,35
			1575	*1405*	Vorsteuer	6,78

Auf die Darstellung des Bruttoverfahrens wird verzichtet, da bei EDV-Buchführung regelmässig nur das Nettoverfahren angewandt wird.

Buchung der **Zahlung** bei Firma Lampe: *- Nettoverfahren -*

Konto Soll			Konto Haben			Betrag DM
1200	*1800*	Bank				2 407,17
8735	*4735*	gewährte Skonti				42,35
1775	*3805*	Umsatzsteuer				6,78
			1400	*1200*	Forderungen L/L	2 456,30

LIEFERANTEN- UND KUNDENSKONTI

Der Rechnungsbetrag ist nach vertraglichen Vereinbarungen zu begleichen. Der Verkäufer kann im Interesse eines schnellen Zahlungseingangs für eine Zahlung innerhalb eines bestimmten Zeitraums **Kundenskonti** gewähren. Oft sind diese Zahlungskonditionen zusammen mit den Lieferkonditionen einheitlich für eine gesamte Branche festgelegt (z. B. Einheitsbedingungen der deutschen Bekleidungsindustrie).

Für den Lieferanten stellen dem Kunden gewährte Skonti **Erlösschmälerungen** dar, die er beim Jahresabschluss über das Konto **Umsatzerlöse** abschliesst.

Für den Kunden, dem Empfänger der Leistung, stellen die vom Lieferanten gewährten Skonti **Anschaffungskostenminderungen** dar. Lieferantenskonti bei der Lieferung von Handelswaren werden im Unterkonto der Gruppe **Wareneinkauf** im Haben gebucht und werden im Jahresabschluss auf letzteres abgeschlossen. Dadurch wird der Wareneinsatz vermindert. Folgerichtig vermindert sich der Vorsteuerabzug.

Bei Inanspruchnahme von Skonti beim Kauf von Anlagevermögen vermindern sich die **Anschaffungskosten des Anlagegegenstandes**. Der Vorgang wird direkt auf dem Anlagekonto erfasst.

Bei Abzug von Skonti bei **Kostenrechnungen** (z. B. Kauf von Büromaterial) **vermindert sich der Aufwand** (Buchung des Skontibetrages im Haben auf dem Kostenkonto). Häufig wird hier in der Praxis im Kostenbereich ein Sammelkonto angelegt, auf dem diese Kostenminderungen gebucht werden.

- Rücksendungen

Rücksendungen werden vorgenommen, wenn eine Warensendung nicht der Bestellung entspricht. Sie können ihre Ursache auch in einer Mängelrüge oder einer verspäteten Lieferung haben oder die Folge nicht vertragsgemässer Lieferung sein. Auf jeden Fall ist ein ursprünglich ausgestellter Beleg in Form einer Rechnung durch eine Korrektur in Form einer **Gutschriftsanzeige** zu berichtigen.

Beispiel:

Unternehmer **Borst** erhält von der Firma Krauss eine **Eingangsrechnung** über:		Unternehmer **Krauss** erstellt über die Lieferung an die Firma Borst eine **Ausgangsrechnung**:	
	DM		DM
100 Anzüge á 180,00	18 000,00	100 Anzüge á 180,00	18 000,00
+ 16 % USt	2 880,00	+ 16 % USt	2 880,00
Rechnungsbetrag	20 880,00	Rechnungsbetrag	20 880,00

Buchung der **Eingangsrechnung** bei Borst:

Konto Soll			Konto Haben			Betrag DM
3400	*5400*	Wareneinkauf				18 000,00
1575	*1405*	Vorsteuer				2 880,00
			1600	*3300*	Verbindlichkeiten	20 880,00

Buchung der **Ausgangsrechnung** bei Krauss:

Konto Soll			Konto Haben			Betrag DM
1400	*1200*	Forderungen L/L				20 880,00
			8400	*4400*	Erlöse	18 000,00
			1775	*3805*	Umsatzsteuer	2 880,00

Bei Überprüfung der gelieferten Ware stellt Borst fest, dass er statt der gelieferten 100 Anzüge nur 10 Anzüge bestellt hat. Er sendet daher 90 Anzüge zurück und bittet um eine Gutschriftsanzeige über die Rücksendung. Diese wird wie folgt erstellt und Borst geschickt:

GUTSCHRIFT NR.. 12789 vom 20.09...		
Wir schreiben aus Rechnung Nr. 11650 vom 13.09.		
aus zurückgesandter Ware gut:		
	DM	DM
90 Anzüge	180,00	16 200,00
+ 16 % Umsatzsteuer		2 592,00
Gutschriftsbetrag		**18 792,00**

Das Entgelt hat sich auf 1 800,00 DM verringert. Daher vermindert sich die Umsatzsteuerschuld von Krauss auf 288,00 DM. Die ursprünglich ausgewiesene und gebuchte Umsatzsteuerschuld ist daher bei Krauss um 2 592,00 DM zu korrigieren. Da Krauss seine Umsatzsteuer korrigiert, muss Borst seine Vorsteuer korrigieren. Der Beleg hierzu ist eine Gutschriftsanzeige.

Buchung der **Eingangs-Gutschrift** bei Borst:

Konto Soll			Konto Haben			Betrag DM
1600	*3300*	Verbindlichkeiten				18 792,00
			3400	*5400*	Wareneinkauf	16 200,00
			1575	*1405*	Vorsteuer	2 592,00

Buchung der **Ausgangs-Gutschrift** bei Krauss:

Konto Soll			Konto Haben			Betrag DM
8400	*4400*	Erlöse				16 200,00
1775	*3805*	Umsatzsteuer				2 592,00
			1400	*1200*	Forderungen L/L	18 792,00

Rücksendungen sind keine Erlösschmälerungen und müssen daher nicht getrennt aufgezeichnet werden. Die Buchung kann daher sowohl auf den Hauptkonten Wareneinkauf bzw. Erlöse erfolgen.

Aus betriebswirtschaftlichen Gründen kann es aber ratsam sein, **getrennte Konten** mit der Bezeichnung **"Rücksendungen"** einzurichten. Der **Abschluss** dieser Konten erfolgt zum Jahresende dann **über** die Kontengruppen **Wareneinkauf** bzw. **Umsatzerlöse**.

- Nachträgliche Preisnachlässe

Nachträgliche Preisnachlässe können ihre Ursache in Mängeln in der Lieferung haben (fehlerhafte, nicht einwandfreie Ware, Abnahme trotz verspäteter Lieferung usw.). Sie führen zu einer Korrektur der bestehenden, ausgestellten Rechnung. Es erfolgt eine Gutschriftsanzeige.

Hierbei handelt es sich wie bei Skonti um eine Entgeltminderung, bei der der Unternehmer verpflichtet ist, die nachträgliche Änderung der Bemessungsgrundlage getrennt aufzuzeichnen, und zwar wiederum getrennt nach Steuersätzen und steuerfreien Entgelten (Abschnitt 151 UStR). Die Buchung erfolgt im Erlösbereich auf einem Unterkonto zu den Erlösen, Kontenbezeichnung **"Erlösschmälerungen"**.

Im Einkaufsbereich muss keine Trennung vorgenommen werden, ist aber evtl. empfehlenswert. Als Unterkonto wird ein Konto **"Nachlässe"** eingerichtet.

Auch **Boni** stellen nachträgliche Preisnachlässe dar. Sie werden den Abnehmern nachträglich für eine erreichte Umsatzhöhe gewährt. Es handelt sich um einen prozentual gestaffelten Nachlass, der am Umsatz orientiert ist. Diese Gutschriftsanzeige führt zu einer Minderung des Entgelts und daher zu einer Korrektur der Umsatzsteuer bzw. Vorsteuer.

Der Abschluss dieser Konten erfolgt zum Jahresende dann über die Kontengruppen Wareneinkauf bzw. Umsatzerlöse.

Entgeltminderungen liegen vor, wenn der Leistungsempfänger Beträge abzieht, z. B. Skonti, Rabatte, Preisnachlässe usw., oder wenn dem Leistungsempfänger bereits gezahlte Beträge zurückgezahlt werden, ohne dass er dafür eine Leistung zu erbringen hat.

Unternehmer Borst erhält von seinem Lieferanten Krauss für empfangene Lieferungen während des Jahres eine Bonusgutschrift in Höhe von netto 800,00 DM + 16 % USt (128,00 DM) = 928,00 DM.	**Unternehmer Krauss** erteilt am Jahresende dem Kunden Borst einen Bonus in Höhe von netto 800,00 DM + 16 % USt (128,00 DM) = 928,00 DM. Er sendet die Abrechnung und überweist den Betrag.
Der Betrag wird am 31.12. auf dem Bankkonto gutgeschrieben.	Der Betrag wird am 30.12. auf dem Bankkonto belastet.

Buchung der **Bonus-Gutschrift** bei Borst:

Konto Soll			Konto Haben			Betrag DM
1600	*3300*	Verbindlichkeiten L/L				928,00
			3760	*5760*	erhaltene Boni	800,00
			1575	*1405*	Vorsteuer	128,00

Buchung der **Bonusabrechnung** bei Krauss:

Konto Soll			Konto Haben			Betrag DM
8740	*4740*	gewährte Boni				800,00
1775	*3805*	Umsatzsteuer				128,00
			1400	*1200*	Forderungen L/L	928,00

Merke:

- Im Warenverkehr (Barverkäufe ausgenommen) entstehen Eingangsrechnungen (ER) und Ausgangsrechnungen (AR).

  - Rabatte, die auf der Rechnung ausgewiesen sind, mindern die Anschaffungskosten (ER) bzw. Erlöse (AR) und werden direkt auf den Konten Wareneinkauf bzw. Verkaufserlöse berücksichtigt.

  - In Rechnung gestellte Anschaffungsnebenkosten (Versand-, Verpackungskosten) erhöhen die Anschaffungskosten (ER). Sie werden beim Einkauf auf das Konto Wareneinkauf oder auf ein Unterkonto gebucht.

  - In Rechnung gestellte weiterberechnete Versandspesen (Versand-, Verpackungskosten) mehren die Erlöse (AR). Sie werden beim Verkauf auf das Konto Verkaufserlöse, oder besser aber auf das Konto "Erlöse aus weiterberechneten Kosten" gebucht.

- Bemessungsgrundlage ist das Entgelt, also alles, was der Empfänger aufwendet, um die Leistung zu erhalten, abzüglich der Umsatzsteuer.

- Lieferantenskonti mindern nachträglich die Verbindlichkeiten, Kundenskonti mindern nachträglich die Forderungen beim Ausgleich der Rechnung innerhalb des zugestandenen Zeitraums.
  - Kundenskonti (gewährte Skonti) mindern nachträglich das Entgelt und führen zu einer Korrektur der Umsatzsteuer; sie sind getrennt aufzeichnungspflichtige Erlösschmälerungen.
  - Lieferantenskonti (erhaltene Skonti) mindern den Wareneinsatz. Sie führen zur Korrektur der Vorsteuer.

- Rücksendungen an Lieferanten führen zu Gutschriftsanzeigen. Sie werden auf dem Konto Wareneinkauf gebucht oder analog auf einem Unterkonto. Eine Korrektur der Vorsteuer ist erforderlich.

- Rücksendungen von Kunden führen zu Gutschriftsanzeigen. Sie werden auf dem Konto Erlöse gebucht oder analog auf einem Unterkonto. Eine Korrektur der Umsatzsteuer ist erforderlich.

- Nachträgliche Preisnachlässe vom Lieferanten führen zu Gutschriftsanzeigen. Beim Leistungsempfänger wird die Gutschrift auf einem Unterkonto des Wareneinkaufs gebucht. Es ist eine Korrektur der Vorsteuer vorzunehmen.

- Nachträgliche Preisnachlässe an den Kunden führen zu Gutschriftsanzeigen. Beim Leistenden wird die Gutschrift auf einem Unterkonto von Erlösen gebucht. Es ist eine Korrektur der Umsatzsteuer vorzunehmen.

- Kundenboni sind für den Leistenden Erlösschmälerungen. Eine Korrektur der Umsatzsteuer ist erforderlich.

- Lieferantenboni sind für den Abnehmer Anschaffungskostenminderungen. Eine Korrektur der Vorsteuer ist erforderlich.

- Einkäufe von einmalig verwendbaren Verpackungsmaterialen (Tüten, Folien, etc.) werden auf dem Konto "Verpackungsmaterial" gebucht.

- Mehrmals verwendbare Behältnisse stellen für den Lieferanten Anlagevermögen dar.

- In Rechnung gestellte, wiederverwendbare Behältnisse werden auf dem Konto "Erlöse aus Leergut" im Haben gebucht.

- Rücksendungen von Verpackungsmaterial des Kunden werden beim Lieferanten auf dem Konto "Erlöse aus Leergut" im Soll gebucht.

- Erhaltene Skonti bei Anlagegütern werden auf dem Konto des Anlagegutes im Haben gebucht.

- Erhaltene Skonti bei Aufwendungen werden auf dem Aufwandkonto im Haben gebucht.

Aufgaben zur Sicherung des Lernerfolges:

Buchen Sie die nachfolgenden Geschäftsfälle **beim Leistenden und beim Leistungsempfänger** und nennen Sie dabei die jeweilige Person!

1.a) Unternehmer Moll kauft bei der Firma Hansen eine Ausstellungsvitrine im Wert von netto 2 500,00 DM + 16 % USt (400,00 DM) = 2 900,00 DM auf Ziel.

 b) Moll reklamiert einen geringen Farbfehler im Holz und erhält daraufhin von Hansen eine Gutschrift über 100,00 DM + 16 % USt (16,00 DM) = 116,00 DM.

 c) Moll überweist die Rechnung an Hansen unter Abzug der Gutschrift. Vom Restbetrag zieht Moll 3 % Skonto (83,52) ab, Überweisungsbetrag 2 700,48 DM.

2. Hansen liefert dem Elektrohändler Kurz einen Tisch im Wert von 800,00 DM + 16 % USt (128,00 DM) = 928,00 DM, den er zu privaten Zwecken nutzen will. Kurz bezahlt bar aus der Geschäftskasse.

3.a) Hansen liefert an den Metzgermeister Filetti für dessen Unternehmen eine Theke im Wert von 1 500,00 DM + 16 % USt (240,00 DM) = 1 740,00 DM auf Ziel.

 b) Filetti kommt der Zahlung nicht nach, worauf Hansen die Theke wieder abholt. Kosten werden nicht verrechnet.

4.a) Moll liefert an die Bauunternehmung Stein Arbeitskleidung im Wert von 900,00 DM + 16 % USt (144,00 DM) = 1 044,00 DM auf Ziel.

 b) Stein überweist 10 Tage später einen Teilbetrag von 580,00 DM

 c) Moll erkennt, dass er die Restforderung nicht mehr eintreiben kann, da Stein nachweislich auf Dauer zahlungsunfähig ist. Moll verzichtet auf weitere gerichtliche Schritte.

5. Hansen verkauft an eine Privatkundschaft eine Wohnzimmereinrichtung im Wert von netto 10 000,00 DM + 16 % USt (1 600,00 DM) = 11 600,00 DM in bar.

6. Hansen entnimmt aus der Geschäftskasse 200,00 DM und kauft dafür bei Maier Sekt und Kaviar (incl. 16 % USt) für private Zwecke.

7.a) Moll kauft von der Fa. Ulz Briefbögen und Briefkarten mit Aufdruck, auf Ziel. Die Rechnung lautet über 1 500,00 DM abzüglich 10 % Rabatt (150,00 DM) = 1 350,00 DM + 16 % USt (216,00 DM) = 1 566,00 DM.

 b) Die Rechnung wird unter Abzug von 2 % Skonto von Moll überwiesen, 1 534,68 DM.

8. Hansen bezieht eine Fachzeitschrift. Die Rechnung über 50,00 DM + 7 % USt (3,50 DM) = 53,50 DM wird vom Geschäftskonto abgebucht.

9. Hansen kauft in einer Buchhandlung einen Bildband über Nordamerika, den er einem Geschäftsfreund schenken will und bezahlt dafür bar 160,50 DM (incl. 7 % USt = 10,50 DM).

10.a) Moll liefert aufgrund telef. Bestellung einen Posten Waren im Wert von 2 000,00 DM + 16 % USt (320,00 DM) = 2 320,00 DM auf Ziel an die Fa. Zelle.

b) Zelle reklamiert, ein Teil der Waren hat nicht der Bestellung entsprochen. Sie schickt die Waren zurück und erhält eine Gutschrift über 300,00 DM + 16 % USt (48,00 DM) = 348,00 DM.

c) Zelle überweist 2 320,00 DM, abzüglich Gutschrift 348,00 DM = 1 972,00 DM, ./. 2 % Skonto (39,44 DM) = 1 932,56 DM.

d) Moll entnimmt seinem Lager zu privaten Zwecken Ware, die er zu 210,00 DM ausgezeichnet hat. Der Einstandspreis beträgt 145,00 DM.

11.a) Fa. Moll liefert an die Fa. Bosser Waren auf Ziel:

Warenwert	1 050,00 DM		
+ Versandkosten	51,00 DM		
+ Verpackungskosten	24,00 DM	1 125,00 DM	
+ 16 % USt		180,00 DM	**1 305,00 DM**

b) Fa. Bosser stellt bei Prüfung der Ware fest, dass diese nicht der Bestellung entspricht. Sie schickt die Waren zurück und erhält daraufhin eine Gutschrift in Höhe des Rechnungsbetrages.

c) Fa. Moll liefert dann die richtige Ware auf Ziel:

Warenwert	1 500,00 DM		
- Rabatt, 10 %	150,00 DM	1 350,00 DM	
+ Versandkosten		38,00 DM	
+ Verpackungskosten		12,00 DM	
		1 400,00 DM	
+ 16 % USt		224,00 DM	**1 624,00 DM**

d) Fa. Bosser überweist diese Rechnung unter Abzug von 3 % Skonto.

e) Fa. Bosser erhält am 30.12. einen Verrechnungsscheck der Fa. Moll und gleichzeitig eine Bonusabrechnung in Höhe von 500,00 DM + 16 % USt (80,00 DM) = 580,00 DM.

f) Moll verkauft eine betriebliche Schreibmaschine an einen Privatmann, die einen Buchwert von 200,00 DM hat, für 300,00 DM + 16 % USt (48,00 DM) = 348,00 DM.

12.a) Fa. Moll bezieht von der Fa. Kolb Tüten und Packpapier für insgesamt 400,00 DM + 16 % USt (64,00 DM) = 464,00 DM. Es erfolgt Barzahlung.

b) Fa. Moll liefert an Fa. Öfle Ware per Post aus. Es fallen bei Aufgabe des Pakets Postgebühren von 8,40 DM an, die bar bezahlt werden.

c) Fa. Moll hat an Öfle die Ware auf Ziel geliefert und verrechnet:

Warenwert	1 200,00 DM		
+ Versandkosten	8,40 DM		
+ Lagerzuschlag	14,00 DM		
+ Verpackungskosten	10,60 DM		
+ Transportversicherung	12,00 DM	1 245,00 DM	
+ 16 % USt		199,20 DM	**1 444,20 DM**

35

Nachfolgende Fälle sollen nur bei der Firma Moll gebucht werden:

13. Moll spendet aus seinen Warenvorräten an eine gemeinnützige Organisation Waren, Wiederbeschaffungswert 300,00 DM, Verkaufspreis netto 500,00 DM.

14. Moll schenkt einer Kundin Waren, Teilwert 48,00 DM, Verkaufspreis netto 80,00 DM.

15. Moll entnimmt der Ladenkasse zu privaten Zwecken 150,00 DM.

16.a) Moll schafft sich ein Fahrzeug an, das ausschliesslich betrieblich genutzt wird, der Kaufpreis beträgt brutto 23 200,00 DM (netto 20 000,00 DM + 16 % USt = 3 200,00 DM), Zielkauf.

   b) Moll lässt sich kurz darauf ein Autoradio fest einbauen, 600,00 DM + 96,00 DM USt, brutto 696,00 DM. Die Rechnung ist noch nicht bezahlt.

   c) Moll hat wegen eines kleinen technischen Mangels am Pkw nachträglich eine Rabattgutschrift von brutto 232,00 DM (netto 200,00 DM + 32,00 DM USt) erhalten.

17.a) Zielkauf von Waren im Wert von netto 3 000,00 DM + 480,00 DM USt, brutto 3 480,00 DM.

   b) Moll schickt Waren im Wert von 165,00 DM netto + 26,40 DM USt, brutto 191,40 DM zurück. Der Lieferant erteilt eine Gutschrift.

   c) Moll überweist den Rest.

18. Moll kauft für sein Unternehmen ein unbebautes Grundstück im Wert von 100 000,00 DM, der Betrag wird überwiesen.

19. Moll legt 20 000,00 DM bar aus seinem Privatbestand in sein Geschäft ein.

20. Moll rast mit dem Betriebs-Kfz von seiner Firma zu einer geschäftlichen Besprechung und erhält dafür einen Bussgeldbescheid über 300,00 DM, der vom Betriebskonto überwiesen wird.

21. Moll spendet für einen mildtätigen Zweck 200,00 DM bar aus der Geschäftskasse.

22. Vom Bankkonto wird die Miete für den Lagerraum abgebucht, 600,00 DM. Es wurde nicht zur Umsatzsteuer optiert.

23. Vom Bankkonto werden die Telefonkosten abgebucht, 150,00 DM, incl. 16 % USt.

24. Alle Telefonkosten des Jahres wurden als Aufwand gebucht, insgesamt 3 000,00 DM. Die Vereinbarung mit dem Finanzamt sieht einen Privatanteil von 40 % vor.

25. Die Rechnung über Reinigungskosten für den Ladenraum, netto 400,00 DM + 64,00 DM USt, brutto 464,00 DM.

26. Moll überweist folgende Posten:

   - Einkommensteuer-Vorauszahlung   2 000,00 DM
   - Grunderwerbsteuer für ein Grundstück   3 000,00 DM
   - Grundsteuer für das Privathaus   600,00 DM
   - Gewerbesteuer-Vorauszahlung   1 500,00 DM

27. Moll rechnet für eine Geschäftsreise Reisekosten in Höhe von 310,00 DM ab; die darin enthaltene Vorsteuer beträgt 28,41 DM. Er erhält den Betrag bar.

4 Lohn- und Gehaltsbuchungen

Die Lohnbuchhaltung ist ein von der Finanzbuchführung unabhängiger, selbständiger Zweig des Rechnungswesens. Ihr stellt sich ein sehr umfangreiches Aufgabengebiet. Sie muss den Bedürfnissen der Arbeitnehmer gerecht werden, der Organisation des Betriebes dienen, die Unterlagen für die Finanzbuchführung erstellen und die Vorschriften des Finanzamtes und der Sozialversicherungsträger erfüllen.

Arbeitnehmer sind Personen, die in öffentlichem oder privatem Dienst angestellt oder beschäftigt sind oder waren und die aus diesem Dienstverhältnis oder einem früheren Dienstverhältnis Arbeitslohn beziehen.

Arbeitslohn sind alle Einnahmen, die dem Arbeitnehmer aus dem Dienstverhältnis oder einem früheren Dienstverhältnis zufliessen. Einnahmen sind alle Güter, die in Geld oder Geldeswert bestehen.

Beispiele:

Laufender Arbeitslohn

- **Monatslohn oder Monatsgehalt**
- **Urlaubsentgelt**
- **Lohnfortzahlung an Feiertagen**
- **Lohnfortzahlung für Krankheit**
- **Geldwerte Vorteile aus Kfz-Überlassung**
- **Mehrarbeitsvergütungen**
- **Erschwerniszulagen**
- **Kontoführungsgebühren**
- **Vermögenswirksame Leistungen**

Sonstige Bezüge

- **Weihnachtszuwendungen**
- **Urlaubsgeld**
- **Gratifikationen, Tantiemen**
- **Jubiläumszuwendungen, soweit nicht steuerfrei**
- **Urlaubsabgeltung**
- **Heiratsbeihilfen, soweit nicht steuerfrei**
- **Belegschaftsrabatte, soweit sie bestimmte Grenzen überschreiten**

Werden in einem Lohnzahlungszeitraum **neben** laufendem Arbeitslohn auch sonstige Bezüge von **insgesamt nicht mehr als 300,00 DM** gezahlt, so sind sie zur Berechnung der Steuer und der Sozialversicherungsbeiträge dem laufenden Arbeitslohn hinzuzurechnen.

Steuerfreie Bezüge

- **Heirats- und Geburtsbeihilfen**
- **Fahrgeldersatz auf Nachweis für öffentliche Verkehrsmittel**
- **Reisekosten-Erstattungen in bestimmten Grenzen bei Dienstreisen von Arbeitnehmern**
- **berufsbedingte Umzugskostenerstattung**
- **Erstattung von berufsbedingten Mehraufwendungen wegen doppelter Haushaltsführung**
- **Zuschläge für Sonntags-, Feiertags- und Nachtarbeit nach § 3 b EStG**
- **Leistungen des Arbeitgebers zur Unterbringung und Betreuung nicht schulpflichtiger Kinder der Arbeitnehmer in Kindergärten oder vergleichbaren Einrichtungen**
- **unentgeltliche Überlassung typischer Berufskleidung**
- **durchlaufende Gelder und Auslagenersatz**
- **Werkzeuggeld bis zu den tatsächlichen Ausgaben**
- **Belegschaftsrabatte, soweit sie 2 400,00 DM + 4 % des Endpreises nicht überschreiten**

4.1 Organisation der Lohnbuchhaltung

Die Lohnbuchhaltung hat folgende Aufgaben zu erfüllen:

- Ermittlung des Brutto- und Nettoverdienstes für jeden Arbeitnehmer,
- Erstellung der Unterlagen für den Arbeitnehmer,
- Erstellung der Nachweise für das Finanzamt,
- Erstellung der Nachweise für die Sozialversicherungsträger,
- Erstellung von Überweisungsträgern,
- Erstellung von betriebsinternen Unterlagen.

Jeder Arbeitnehmer erhält von der für ihn zuständigen Gemeinde eine Lohnsteuerkarte. Diese hat er seinem Arbeitgeber vorzulegen, der sie während des Dienstverhältnisses aufbewahrt. Zur Berechnung der vom Arbeitslohn einzubehaltenden Lohn- und Kirchensteuer sind die auf der Lohnsteuerkarte eingetragenen Merkmale der Steuerklasse und des Familienstandes notwendig. Am Jahresende braucht der Arbeitnehmer eine Lohnbescheinigung auf seiner Lohnsteuerkarte, ohne die er keine Einkommensteuererklärung erstellen kann.

Der Arbeitgeber braucht zur Ermittlung der Jahreswerte weitere Unterlagen. Hat der Arbeitgeber mehrere Arbeitnehmer beschäftigt, so wird er für die Finanzbuchhaltung einen Sammelbeleg für die Lohn- und Gehaltsbuchung erstellen. Für jeden Arbeitnehmer sind auch die Beiträge zur Sozialversicherung ordnungsgemäss einzubehalten und abzuführen.

4.2 Ermittlung des Auszahlungsbetrages an den Lohn- bzw. Gehaltsempfänger und Verbuchung der Vorgänge

Das Gesamtbrutto stellt die Summe der Vergütungen dar, die der Arbeitgeber seinem Arbeitnehmer bezahlt. Diese Entgelte stellen für den Unternehmer Kosten dar. Die Entgelte werden im Einzelarbeitsvertrag mit dem Arbeitnehmer vereinbart, daneben sind eventuelle Betriebsvereinbarungen oder Tarifverträge zu beachten. Der Arbeitgeber ist unter anderem zur Einhaltung der Gesetze (z. B. Bundesurlaubsgesetz, Lohnfortzahlungsgesetz und Gesetz zur Regelung der Lohnzahlung an Feiertagen) verpflichtet. Es entstehen ihm dadurch bei Vorliegen der Umstände Kosten, sogenannte Sozialkosten. Dazu gehört auch der **Arbeitgeberanteil der Sozialversicherungsbeiträge**.

Ob die Arbeitsentgelte steuerfrei oder steuerpflichtig, sozialversicherungsfrei oder sozialversicherungspflichtig sind, ist für die Verbuchung der Kosten beim Arbeitgeber ohne Bedeutung. Dies ist relevant für die vom Arbeitnehmer geschuldete Lohn- und Kirchensteuer sowie für die vom Arbeitnehmer geschuldeten Teile der Sozialversicherungsbeiträge. Der Arbeitgeber behält diese Beträge für den Arbeitnehmer ein und führt sie an das Finanzamt bzw. an die Krankenkasse ab.

ÜBERSICHT VERDIENSTARTEN DES GEHALTSEMPFÄNGERS

Konto Soll			Konto Haben		Betrag DM	
		GESAMTBRUTTO				
4120	6020	Gehälter				
4120	6020	Verkaufsprämien				
4146	6085	Geldwerte Vorteile				
4120	6020	Überstunden mit Zuschlägen				
4120	6020	Urlaubsgeld und -entgelt				
4170	6080	Arbeitgeberanteil VWL				
4175	6090	Fahrgelderstattung				
4120	6020	Weihnachtsgratifikation				
4120	6020	einmalige Bezüge				
4169	6160	Heirats-, Geburtsbeihilfe				
4165	6140	AG-Beiträge Direktversich.				
4190	6030	Aushilfsgehälter				
4199	6040	Pauschale Lohn-/KiSt **oder**				
4340	7650	Sonstige Steuern				
					gesetzliche Abzüge vom steuer- und sozialversicherungspflichtigen Brutto	
			1741	3730	Verbindlichkeiten aus Lohn- und Kirchensteuer	
			1742	3740	Verbindlichkeiten im Rahmen der sozialen Sicherheit	
		NETTOVERDIENST				
		sonstige Zuzahlungen - Auslagenersatz, - Reisespesen				
					sonstige Abzüge	
			1530	1340	Gehaltsvorschuss	
			1740	3720	Gehaltsabschlag	
			1530	1340	Rückzahlung Darlehen	
			8591	4940	Sachbezüge Arbeitnehmer	
			1775	3805	USt aus Sachbezügen	
			1746	3760	Lohnpfändungsbeträge	
			8591	4940	geldwerte Vorteile (GVo)	
			1775	3805	USt aus GVo	
			2750	4860	Mieterträge / Werkswohnung	
			1750	3770	Abführung VWL	
			1740	3720	**AUSZAHLUNGSBETRAG**	
4130	6110	Arbeitgeberanteile zur Sozialversicherung	1742	3740	Verbindlichkeiten im Rahmen der sozialen Sicherheit	

ÜBERSICHT VERDIENSTARTEN DES MONATS- ODER ZEITLÖHNERS

Konto Soll			Konto Haben			Betrag DM
		GESAMTBRUTTO				
4110	*6010*	Monatslohn, Zeitlohn				
4110	*6010*	Akkordzuschläge				
4146	*6085*	Geldwerte Vorteile				
4110	*6010*	Überstunden mit Zuschlägen				
4115	*6015*	Urlaubsgeld und -entgelt				
4115	*6015*	LFZ Feiertage, Krankheit				
4170	*6080*	Arbeitgeberanteil VWL				
4175	*6090*	Fahrgelderstattung				
4115	*6015*	Weihnachtsgratifikation				
4115	*6015*	einmalige Bezüge				
4169	*6160*	Heirats-, Geburtsbeihilfe				
4165	*6140*	AG-Beiträge Direktversich.				
4190	*6030*	Aushilfslöhne				
4199	*6040*	Pauschale Lohn-/KiSt **oder**				
4340	*7650*	Sonstige Steuern				
					gesetzliche Abzüge vom steuer- und sozialversiche-rungspflichtigen Brutto	
			1741	*3730*	Verbindlichkeiten aus Lohn- und Kirchensteuer	
			1742	*3740*	Verbindlichkeiten im Rah-men der sozialen Sicherheit	
		NETTOVERDIENST				
		sonstige Zuzahlungen - Auslagenersatz, - Reisespesen				
					sonstige Abzüge	
			1530	*1340*	Gehaltsvorschuss	
			1740	*3720*	Gehaltsabschlag	
			1530	*1340*	Rückzahlung Darlehen	
			8591	*4940*	Sachbezüge Arbeitnehmer	
			1775	*3805*	USt aus Sachbezügen	
			1746	*3760*	Lohnpfändungsbeträge	
			8591	*4940*	geldwerte Vorteile (GVo)	
			1775	*3805*	USt aus GVo	
			2750	*4860*	Mieterträge / Werkswohnung	
			1750	*3770*	Abführung VWL	
			1740	*3720*	**AUSZAHLUNGSBETRAG**	
4130	*6110*	Arbeitgeberanteile zur Sozialversicherung	1742	*3740*	Verbindlichkeiten im Rah-men der sozialen Sicherheit	

Beispiel:

Ein Arbeitnehmer erhält folgende Gehaltsabrechnung

- Bruttogehalt	3 500,00 DM
- vermögenswirksame Leistungen des Arbeitgebers	52,00 DM
Gesamtbrutto	**3 552,00 DM**
- gesetzliche Abzüge	
- Lohnsteuer, Kirchensteuer, Solidaritätszuschlag	646,18 DM
- Sozialversicherungsbeiträge	753,03 DM
Nettoverdienst	**2 152,79 DM**
- sonstige Abzüge (Sparbetrag vermögenswirksame Anlage)	78,00 DM
Auszahlungsbetrag	**2 074,79 DM**

Der Arbeitgeberanteil zur Sozialversicherung ist gleich dem Arbeitnehmeranteil.

Buchung der **Gehaltsabrechnung**:

Konto Soll			Konto Haben			Betrag DM
4120	*6020*	Gehälter				3 500,00
4170	*6080*	VWL, Arbeitgeberanteil				52,00
			1741	*3730*	Verbind. aus Lohn-/KiSt	646,18
			1742	*3740*	Verbindlichkeiten i. R.	
					der sozialen Sicherheit	753,03
			1750	*3770*	Verbindlichkeiten VWL	78,00
			1740	*3720*	Verbindlichkeiten aus	
					Lohn und Gehalt	2 074,79

Buchung des **Arbeitgeberanteils an der Sozialversicherung**:

Konto Soll			Konto Haben			Betrag DM
4130	*6110*	Gesetzlich soziale				753,03
		Aufwendungen	1742	*3740*	Verbindlichkeiten i. R.	
					der sozialen Sicherheit	753,03

Buchung der **Zahlungsvorgänge**:

Konto Soll			Konto Haben			Betrag DM
1741	*3730*	Verbind. aus Lohn-/KiSt				646,18
1742	*3740*	Verbindlichkeiten i. R.				
		der sozialen Sicherheit				1 506,96
1750	*3770*	Verbindlichkeiten VWL				78,00
1740	*3720*	Verbindlichkeiten aus				
		Lohn und Gehalt				2 074,79
			1200	*1800*	Bank	4 305,93

4.2.1 Sachbezüge und geldwerte Vorteile an Arbeitnehmer

Arbeitnehmer haben oftmals die Möglichkeit, aufgrund des Arbeitsverhältnisses unentgeltlich oder verbilligt Waren zu beziehen. Grundsätzlich gehören **Sachbezüge und geldwerte Vorteile** aus dem Arbeitsverhältnis **zum steuerpflichtigen Arbeitslohn**.

Die steuerliche Begünstigung bestimmter Sachbezüge setzt voraus, dass

- die Sachbezüge dem Arbeitnehmer aufgrund seines Dienstverhältnisses oder eines früheren **oder** zukünftigen Arbeitsverhältnisses zufliessen.

- die Sachbezüge in der Überlassung von Waren bestehen, die vom Arbeitgeber hergestellt **oder** vertrieben werden oder in Dienstleistungen (z. B. Beförderungsleistungen, Beratung, Werbung, Datenverarbeitung, Kontenführung, Versicherungsschutz, Reiseveranstaltungen) bestehen, die vom Arbeitgeber erbracht werden. Begünstigt sind nicht Hilfs- und Betriebsstoffe (z. B. Benzin), die mengenmässig überwiegend nicht an fremde Dritte abgegeben werden oder der Arbeitgeber für seine Arbeitnehmer herstellt (z. B. Kantinenmahlzeiten).

Bei Sachbezügen ist also zu prüfen, ob der **Rabattfreibetrag von 2 400,00 DM** (Jahresfreibetrag) anwendbar ist oder nicht. Bei den begünstigten Sachbezügen hat der Arbeitgeber die Möglichkeit, entweder den Rabattfreibetrag in Abzug zu bringen oder den Sachbezug pauschal zu versteuern.

Schema für die Sachbezüge

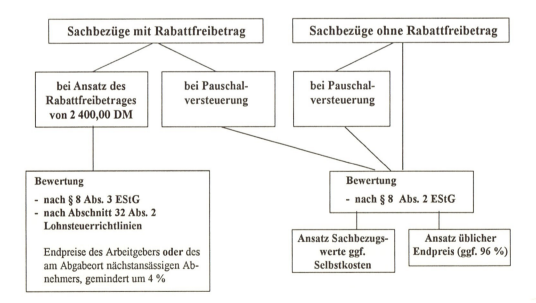

42

SACHBEZÜGE

In der Finanzbuchführung ist von den Sachbezügen sowohl das Entgelt als auch die Umsatzsteuer aufzuzeichnen. Bemessungsgrundlage für die Umsatzsteuer ist bei entgeltlichen Lieferungen der Einkaufspreis, Selbstkosten oder Kosten, abzüglich der Umsatzsteuer. Beruht die Verbilligung auf einem Belegschaftsrabatt, (z. B. Belegschaftsrabatt bei Kaufhäusern oder beim Bezug von Jahreswagen durch Werksangehörige) ist die Bemessungsgrundlage der tatsächlich aufgewendete Betrag abzüglich der Umsatzsteuer.

Bei unentgeltlichen Lieferungen und Leistungen an Arbeitnehmer ist vom Einkaufspreis zuzüglich der Nebenkosten für den Gegenstand oder für einen gleichartigen Gegenstand oder mangels eines Einkaufspreises von den Selbstkosten, jeweils zum Zeitpunkt des Umsatzes, auszugehen.

Beispiel: verbilligte Abgabe von Erzeugnissen

Ein Arbeitnehmer bezieht von seinem Arbeitgeber (Polstermöbelhersteller) eine Leder-Sitzgruppe im Wert von 11 600,00 DM (einschliesslich 16 % USt = 1 600,00 DM). Der massgebliche Preis für den Endverbraucher hätte 18 400,00 DM (einschliesslich 16 % USt = 2 400,00 DM) betragen. Der Arbeitnehmer hat einen Monatslohn von 3 380,00 DM und erhält ausserdem vermögenswirksame Leistungen in Höhe von 78,00 DM. Für den laufenden Monatslohn werden ihm 718,00 DM Sozialversicherung und 595,00 DM Lohnsteuer abgezogen.

Berechnung des geldwerten Vorteils beim Sachbezug:

Endverbraucherpreis der Leder-Sitzgruppe	18 400,00 DM	9.408 EUR
./. 4 % Bewertungsabschlag	736,00 DM	376 EUR
	17 664,00 DM	9.032 EUR
./. Zahlung des Arbeitnehmers	11 600,00 DM	5.931 EUR
	6 064,00 DM	3101 EUR
./. Rabattfreibetrag	2 400,00 DM	1224 EUR (polyg. lunrecht)
geldwerter Vorteil, steuer- und sozialversicherungspflichtig	**3 664,00 DM**	1877 EUR

Für diesen geldwerten Vorteil fallen noch 780,00 DM [399 EUR] Sozialversicherung und 1 165,00 DM [596 EUR] Lohnsteuer an. Der Kauf der Sitzgruppe wird durch Banküberweisung beglichen, Sozialversicherung und Lohnsteuer werden vom laufenden Monatslohn abgezogen.

Buchung **Kauf der Sitzgruppe**:

Konto Soll			Konto Haben			Betrag DM	
1200	*1800*	Bank				11 600,00	5.930,99
			8405	*4405*	Erlöse aus Verkauf an das Personal *)	10 000,00	5.112,92
			1775	*3805*	USt	1 600,00	818,07

*) Die Anlage eines getrennten Erlöskontos ist hier empfehlenswert, auch im Hinblick auf Lohnsteueraussenprüfungen (z. B. vereinfachte Aufzeichnung).

Buchung **Lohnabrechnung**:

Konto Soll			Konto Haben			Betrag DM
4110	*6010*	Zeitlohn				3 380,00
4170	*6080*	Vermögenswirksame Leistungen				78,00
			1741	*3730*	Verbindlichkeiten aus Lohn- und Kirchensteuer	1 760,00
			1742	*3740*	Verbindl. im Rahmen der sozialen Sicherheit	1 498,00
			1750	*3770*	Verbindl. aus vermögens- wirksamen Leistungen	78,00
			1740	*3720*	Verbindl. aus Lohn und Gehalt	122,00

(handschriftliche Randnotizen: 1.728,1? · 39,88 · 899,8? · 765?2 · 39,88 · 62,?8)

Beispiel: verbilligte Abgabe von Mahlzeiten

Bei der Bemessung der verbilligten oder unentgeltlichen Abgabe von Mahlzeiten ist von den amtlichen Sachbezugswerten auszugehen, die jedes Jahr veröffentlicht werden. Ein Betrieb gewährt seinen Arbeitnehmern ein verbilligtes Mittagessen. Der für 1999 gültige Sachbezugswert für ein Mittagessen beträgt 4,70 DM. Die Arbeitnehmer bezahlen pro Mahlzeit 3,00 DM bar in der Betriebskantine.

Der Arbeitgeber versteuert den geldwerten Vorteil pauschal mit 25 % Lohnsteuer, 7 % Kirchensteuer und 5,5 % Solidaritätszuschlag. Im Abrechnungsmonat wurden 4500 Essen ausgegeben.

Berechnung des lohnsteuer- und sv-pflichtigen geldwerten Vorteils:

Sachbezugswert	4,70 DM
./. Eigenanteil	3,00 DM
geldwerter Vorteil pro Essen	**1,70 DM**
1,70 DM x 4.500 =	**7.650,00 DM**

Berechnung der pauschalen Lohn-/Kirchensteuer:

25 %	Lohnsteuer	aus 7.650,00 DM	=	1 912,50 DM
7 %	Kirchensteuer	aus 1 912,50 DM	=	133,88 DM
5,5 %	Solidaritätszuschlag	aus 1 912,50 DM	=	105,19 DM
Steuerbelastung insgesamt				**2.151,57 DM**

Buchung pauschale Lohnsteuer auf sonstige Bezüge:

Konto Soll			Konto Haben			Betrag DM
4199	*6040*	Pauschale Lohnsteuer				2 151,57
			1741	*3730*	Verbindlichkeiten aus Lohn- und Kirchensteuer	2 151,57

Berechnung des umsatzsteuerpflichtigen geldwerten Vorteils:

Sachbezugswert (einschliesslich 16 % USt)	4,70 DM
./. Eigenanteil	3,00 DM
ust-pfl. Geldwerter Vorteil	**1,70 DM**
x 4 500 Essen	= 7 650,00 DM = 116 %
16 % Umsatzsteuer	= 1 055,17 DM
Bemessungsgrundlage für die USt	**= 6 594,83 DM = 100 %**

Buchung **umsatzsteuerpflichtiger geldwerter Vorteil**:

Konto Soll			Konto Haben			Betrag DM
4145	6060	Freiw. soz. Aufwendungen				7 650,00
			8591	4940	Verrechnete Sachbezüge	6 594,83
			1775	3805	USt	1 055,17

Berechnung der Kantinenerlöse:

4 500 Essen x 3,00 DM	= 13 500,00 DM = 116 %
16 % Umsatzsteuer	= 1 862,07 DM
Bemessungsgrundlage für die USt	**= 11 637,93 DM**

Buchung **umsatzsteuerpflichtige Kantinenerlöse**:

Konto Soll			Konto Haben			Betrag DM
1000	1600	Kasse				13 500,00
			8591	4940	Verrechnete Sachbezüge	11 637,93
			1775	3805	USt	1 862,07

Beispiel: Überlassung Firmenfahrzeug an Arbeitnehmer

Ein Mitarbeiter benützt mit Zustimmung des Arbeitgebers den firmeneigenen Pkw auch für Privatfahrten. Der tägliche Weg von der Wohnung zur Arbeitsstätte beträgt 25 km.

Angaben zum Firmen-Pkw:	Listenpreis	29 000,00 DM
	Sonderausstattung	3 100,00 DM
		32 100,00 DM
	+ 16 % USt	5 136,00 DM
	Endpreis	37 236,00 DM
	abgerundet auf volle 100,00 DM	**37 200,00 DM**

Berechnung des geldwerten Vorteils:

1,0 % des Pkw-Listenpreises monatlich	372,00 DM
0,03 % des Pkw-Listenpreises monatlich x Entfernungskilometer	<u>279,00 DM</u>
geldwerter Vorteil brutto	**651,00 DM = 116 %**
16 % USt	89,79 DM = 16 %
Bruttobetrag	**561,21 DM = 100 %**

Buchung **umsatzsteuerpflichtiger geldwerter Vorteil (Kfz-Nutzung):**

Konto Soll			Konto Haben			Betrag DM
4145	*6060*	Freiw. soz. Aufwendungen				651,00
			8591	*4940*	Verrechnete Sachbezüge	561,21
			1775	*3805*	USt	89,79

Exkurs: Private Fahrzeugnutzung durch den Inhaber einer Einzelfirma

Beispiel: Privatnutzung eines Firmenfahrzeugs durch den Inhaber einer Einzelfirma/Personengesellschaft, Regelung bei Kfz-Kauf **ab dem 01.04.1999**, der Listenpreis einschliesslich Umsatzsteuer beträgt 37 200,00 DM, die Entfernung von der Wohnung bis zum Unternehmen 25 km.

Berechnung der privaten Nutzung:

1,0 % des Pkw-Listenpreises monatlich	
= **sonstige Leistung umsatzsteuerfrei**, da nur der	
halbe Vorsteuerabzug beim Kauf möglich war	372,00 DM
0,03 % des Pkw-Listenpreises monatlich x Entfernungskilometer 279,00 DM	
./. Werbungskostenabzug für Fahrten zwischen Wohnung	
und Arbeitsstätte 15 x 0,70 DM x 25 =	<u>- 262,50 DM</u>
= nicht abzugsfähige Betriebsausgaben	<u>16,50 DM</u>
insgesamt nicht abzugsfähig	**388,50 DM**

Buchung **Kfz-Privatnutzung durch einen Einzelunternehmer**:

Konto Soll			Konto Haben			Betrag DM
1800	*2100*	Privatentnahmen **oder**				
1880	*2130*	Eigenverbrauch				388,50
			8939	*4639*	Entnahme von sonstigen Leistungen, ust-frei	372,00
			8944	*4659*	Eigenverbrauch ohne USt	16,50

Hinweis: Bei Kauf des Fahrzeugs nach dem 01.04.1999 sind bei einer Privatnutzung durch den Einzelunternehmer nur 50 % des Vorsteuerabzugs durch das Finanzamt erstattungsfähig. Die nicht abzugsfähige Vorsteuer wird dann als Teil der Anschaffungskosten dem Fahrzeug hinzuaktiviert (= Anschaffungsnebenkosten).

Merke:

- Arbeitslohn sind alle Einnahmen, die dem Arbeitnehmer aus einem Dienstverhältnis oder einem früheren oder zukünftigen Dienstverhältnis zufliessen. Einnahmen sind alle Güter, die in Geld oder Geldeswert bestehen.

- Arbeitnehmer (AN) sind Personen, die im öffentlichen oder privaten Dienst angestellt oder beschäftigt sind und aus diesem Dienstverhältnis Arbeitslohn beziehen.

- Arbeitnehmer
  - haben eine Lohnsteuerkarte, ausgestellt vom Wohnsitzfinanzamt,
  - zahlen Lohnsteuer und gegebenenfalls Kirchensteuer und Solidaritätszuschlag,
  - zahlen in der Regel die Hälfte der gesetzlichen Beiträge zur Kranken-, Renten- und Arbeitslosenversicherung;

  Ausnahme: Geringverdienende Auszubildende (= Arbeitgeber zahlt alle Anteile)

- Der Arbeitgeber
  - muss für jeden Arbeitnehmer ein Lohnkonto führen.
  - erhält die Lohnsteuerkarte und bewahrt sie während des Jahres bzw. der Beschäftigungsdauer auf.
  - erhält das Sozialversicherungsnachweisheft, bewahrt es während der Beschäftigungsdauer auf und führt Meldungen bei der zuständigen Krankenversicherung aus.
  - behält die Lohn- und Kirchensteuer ein und führt die Beträge an das Betriebsstättenfinanzamt ab.
  - behält die Sozialversicherungsbeiträge ein und führt sie an die entsprechenden Krankenkassen ab.
  - bescheinigt dem AN zum Ende des Dienstverhältnisses/Jahresende Beschäftigungsdauer, Bruttolohn und Abzüge auf der Lohnsteuerkarte/Lohnsteuerbescheinigung.
  - meldet das sozialversicherungspflichtige Jahresentgelt an die zuständige Krankenkasse und händigt dem Arbeitnehmer einen Durchschlag davon aus.

- Sachbezüge und geldwerte Vorteile
  - gehören zum steuerpflichtigen bzw. beitragspflichtigen Entgelt, wenn sie nicht ausdrücklich von der Steuer befreit sind (z. B. Annehmlichkeiten, Aufmerksamkeiten)
  - können gewährt werden in Form von Annehmlichkeiten, Aufmerksamkeiten, Betriebsveranstaltungen, Dienstwagen zur privaten Nutzung, Geschenke, Zinsersparnisse, unentgeltliche oder verbilligte Mahlzeiten, Deputate und dgl.
  - müssen grundsätzlich im Lohnkonto festgehalten werden.
  - sind zu überprüfen, ob ein Rabattfreibetrag anwendbar ist und/oder ob sie pauschal versteuert werden können.
  - sind in vielen Fällen auch umsatzsteuerpflichtig; in diesen Fällen ist die Bemessungsgrundlage für die Umsatzsteuer aufzuzeichnen.

Aufgaben zur Sicherung des Lernerfolges:

1. Aus der Lohnbuchhaltung erhalten wir folgenden Sammelbeleg:

   Aufwendungen: (Soll)

- Fertigungslöhne	147 500,00 DM	S 6010
- Feiertagslöhne	9 500,00 DM	S 6015
- Urlaubsentgelte für Arbeiter	6 000,00 DM	S 6015
- Urlaubsgelder für Arbeiter	3 000,00 DM	S 6015
- Lohnfortzahlung für Arbeiter	8 102,00 DM	S 6015
- Gehälter	100 000,00 DM	S 6020
- Kontoführungsgebühren, tariflich	250,00 DM	S 6060
- VWL-AG-Anteil	5 200,00 DM	S 6080
- Weihnachtsgratifikation (Arbeiter)	85 000,00 DM	S 6015
- Aushilfslöhne	4 000,00 DM	S 6030
- Direktversicherungsbeiträge	3 000,00 DM	S 6140
- vom Arbeitgeber getragene pauschale Lohn-/KiSt/SolZ	675,00 DM	S 6040
- Arbeitgeberanteil zur Sozialversicherung	50 886,00 DM	S 6110

   Abzüge: (Haben)

- einbehaltene Abschläge	10 000,00 DM	H 1340
- Abzug für Lohnpfändung	2 000,00 DM	H 3760
- abzuführende Sozialversicherungsbeiträge	95 200,00 DM	H 3740
- abzuführende Lohn- und Kirchensteuer	65 120,00 DM	H 3730
- vermögenswirksame Leistungen, Sparbeträge	7 400,00 DM	H 3770

   a) Ermitteln Sie den Auszahlungsbetrag!   243.393 DM H 3720

   b) Buchen Sie den Beleg, die Löhne/Gehälter sind noch nicht ausbezahlt!

2. Abgabe von Handelswaren an Belegschaftsmitglieder, Warenwert brutto 4 848,80 DM (= netto 4 180,00 DM + 16 % USt = 668,80 DM). Der Betrag wird mit der nächsten Lohnzahlung verrechnet.

3. Der Arbeitnehmer Werner Kolb bezieht von seiner Firma (Möbelhaus) eine Kücheneinrichtung im Wert von 24 534,00 DM (= netto 21 150,00 DM + 16 % USt = 3 384,00 DM). Der Listenpreis dieser Kücheneinrichtung beträgt 27 840,00 DM (= netto 24 000,00 + 16 % USt = 3 840,00 DM).

   Für die Betriebsfahrzeuge ist eine betriebseigene Zapfsäule für Kraftstoffe installiert. Es können aber auch die Arbeitnehmer tanken. Kolb hat im laufenden Monat Benzin für private Zwecke im Wert von 185,00 DM incl. 16 % USt bezogen. Bei einer Tankstelle hätte er 210,00 DM (einschliesslich 16 % USt) bezahlen müssen.

   a) Berechnen Sie den geldwerten Vorteil!

   b) Buchen Sie die Vorgänge! Die Beträge werden bei der nächsten Gehaltszahlung abgezogen.

4. Das Personal erhält während der Arbeitszeit kostenlos Kaffee und Tee. Die Rechnung des Lebensmittelhändlers lautet auf 98,00 DM incl. 7 % USt. Sie wird bar bezahlt.

5. Der Kundendienstmonteur Michael Strebel hat mit dem Betriebs-Pkw während eines Diensteinsatzes falsch geparkt. Dem Betrieb geht ein Bescheid für die Bezahlung eines Ordnungsgeldes über 50,00 DM zu. Nach Rücksprache mit dem Mitarbeiter übernimmt der Betrieb die Bezahlung der Ordnungsstrafe (Banküberweisung).

6. Die Sekretärin erhält zum Geburtstag einen Trockenblumenstrauss im Wert von 45,00 DM, der bar bezahlt wurde. Auf der Rechnung ist vermerkt, dass die gesetzliche Umsatzsteuer enthalten ist.

7. Aufgrund der Inventur müssen 5 Mitarbeiter an mehreren Tagen Überstunden leisten. Der Firmeninhaber lässt an diesen Tagen von einem Restaurant für diese Mitarbeiter warme Speisen abholen, die diese dann abends am Arbeitsplatz essen können. Die Rechnung beträgt insgesamt 428,00 DM (netto 400,00 DM + 7 % USt = 28,00 DM) und wird bar bezahlt.

8. a) Ein Unternehmen kauft folgendes Fahrzeug:

Listenpreis	40 500,00 DM
Schiebedach	1 500,00 DM
übrige Sonderausstattung	6 500,00 DM
	48 500,00 DM
./. Rabatt	2 500,00 DM
	46 000,00 DM
Überführungskosten	900,00 DM
Autoradio mit Einbau	1 400,00 DM
Mobiltelefon mit Einbau	2 200,00 DM
netto	50 500,00 DM
+ 16 % USt	8 080,00 DM
Kaufpreis brutto	58 580,00 DM

b) Der Mitarbeiter Fred Burgstetter darf diesen Pkw mit Zustimmung des Arbeitgebers auch für private Zwecke nutzen. Er wohnt 16 km von seiner Arbeitsstätte entfernt und benützt den Pkw an ca. 15 Tagen im Monat.

Wenden Sie bei der Errechnung des geldwerten Vorteils die 1%-Regelung an und buchen Sie den Vorgang!

c) Welcher geldwerte Vorteil würde sich ergeben, wenn der Arbeitgeber vom Ansatz des Werbungskostenabzugsbetrages von 0,70 DM je Entfernungskilometer Gebrauch machen würde und dafür die pauschale Lohnbesteuerung übernimmt (15 % Lohnsteuer, davon 7 % Kirchensteuer und 5,5 % Solidaritätszuschlag)?

Errechnen und buchen Sie den Vorgang!

d) Wie Fall 8.a) und 8.b), jedoch für den Firmeninhaber einer Personengesellschaft

e) Wie Fall 8.a) und 8.b, jedoch für den Firmeninhaber einer Personengesellschaft. Das Fahrzeug wurde vor dem 01.04.1999 angeschafft.

9. Die Gaststätte "Sonne" berechnet uns für die Mittagessen unseres Personals 240 Essenmarken zu je 2,50 DM, insgesamt 600,00 DM. Die Arbeitnehmer erhalten vom Arbeitgeber Essenmarken von je 2,50 DM pro Arbeitstag, in der Gaststätte müssen sie für ein Essen mindestens 5,00 DM zuzahlen. Kein Essen wird unter 7,50 DM abgegeben. Die Arbeitnehmer können das Menue frei wählen.

10. Bezahlung der Berufsgenossenschaftsbeiträge durch Postbanküberweisung, 1 280,00 DM.

11. Ein Arbeitnehmer erhält von seinem Arbeitgeber zur Geburt seines Kindes einen Barscheck in Höhe von 500,00 DM (= lohnsteuer- und sozialversicherungsfrei).

12. Für die Mitarbeiter wurde eine Gruppenunfallversicherung abgeschlossen. Die monatliche Bankabbuchung beträgt 120,00 DM. Berücksichtigen Sie dabei 20 % pauschale Lohnsteuer, davon 7 % Kirchensteuer und 5,5 % Solidaritätszuschlag!

13. Der Arbeitnehmer Max Arnold wird durch den Arbeitgeber auf ein Fortbildungsseminar eines Institutes geschickt. Die Rechnung in Höhe von 580,00 DM (netto 500,00 DM + 16 % USt = 80,00 DM) wird durch Postbank ausgeglichen.

   Als Reisespesen erhält er bar eine steuerfreie Tagespauschale in Höhe von 20,00 DM und km-Geld für sein Privatfahrzeug in Höhe 132,60 DM (0,52 DM pro gefahrenen km).

14. Das Montagepersonal erhält Arbeitsanzüge von der Firma gestellt, die geleast sind. Monatlich werden durch die Bank 522,00 DM (netto 450,00 DM + 16 % USt = 72,00 DM) abgebucht.

   Den Arbeitnehmern wird monatlich ein Eigenanteil von 20,00 DM von der Lohnabrechnung abgezogen, insgesamt 300,00 DM für 15 Arbeitnehmer.

15. Ein Unternehmen führt mit allen Mitarbeitern eine dritte Betriebsfeier durch. Nach steuerlichen Vorschriften stellt diese Feier einen geldwerten Vorteil dar. Damit die Arbeitnehmer nicht belastet werden, kann das Unternehmen die Lohnsteuer pauschalieren.

Kosten der Betriebsfeier netto	1 725,00 DM
+ 16 % USt	276,00 DM
Rechnungsbetrag	2 001,00 DM (Banküberweisung)

   Der Rechnungsbetrag ist lohnsteuerlich zu pauschalieren (25 % Lohnsteuer, 7 % Kirchensteuer, 5,5 % Solidaritätszuschlag).

   Erfassen Sie alle Vorgänge!

16. Bei der Betriebsprüfung des Sozialversicherungsträgers im November des laufenden Jahres wurde festgestellt, dass vom Arbeitnehmer Hägele im März zu wenig Sozialversicherungsbeiträge abgeführt wurden. An Arbeitgeber- und Arbeitnehmerbeiträgen sind jeweils 117,95 DM nachzuentrichten. Hägele ist noch im Betrieb.

17. Die Mitarbeiter eines Verlages erhalten vierteljährlich ein kostenloses Buchexemplar nach freier Wahl aus dem Programm des Verlages. Der Mitarbeiter Klaus Zoppa hat im laufenden Wirtschaftsjahr insgesamt Bücher zu Selbstkosten des Verlages in Höhe von 395,00 DM netto erhalten. Der übliche Verkaufspreis hierfür beträgt 650,00 DM einschliesslich 7 % Umsatzsteuer.

5 Wechselverkehr

> Der Wechsel ist ein Zahlungsmittel, Kreditmittel und Sicherheitsmittel. Er ist eine Urkunde, in welcher der Aussteller (A) den Bezogenen (B) auffordert, an einem vereinbarten Termin (Verfalltag) eine bestimmte Geldsumme (Wechselsumme) an den Wechselnehmer oder dessen Order zu bezahlen.
>
> Der Wechsel ist auch ein Wertpapier, denn die im Wechsel verbrieften Forderungsrechte können nur bei Vorlage der Wechselurkunde geltend gemacht werden.
>
> Für Wechselgeschäfte gelten die Bestimmungen des Wechselgesetzes vom 21. Juni 1933.

Beispiel:

Möbelhaus Bezold & Co hat der Möbelfabrik Austerle im Herbst letzten Jahres einen Grossauftrag erteilt. Die Auslieferung soll im Frühjahr dieses Jahres erfolgen. Für den laufenden Kontokorrentkredit ist der Zinssatz zum Zeitpunkt der Auslieferung des Auftrages nicht attraktiv. Bezold & Co möchte ein längeres Zahlungsziel zu einem günstigen Zinssatz, die Möbelfabrik Austerle möchte über den Zahlungsbetrag sofort verfügen.

Durch die Bezahlung mittels Wechsel könnte beiden geholfen werden.

5.1 Besitzwechsel und Schuldwechsel

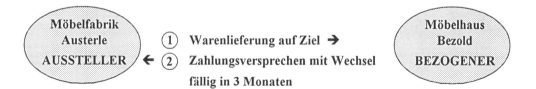

Der Inhaber des Besitzwechsels kann den Wechsel bis zum Verfalltag aufbewahren, als Zahlungsmittel weitergeben oder durch die Bank diskontieren lassen.

Die Firma Austerle erstellt für die Lieferung an Bezold folgende Rechnung:		Die Firma Bezold erhält für die Lieferung von Austerle folgende Rechnung:	
Warenwert	10 000,00 DM	Warenwert	10 000,00 DM
+ 16 % Umsatzsteuer	1 600,00 DM	+ 16 % Umsatzsteuer	1 600,00 DM
Gesamtbetrag	11 600,00 DM	Gesamtbetrag	11 600,00 DM
BELEGART:	Ausgangsrechnung	BELEGART:	Eingangsrechnung

Buchung **Ausgangsrechnung** bei Austerle: (1)

Konto Soll			Konto Haben			Betrag DM
1400	*1200*	Forderungen L/L				11 600,00
			8400	*4400*	Erlöse	10 000,00
			1775	*3805*	USt	1 600,00

Buchung **Eingangsrechnung** bei Bezold: (1)

Konto Soll			Konto Haben			Betrag DM
3400	*5400*	Wareneinkauf				10 000,00
1575	*1405*	VSt				1 600,00
			1600	*3300*	Verbindlichkeiten L/L	11 600,00

Die **Firma Austerle** kommt der Bitte der Firma Bezold nach und stellt über den Forderungsbetrag von 11 600,00 DM einen Wechsel aus, sendet diesen der Firma Bezold zu, die den Wechsel akzeptiert und der Firma Austerle zurückschickt.	Die **Firma Bezold** bittet die Firma Austerle, die Rechnung erst in drei Monaten fällig werden zu lassen. Sie ist bereit, einen Wechsel zu akzeptieren. Die Firma Austerle kommt dem Ersuchen nach und sendet Bezold einen Wechsel über 11 600,00 DM, den dieser akzeptiert und an Austerle zurückschickt.
Durch die Wechselziehung hat der Gläubiger seine Forderung in eine **Wechselforderung** (einen Besitzwechsel umgewandelt. Er kann, wenn er will, über den Wechselbetrag verfügen.	Durch das Wechselakzept hat der Schuldner seine Verbindlichkeit in eine **Wechselverbindlichkeit** umgewandelt. Er muss den Wechsel am Verfalltag einlösen.
BELEGART: Besitzwechsel	**BELEGART:** Schuldwechsel

Buchung **Besitzwechsel** (Wechselforderungen) bei Austerle: (2)

Konto Soll			Konto Haben			Betrag DM
1300	*1230*	Wechsel aus L/L				11 600,00
			1400	*1200*	Forderungen L/L	11 600,00

Buchung **Schuldwechsel** (Wechselverbindlichkeiten) bei Bezold: (2)

Konto Soll			Konto Haben			Betrag DM
1600	*3300*	Verbindlichkeiten L/L				11 600,00
			1660	*3350*	Schuldwechsel	11 600,00

5.2 Einlösung des Wechsels

Am Verfalltag legt der Aussteller den fälligen Wechsel dem Bezogenen zur Zahlung vor. Der Wechsel wird eingelöst. Statt der persönlichen Vorlage des Wechsels kann durch ein Indossament das Kreditinstitut des Ausstellers beauftragt werden, den Wechsel beim Bezogenen bzw. bei dessen Zahlungsstelle (z. B. Bank) einzuziehen.

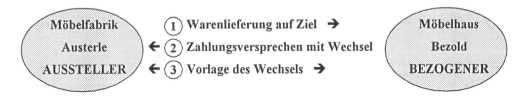

Firma Austerle	Firma Bezold
Am Verfalltag des Wechsels legt die Firma Austerle den Wechsel der Firma Bezold zu Zahlung vor. Der Wechsel wird bar eingelöst.	Zwei Tage vor dem Verfalltag benachrichtigt die Firma Austerle die Firma Bezold, dass der Wechsel zur Zahlung fällig ist. Bezold löst den Wechsel am Verfalltag bar ein.
Durch die Einlösung des Wechsels ist die Wechselforderung erloschen. Der Wechsel ist nicht mehr im Besitz von Austerle. Er hat ihn Bezold zurückgegeben.	Damit hat Bezold seine Schuld beglichen und erhält den Wechsel zurück. Er erhielt für 3 Monate Kredit. Der Wechsel war für ihn Kredit- und Zahlungsmittel.

Buchung Einlösung **Besitzwechsel** bei Austerle: ③

Konto Soll			Konto Haben			Betrag DM
1000	*1600*	Kasse				11 600,00
			1300	*1230*	Wechsel aus L/L	11 600,00

Buchung Einlösung **Schuldwechsel** bei Bezold: ③

Konto Soll			Konto Haben			Betrag DM
1660	*3350*	Schuldwechsel				11 600,00
			1000	*1600*	Kasse	11 600,00

5.3 Weitergabe des Wechsels

Mit dem Besitzwechsel kann Austerle eine Verbindlichkeit, die er selbst bei einem Gläubiger hat, ausgleichen. Der Wechsel ist in diesem Fall ein Zahlungsmittel.

Am Verfalltag oder an einem der beiden folgenden Werktage, spätestens bis 18.00 Uhr, muss der letzte Wechselinhaber oder die von ihm zum Einzug beauftragte Bank den Wechsel dem Bezogenen zur Zahlung vorlegen (Zahlungstag).

Wer die Vorlagefrist nicht einhält, verliert sein Rückgriffsrecht. Die Wechselforderung wird wieder zur normalen Forderung.

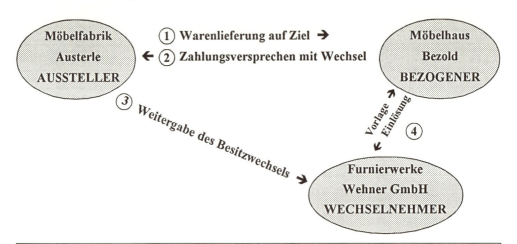

Die **Firma Austerle** bezieht Furniere von den Furnierwerken Wehner GmbH. Die Eingangs-rechnung lautet über 20 000,00 DM + 16 % USt (3 200,00 DM) = 23 200,00 DM.	Das **Furnierwerk Wehner GmbH** liefert an die Möbelfabrik Austerle Furniere auf Ziel. Die Ausgangsrechnung lautet über 20 000,00 DM + 16 % (3 200,00 DM) = 23 200,00 DM.
BELEGART: Eingangsrechnung	**BELEGART:** Ausgangrechnung

Buchung **Eingangsrechnung** bei Austerle: ①

Konto Soll			Konto Haben			Betrag DM
3400	5400	Wareneinkauf				20 000,00
1575	1405	VSt				3 200,00
			1600	3300	Verbindlichkeiten L/L	23 200,00

Buchung **Ausgangsrechnung** bei Wehner GmbH: ①

Konto Soll			Konto Haben			Betrag DM
1400	1200	Forderungen L/L				23 200,00
			8400	4400	Erlöse	20 000,00
			1775	3805	USt	3 200,00

Firma Austerle		Firma Wehner GmbH

<table>
<tr><td colspan="2">Firma Austerle</td><td>Firma Wehner GmbH</td></tr>
<tr><td colspan="2">gleicht die Rechnung wie folgt aus:</td><td>erhält zum Ausgleich der Ausgangsrechnung</td></tr>
<tr><td>Rechnungsbetrag</td><td>23 200,00 DM</td><td>eine Bankgutschrift über 11 136,00 DM und</td></tr>
<tr><td>./. 2 % Skonto</td><td>464,00 DM</td><td>den mit dem Weitergabevermerk versehenen</td></tr>
<tr><td>Zahlungsbetrag</td><td>22 736,00 DM</td><td>Wechsel über 11 600,00 DM (Aussteller Firma</td></tr>
<tr><td>./. Weitergabe Besitzwechsel</td><td>11 600,00 DM</td><td>Austerle, Bezogener Firma Bezold).</td></tr>
<tr><td>Überweisungsbetrag</td><td>11 136,00 DM</td><td></td></tr>
</table>

Der Besitzwechsel wird durch ein Vollindossament übergeben:

"Für uns an die Firma Wehner GmbH, Furnierwerke in Stuttgart

Stuttgart, den ....,

Möbelfabrik Austerle, Unterschrift"

Buchung **Zahlungsausgänge** der Firma Austerle: ③

Konto Soll			Konto Haben			Betrag DM
1600	*3300*	Verbindlichkeiten L/L				23 200,00
			1300	*1230*	**Wechsel aus L/L**	**11 600,00**
			1200	*1800*	Bank	11 136,00
			3735	*5735*	erhaltene Skonti	400,00
			1575	*1405*	VSt	64,00

Buchung **Zahlungseingänge** der Firma Wehner GmbH: ③

Konto Soll			Konto Haben			Betrag DM
1300	*1230*	**Wechsel aus L/L**				**11 600,00**
1200	*1800*	Bank				11 136,00
8735	*4735*	gewährte Skonti				400,00
1775	*3805*	USt				64,00
			1400	*1200*	Forderungen L/L	23 200,00

Firma Wehner GmbH

legt den Wechsel am Verfalltag dem Bezogenen, der Firma Bezold vor, die ihn einlöst.

Buchung Einlösung **Besitzwechsel** bei der Wehner GmbH: ④

Konto Soll			Konto Haben			Betrag DM
1000	*1600*	Kasse				11 600,00
			1300	*1230*	Wechsel aus L/L	11 600,00

5.4 Diskontierung des Wechsels

Die Diskontierung des Wechsels ist die dritte Verwendungsmöglichkeit für den Aussteller oder einen Wechselnehmer. In diesem Fall will er vor dem Verfalltag über den Wechselbetrag verfügen. Zu diesem Zweck lässt er den akzeptierten Wechsel von der Bank diskontieren. Für die Inanspruchnahme dieses Wechseldiskontkredits zieht die Bank Diskont (= Zinsen) ab und schreibt den Restbetrag gut. Neben dem Diskont verrechnet die Bank Spesen.

Der Diskont stellt eine Entgeltminderung dar, die dann zu einer Korrektur der Umsatzsteuer führt, wenn der Bezogene darüber informiert wird, damit dieser die Vorsteuer entsprechend korrigiert. Die von der Bank verrechneten Spesen für Provision, Bearbeitungsgebühren und Porto mindern das Entgelt nicht. Dieses Verfahren muss nicht angewandt werden und wird auch in der Praxis nicht häufig praktiziert, da zum einem damit hohe Verwaltungskosten verbunden sind, zum anderen oft ein höherer Diskont weiterberechnet wird, als der von der Bank in Abzug gebrachte. Der Belastete kann anhand der zu berichtigenden Vorsteuer auf den ursprünglichen Diskontzinssatz rückrechnen.

Bei der Weiterberechnung der Spesen des Ausstellers an den Bezogenen erfolgt eine umsatzsteuerliche Leistung.

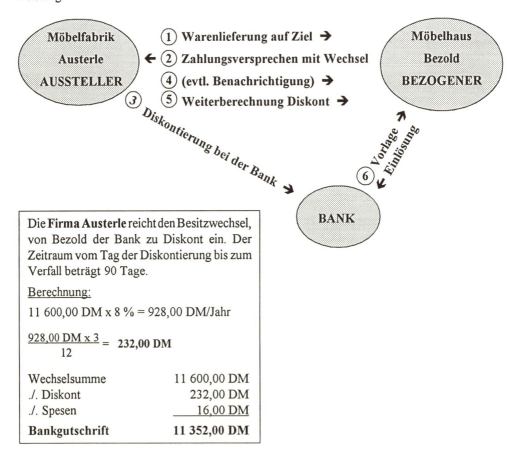

Die **Firma Austerle** reicht den Besitzwechsel, von Bezold der Bank zu Diskont ein. Der Zeitraum vom Tag der Diskontierung bis zum Verfall beträgt 90 Tage.

Berechnung:

11 600,00 DM x 8 % = 928,00 DM/Jahr

$$\frac{928,00 \text{ DM x } 3}{12} = \textbf{232,00 DM}$$

Wechselsumme	11 600,00 DM
./. Diskont	232,00 DM
./. Spesen	16,00 DM
Bankgutschrift	**11 352,00 DM**

Buchung **Bankgutschrift** der Firma Austerle (**ohne** Benachrichtigung): ③

Konto Soll			Konto Haben			Betrag DM
1200	*1800*	Bank				11 352,00
2130	*7340*	Diskontaufwendungen				232,00
4970	6855	Nebenkosten Geldverkehr				16,00
			1300	*1230*	**Wechsel aus L/L**	**11 600,00**

Buchung **Bankgutschrift** der Firma Austerle (**mit** Benachrichtigung): ③

Konto Soll			Konto Haben			Betrag DM
1200	*1800*	Bank				11 352,00
2130	*7340*	Diskontaufwendungen				200,00
1775	*3805*	USt				32,00
4970	6855	Nebenkosten Geldverkehr				16,00
			1300	*1230*	**Wechsel aus L/L**	**11 600,00**

Buchung **Benachrichtigung** (Vorsteuerkorrektur) bei der Firma Bezold: ④

Konto Soll			Konto Haben			Betrag DM
2130	*7340*	Diskontaufwendungen				32,00
			1575	*1405*	VSt	32,00

Firma Austerle stellt an die Firma Bezold folgende Spesenabrechnung (ohne Benachrichtigung):	**Firma Bezold** erhält von der Firma Austerle folgende Spesenabrechnung (ohne Benachrichtigung):
Diskont 232,00 DM Spesen <u>16,00 DM</u> 248,00 DM + 16 % USt <u>39,68 DM</u> **Belastung** **287,68 DM**	Diskont 232,00 DM Spesen <u>16,00 DM</u> 248,00 DM + 16 % USt <u>39,68 DM</u> **Belastung** **287,68 DM**

Buchung **Spesenabrechnung** bei der Firma Austerle (**ohne** Benachrichtigung): ⑤

Konto Soll			Konto Haben			Betrag DM
1400	*1200*	Forderungen L/L				287,68
			2670	*7130*	Diskonterträge	232,00
			2700	*4835*	Sonstige Erträge	16,00
			1775	*3805*	USt	39,68

Buchung **Spesenabrechnung** bei der Firma Bezold (**ohne** Benachrichtigung): ⑤

Konto Soll			Konto Haben			Betrag DM
2130	*7340*	Diskontaufwendungen				232,00
4970	6855	Nebenkosten Geldverkehr				16,00
1575	*1405*	VSt				39,68
			1600	*3300*	Verbindlichkeiten L/L	287,68

Firma Austerle stellt an die Firma Bezold folgende Spesenabrechnung (mit Benachrichtigung):			Firma Bezold erhält von der Firma Austerle folgende Spesenabrechnung (mit Benachrichtigung):		
Diskont	200,00 DM		Diskont	200,00 DM	
Spesen	16,00 DM	216,00 DM	Spesen	16,00 DM	216,00 DM
+ 16 % USt		34,56 DM	+ 16 % USt		34,56 DM
Belastung		**250,56 DM**	**Belastung**		**250,56 DM**

Buchung **Spesenabrechnung** bei der Firma Austerle (**mit** Benachrichtigung): ⑤

Konto Soll			Konto Haben			Betrag DM
1400	*1200*	Forderungen L/L				250,56
			2670	*7130*	Diskonterträge	200,00
			2700	*4835*	Sonstige Erträge	16,00
			1775	*3805*	USt	34,56

Buchung **Spesenabrechnung** bei der Firma Bezold (**mit** Benachrichtigung): ⑤

Konto Soll			Konto Haben			Betrag DM
2130	*7340*	Diskontaufwendungen				200,00
4970	*6855*	Nebenkosten Geldverkehr				16,00
1575	*1405*	VSt				34,56
			1600	*3300*	Verbindlichkeiten L/L	250,56

Die Bank

legt den Wechsel am Verfalltag der Bezogenen (Firma Bezold) vor, die ihn einlöst.

Buchung Einlösung **Schuldwechsel** bei Bezold: ⑥

Konto Soll			Konto Haben			Betrag DM
1660	*3350*	Schuldwechsel				11 600,00
			1200	*1800*	Bank	11 600,00

Merke:

- **Der Wechsel ist ein Zahlungsmittel, Kreditmittel und Sicherheitsmittel. Er ist eine Urkunde, in welcher der Aussteller den Bezogenen auffordert, an einem vorher vereinbarten Verfalltag eine bestimmte Geldsumme an den Wechselnehmer oder dessen Order zu bezahlen.**

- **Der Wechsel kann vom Aussteller oder Wechselnehmer**
  - **bis zum Verfalltag aufbewahrt werden,**
  - **als Zahlungsmittel weitergegeben werden oder**
  - **durch die Bank diskontiert werden.**

- Für den Aussteller wird durch den Besitzwechsel eine Forderung in eine Wechselforderung umgewandelt.

- Für den Bezogenen wird durch den akzeptierten Wechsel eine Verbindlichkeit in eine Wechselverbindlichkeit umgewandelt.

- Bei der Weitergabe des Besitzwechsels durch den Aussteller gleicht dieser eine Verbindlichkeit aus, die er selbst bei einem Gläubiger hat.

- Bei der Diskontierung erhält der Einlöser die um den Diskont und die Spesen der Bank verminderte Wechselsumme ausbezahlt.

- Diskont mindert das Entgelt und führt zu einer Korrektur der Umsatzsteuer bei Benachrichtigung des Bezogenen bzw. des Vorbesitzers/Vormannes und entsprechender Vorsteuerkorrektur. Dieses Verfahren wird in der Praxis nicht sehr häufig praktiziert.

- Die von der Bank verrechneten Spesen führen beim Einlöser zu keiner Entgeltminderung.

- Dem Vormann verrechnete Kosten für die Diskontierung stellen dagegen insgesamt umsatzsteuerliches Entgelt dar.

- BESTANDTEILE DES WECHSELS LAUT WECHSELGESETZ

  Allen Wechselgeschäften liegt das Wechselgesetz zugrunde. Hier ist auch geregelt, welche gesetzlichen Bestandteile der gezogene Wechsel enthalten muss:

  1. das Wort "Wechsel" im Text der Wechselurkunde in der Sprache, in der der Wechsel ausgestellt wurde.

  2. die unbedingte Anweisung, eine bestimmte Geldsumme zu zahlen. Die einmalige Angabe der Summe genügt, das deutsche Einheitsformular sieht die Angabe sowohl in Ziffern als auch in Buchstaben vor (bei Abweichungen gilt die Summe in Buchstaben).

  3. den Namen dessen, der zahlen soll (Bezogener). Vollständige und unmissverständliche Angaben über Namen und Anschrift des Bezogenen sind erforderlich, so dass Verwechslungen ausgeschlossen sind.

  4. die Angabe der Verfallzeit. Ein Wechsel ohne Angabe der Verfallzeit gilt als Sichtwechsel.

  5. die Angabe des Zahlungsortes. Ist kein besonderer Ort angegeben, so gilt als Zahlungsort der Wohnort des Bezogenen. Der Wechsel ist ein "Holschuld". Da der Wechsel ein Orderpapier ist, weiss in der Regel der Bezogene am Verfalltag nicht, wer der letzte Inhaber ist.

  6. den Namen dessen, an den oder an dessen Order gezahlt werden soll. An "eigene Order" bedeutet, dass Wechselaussteller und Wechselnehmer identisch sind. An "fremde Order" bedeutet, dass der Wechselnehmer eine dritte Person ist.

  7. die Angabe des Tages und des Ortes der Ausstellung. Fehlt der Ausstellungsort, gilt der beim Bezogenen angegebene Ort als Ausstellungsort.

  8. die Unterschrift des Ausstellers (eigenhändige Unterschrift mit voller Anschrift).

Aufgaben zur Sicherung des Lernerfolges:

1. Verbuchen Sie die nachfolgenden Geschäftsfälle beim Aussteller und beim Bezogenen!

   a) Fa. Meisel liefert an die Fa. Stoll Waren im Wert von 4 000,00 DM zuzüglich Versandkosten 150,00 DM, zuzüglich 16 % USt (664,00 DM), Rechnungsbetrag insgesamt 4 814,00 DM.

   b) Fa. Stoll wünscht ein Zahlungsziel von 90 Tagen. Die Fa. Meisel stimmt zu und stellt über den Rechnungsbetrag einen Wechsel aus, den Stoll (Bezogener) akzeptiert.

   c) Fa. Meisel legt den Wechsel am Verfalltag der Fa. Stoll vor. Stoll löst den Wechsel bar ein.

2. Verbuchen Sie die nachfolgenden Geschäftsfälle beim Aussteller und beim Bezogenen!

   a) Fa. Meisel kauft einen neuen Lieferwagen bei der Fa. Blechle auf Ziel:

Listenpreis	24 000,00 DM
+ Sonderausstattung	1 000,00 DM
+ Überführungskosten	500,00 DM
	25 500,00 DM
+ 16 % USt	4 080,00 DM
	29 580,00 DM
+ verauslagte Zulassungsgebühren	60,00 DM
Kaufpreis	29 640,00 DM

   b) Fa. Meisel gleicht die Rechnung durch eine Überweisung in Höhe von 5 000,00 DM und zwei Wechsel in Höhe von zusammen 24 640,00 DM aus.

3. Verbuchen Sie die Geschäftsfälle beim Aussteller, beim Wechselnehmer und beim Bezogenen!

   a) Fa. Ziegler liefert an die Fa. Borst Waren auf Ziel:

Warenwert	6 200,00 DM
./. 10 % Rabatt	620,00 DM
	5 580,00 DM
+ Versandkosten	120,00 DM
	5 700,00 DM
+ 16 % USt	912,00 DM
Rechnungsbetrag	6 612,00 DM

   b) Fa. Ziegler gewährt der Fa. Borst ein Zahlungsziel von 90 Tagen und erhält von Borst einen akzeptierten Wechsel über 6 612,00 DM.

   c) Fa. Ziegler gleicht eine Verbindlichkeit in Höhe von 11 600,00 DM, die sie an die Firma Mohr hat, durch Hingabe eines Besitzwechsels in Höhe von 6 612,00 DM und durch eine Überweisung in Höhe von 4 988,00 DM aus.

   d) Firma Mohr diskontiert den Besitzwechsel bei ihrer Hausbank. Diese schreibt unter Abzug von 99,18 DM Diskont und 15,00 DM Spesen auf dem Bankkonto 6 497,82 DM gut.

   e) Firma Mohr belastet Ziegler mit Diskont 99,18 DM + Spesen 15,00 DM + 16 % USt (18,27 DM), insgesamt 132,45 DM.

5.5 Wechselprotest, Wechselrückgriff

Ein Wechsel kann aus verschiedenen Gründen "notleidend" werden, z. B. Zahlungs-
unfähigkeit des Bezogenen während der Laufzeit des Wechsels (Zahlungseinstel-
lung, Konkurseröffnung, gerichtliches Vergleichsverfahren) oder mangels Zahlung am
Verfalltag. Der Wechselinhaber kann aus diesem Grund Protest erheben. Erst dann
ist er berechtigt, auf seine Vormänner Rückgriff zu nehmen.

Beispiel:

Firma Bezold hat der Möbelfabrik Austerle im Herbst letzten Jahres einen Großauftrag erteilt. Die
Auslieferung soll im Frühjahr dieses Jahres erfolgen. Infolge schleppenden Geschäftsgangs ist die
Liquiditätslage der Firma Bezold zum Zeitpunkt der Auslieferung des Auftrags sehr angespannt.

Die Geschäftspartner vereinbaren, daß die Rechnung vom 10.06..... am 10.09..... fällig sein soll. Bezold akzeptiert über die Rechnungssumme von 11 600,00 DM einen Wechsel. Austerle gibt den
Wechsel an die Furnierwerke Wehner GmbH zum Ausgleich einer Verbindlichkeit über 23 200,00
DM für gelieferte Furniere weiter und gleicht den Restbetrag von 11 600,00 DM unter Abzug von
2 % Skonto (464,00 DM) per Überweisung aus (siehe Fall Seite 55).

Die Furnierwerke Wehner GmbH legen am 10.09..... den Wechsel der Firma Bezold zur Zahlung
vor, doch diese kann den Betrag nicht bezahlen. Aus diesem Grund erheben die Furnierwerke
Wehner GmbH Protest.

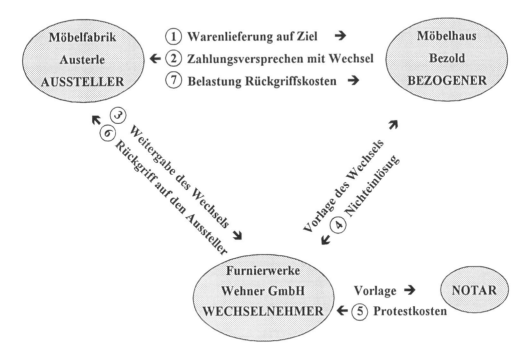

61

Buchung **Nichteinlösung des Wechsels** bei den Furnierwerken Wehner: ④

Konto Soll			Konto Haben			Betrag DM
1301	*1231*	Protestwechsel *)				11 600,00
		*) Konto evtl. neu anlegen	1300	*1230*	Wechsel aus L/L	11 600,00

Das Wechselgesetz schreibt vor, dass der Inhaber eines Tagwechsels dem Bezogenen bzw. dessen Zahlstelle am Verfalltag oder an einem der beiden folgenden Werktage den Wechsel zur Zahlung vorlegen muss. Die Folge der Nichteinhaltung dieser Frist wäre, dass alle Ansprüche des letzten Wechselberechtigten gegen seine Vormänner und gegen den Aussteller erlöschen. Nur der Bezogene haftet noch drei Jahre für die Wechselsumme.

Der fällige Wechsel wird persönlich, durch einen Geschäftsfreund, durch ein Kredit- oder Inkassoinstitut oder durch die Bundespost (mit Postprotestauftrag bis 3 000,00 DM) zur Einlösung vorgelegt.

Löst der Bezogene den Wechsel nicht ein, so wird durch einen Notar, einen Gerichtsvollzieher oder durch einen Postbeamten (letzterer nur bei Wechseln bis 3 000,00 DM) **Protest mangels Zahlung** erhoben. Der Protest mangels Zahlung ist eine amtliche Urkunde darüber, dass der Bezogene den Wechsel trotz ordnungsgemässer Vorlage nicht eingelöst hat. Sie wird an den Wechsel geklebt.

Der Wechselprotest ist Voraussetzung für den Rückgriff. Der letzte Wechselinhaber hat die Pflicht, innerhalb von 4 Tagen nach Protesterhebung seinen Vormann und den Aussteller vom Protest zu benachrichtigen. Beim Rückgriff unterscheidet man den Reihen- und den Sprungrückgriff.

In die Rückrechnung können dem Vormann bzw. direkt dem Aussteller folgende Beträge in Rechnung gestellt werden:
- die nicht eingelöste Wechselsumme
- angefallene Protestkosten
- Verzugszinsen
- 1/3 % Provision aus der Wechselsumme
- Auslagen für Porti, Telefon, Schreibaufwand

Firma Wehner GmbH

erhält vom Notar eine Rechnung über die Protesterhebung, die bar beglichen wird:

Protestgebühren	40,50 DM
+ 16 % USt	6,48 DM
Gesamt	**46,98 DM**

Buchung **Rechnung des Notars** bei den Furnierwerken Wehner: ⑤

Konto Soll			Konto Haben			Betrag DM
4970	*6855*	Nebenkosten Geldverkehr				40,50
1575	*1405*	VSt				6,48
			1000	*1600*	Kasse	46,98

Firma Austerle erhält die Rückrechnung der Furnierwerke Wehner GmbH. Der notleidende Wechsel geht in ihren Besitz zurück.	**Firma Wehner GmbH** benachrichtigt die Möbelfabrik Austerle termingerecht über den Protest. Sie greift auf Austerle zurück. Die Rückrechnung lautet:

Wechselsumme		11 600,00 DM	Wechselsumme	11 600,00 DM
Protestkosten	40,50 DM		Protestkosten 40,50 DM	
Zinsen	50,00 DM		Zinsen 50,00 DM	
Provision	38,00 DM		Provision 38,00 DM	
Spesen	10,80 DM	139,30 DM	Spesen 10,80 DM	139,30 DM
Gesamt		**11 739,30 DM**	**Gesamt**	**11 739,30 DM**

Buchung **Rückrechnung** bei der Firma Austerle: ⑥

Konto Soll			Konto Haben			Betrag DM
1301	*1231*	Protestwechsel				11 600,00
4970	*6855*	Nebenkosten Geldverkehr				89,30
2110	*7310*	Zinsaufwendungen kurzfr.				50,00
			1600	*3300*	Verbindlichkeiten L/L	11 739,30

Buchung **Rückrechnung** bei der Firma Wehner: ⑥

Konto Soll			Konto Haben			Betrag DM
1400	*1200*	Forderungen L/L				11 739,30
			1301	*1231*	Protestwechsel	11 600,00
			2650	*7100*	Sonstige Zinserträge	50,00
			2700	*4830*	Sonstige Erträge	89,30

Firma Austerle stellt an die Firma Bezold folgende Rückrechnung:	**Firma Bezold** erhält von Austerle folgende Rückrechnung:

Wechselsumme		11 600,00 DM	Wechselsumme	11 600,00 DM
Regresskosten	89,30 DM		Regresskosten 89,30 DM	
Zinsen (Wehner)	50,00 DM		Zinsen (Wehner) 50,00 DM	
Provision	38,00 DM		Provision 38,00 DM	
Zinsen	20,50 DM		Zinsen 20,50 DM	
Spesen	16,20 DM	214,00 DM	Spesen 16,20 DM	214,00 DM
Gesamt		**11 814,00 DM**	**Gesamt**	**11 814,00 DM**

Buchung **Rückrechnung** bei der Firma Austerle: ⑦

Konto Soll			Konto Haben			Betrag DM
1400	*1200*	Forderungen L/L				11 814,00
			1301	*1231*	Protestwechsel	11 600,00
			2650	*7100*	Sonstige Zinserträge	70,50
			2700	*4830*	Sonstige Erträge	143,50

Buchung **Rückrechnung** bei der Firma Bezold: ③

Konto Soll			Konto Haben			Betrag DM
1660	*3350*	Schuldwechsel				11 600,00
4970	*6855*	Nebenkosten Geldverkehr				143,50
2110	*7310*	kurzfr. Zinsaufwendungen				70,50
			1600	*3300*	Verbindlichkeiten L/L	11 814,00

Rückgriffskosten = Schadensersatz

Die in Rechnung gestellten Rückgriffskosten sind im umsatzsteuerlichen Sinne echter Schadensersatz und daher ein nicht steuerbarer Umsatz (Abschnitt 3 Abs. 3 UStR). Umsatzsteuer ist daher nicht zu berücksichtigen.

5.6 Wechselprolongation

Wenn es dem Bezogenen am Fälligkeitstag nicht möglich ist, den Wechsel einzulösen, dann können Aussteller und Bezogener vereinbaren, dass der Wechsel zeitlich verlängert (prolongiert) wird. Es wird ein neuer Wechsel (Prolongationswechsel) ausgestellt, den der Bezogene akzeptiert. Danach erhält er vom Aussteller den fälligen Wechsel zurück. Wurde der fällige Wechsel weitergegeben oder diskontiert, stellt der Aussteller die fällige Einlösungssumme zur Verfügung.

Beispiel:

Die Firma Bezold erkennt, das der fällige Wechsel über 11 600,00 DM am Verfalltag nicht eingelöst werden kann. Um einen Wechselprotest zu vermeiden, bittet Bezold die Firma Austerle, mit der ansonsten hervorragende Geschäftsbeziehungen bestehen, einen neuen Wechsel auszustellen und nach Akzeptierung den alten Wechsel zurückzusenden bzw. die Einlösesumme zur Verfügung zu stellen.

Die Firma Austerle ist mit der Prolongation einverstanden, hat aber den alten Wechsel zur Zahlung an die Firma Wehner verwendet. Sie stellt daher nach dem Erhalt des neuen Wechsels die Einlösesumme mit Banküberweisung zur Verfügung.

Firma Austerle ist mit der Verlängerung einverstanden, sendet der Firma Bezold einen neuen Wechsel, den diese akzeptiert zurücksendet.	Firma Bezold bittet die Firma Austerle um Verlängerung. Austerle sendet einen neuen Wechsel zu, den Bezold akzeptiert und zurücksendet.

Buchung **Prolongationswechsel** (Besitzwechsel, Wechselforderungen) bei Austerle:

Konto Soll			Konto Haben			Betrag DM
1300	*1230*	Wechsel aus L/L				11 600,00
			1400	*1200*	Forderungen L/L	11 600,00

Buchung **Prolongationswechsel** (Schuldwechsel, Wechselverbindlichkeiten) bei Bezold:

Konto Soll			Konto Haben			Betrag DM
1600	*3300*	Verbindlichkeiten L/L				11 600,00
			1660	*3350*	Schuldwechsel	11 600,00

Firma Austerle überweist an die Firma Bezold den Einlösebetrag in Höhe von 11 600,00 DM.	Firma Bezold erhält die Überweisung in Höhe von 11 600,00 DM und kann somit den Wechsel einlösen.

Buchung **Überweisung** bei Austerle:

Konto Soll			Konto Haben			Betrag DM
1400	*1200*	Forderungen L/L				11 600,00
			1200	*1800*	Bank	11 600,00

Buchung **Überweisung** bei Bezold:

Konto Soll			Konto Haben			Betrag DM
1200	*1800*	Bank				11 600,00
			1600	*3300*	Verbindlichkeiten L/L	11 600,00

Buchung Einlösung **Schuldwechsel** bei Bezold:

Konto Soll			Konto Haben			Betrag DM
1660	*3350*	Schuldwechsel				11 600,00
			1000	*1600*	Kasse	11 600,00

Firma Austerle kann den neuen Wechsel wieder weitergeben bzw. diskontieren und die Kosten an Bezold weiterberechnen.	Firma Bezold erhält eine Diskontabrechnung von der Firma Austerle. Von der schwierigen finanziellen Situation weiss nur Firma Austerle.

Merke:

- **Ein Wechselrückgriff**
  - kann ohne Wechselprotest nicht erfolgen.
  - wird vom Wechselinhaber vorgenommen, wenn der Bezogene am Verfalltag den fälligen Wechsel nicht einlöst.
  - kann als Sprung- oder Reihenrückgriff (-regress) erfolgen.

- **Die Protesturkunde stellt ein Notar, Gerichtsvollzieher oder ein Postbeamter (letzterer bis 3 000,00 DM Wechselsumme) aus. Die Protestkosten werden auf das Konto "Nebenkosten Finanz- und Geldverkehr" gebucht.**

- **Die Rückrechnung umfasst**
  - die nicht eingelöste Wechselsumme
  - angefallene Protestkosten
  - Verzugszinsen
  - 1/3 % Provision von der Wechselsumme
  - Auslagen für Porti, Telefon, Schreibaufwand

- **Verfällt der Wechsel an einem gesetzlichen Feiertag oder einem Samstag, so kann die Zahlung erst am nächsten Werktag verlangt werden. Auch alle anderen auf den Wechsel bezogenen Handlungen, insbesondere die Vorlegung zur Annahme und die Protesterhebung können nur an einem Werktag, jedoch nicht an einem Samstag stattfinden.**

- **Proteste sollen in der Zeit von neun Uhr vormittags bis sechs Uhr abends erhoben werden, ausserhalb dieser Zeit nur dann, wenn derjenige, gegen den protestiert wird, ausdrücklich einwilligt.**

- **Bei Wechselprotest muss der letzte Wechselinhaber seinen Vormann und den Aussteller innerhalb von 4 Tagen vom Protest benachrichtigen. Jeder Indossant muss innerhalb zweier Werktage nach Empfang der Nachricht seinem unmittelbaren Vormann von der Nachricht, die er erhalten hat, Kenntnis geben.**

- **Sind vom Rückgriff mehrere Wechselnehmer betroffen, so verrechnet jeder von ihnen neben den vorgenannten eigenen Positionen die ihm selbst berechneten Kosten von dem Vormann bzw. den Vormännern.**

- **Die Protestkosten stellen umsatzsteuerlich Schadenersatz dar und sind damit nicht steuerbar. Auf die Protestkosten darf daher keine Umsatzsteuer gerechnet werden.**

- **Die Wechselprolongation verhindert den Wechselprotest. Der Aussteller lässt sich vom Aussteller einen neuen Wechsel akzeptieren, der ein späteres Verfalldatum trägt. Dann überweist er dem Bezogenen den Wechselbetrag, damit dieser den alten Wechsel einlösen kann.**

- **Die wechselmässigen Ansprüche gegen den Bezogenen verjähren in drei Jahren ab dem Verfalltag.**

Aufgaben zur Sicherung des Lernerfolges:

1. Buchen Sie die nachfolgenden Geschäftsfälle bei Arto und Binder!

   a) Die Firma Arto verkauft Waren an die Firma Binder im Wert von 5 000,00 DM + 16% USt (800,00 DM) = 5 800,00 DM auf Ziel.

   b) Die Firma Binder akzeptiert einen Wechsel, den Arto ausgestellt hat. Die Laufzeit des Wechsels beträgt 90 Tage.

   c) Die Firma Arto gibt den Wechsel zum Ausgleich einer Schuld an den Lieferer Cotton weiter.

   d) Binder bittet Arto um Prolongation. Arto hat einen neuen Wechsel ausgestellt, der von Binder akzeptiert wurde.

   e) Arto überweist den Betrag an Binder (5 800,00 DM).

   f) Binder löst den alten Wechsel bei der Bank ein.

   g) Arto reicht den neuen Wechsel zum Diskont (8 %, Laufzeit 90 Tage) ein.

   h) Arto belastet Binder mit 116,00 DM Diskont zuzüglich 16 % USt (18,56 DM) = 134,56 DM.

2. Buchen Sie die nachfolgenden Geschäftsfälle bei Arto, Binder und Cotton!

   a) Die Firma Arto verkauft an die Firma Binder Waren im Werte von 8 000,00 DM + 16 % USt (1 280,00 DM) = 9 280,00 DM auf Ziel.

   b) Firma Binder akzeptiert einen Wechsel über 5 800,00 DM, den Arto ausgestellt hat, Laufzeit 90 Tage, der Restbetrag von 3 480,00 DM wird an Arto überwiesen.

   c) Arto gibt den Wechsel zum Ausgleich einer Schuld an ihren Lieferanten Cotton weiter.

   d) Cotton legt am Verfalltag den Wechsel der Firma Binder vor. Diese kann den Wechsel jedoch aus Liquiditätsschwierigkeiten nicht einlösen. Cotton lässt den Wechsel zu Protest gehen. Die Protestkosten des Gerichtsvollziehers betragen 15,66 DM (netto 13,50 DM + 16 % USt = 2,16 DM). Cotton bezahlt die Protestkosten bar.

   e) Die Firma Cotton stellt an Arto folgende Rückrechnung:

Wechselsumme		5 800,00 DM		
Protestkosten	13,50 DM			
Provision	19,50 DM			
Zinsen	14,00 DM			
Spesen	5,00 DM	52,00 DM	**Rückrechnungssumme**	**5 852,00 DM**

   f) Die Firma Arto stellt an Binder folgende Rückrechnung:

Wechselsumme		5 800,00 DM		
Rückgriffskosten	38,00 DM			
fremde Zinsen	14,00 DM			
Provision	19,50 DM			
eigene Zinsen	9,00 DM			
Spesen	6,50 DM	87,00 DM	**Rückrechnungssumme**	**5 887,00 DM**

   g) Binder ist nachweisbar auf Dauer zahlungsunfähig. Arto bucht den Forderungsanspruch aus (Abschreibung). Berücksichtigen Sie die Umsatzsteuer auf die Hauptforderung.

67

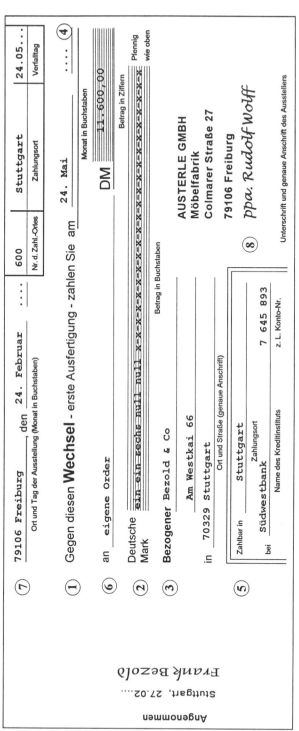

Der gezogene Wechsel enthält (WG Art. 1):

① die Bezeichnung als Wechsel im Text der Urkunde, und zwar in der Sprache, in der sie ausgestellt ist;

② die unbedingte Anweisung, eine bestimmte Geldsumme zu zahlen;

③ den Namen dessen, der zahlen soll (Bezogener);

④ die Angabe der Verfallzeit;

⑤ die Angabe des Zahlungsortes;

⑥ den Namen dessen, an den oder an dessen Order gezahlt werden soll;

⑦ die Angabe des Tages und des Ortes der Ausstellung;

⑧ die Unterschrift des Ausstellers.

6 Steuern

Bund, Länder und Gemeinden haben Aufgaben zu erfüllen, die mit Ausgaben verbunden sind. Zur Finanzierung dieser Ausgaben erheben sie unter anderem Steuern. In der Bundesrepublik Deutschland gibt es etwa 50 Steuerarten. Die Lohn-/Einkommensteuer, Umsatzsteuer, Gewerbesteuer, Mineralölsteuer und Körperschaftsteuer sind in Rangfolge die wichtigsten. Die Steuern werden nach unterschiedlichen Kriterien eingeteilt:

Besitzsteuern	Verkehrssteuern	Verbrauchssteuern
Lohnsteuer, Einkommensteuer, Kirchensteuer, Körperschaftsteuer, Gewerbesteuer, Grundsteuer, Kapitalertragsteuer	Umsatzsteuer, Grunderwerbsteuer, Kraftfahrzeugsteuer,	Kaffeesteuer, Schaumweinsteuer, Biersteuer, Branntweinsteuer, Tabaksteuer

Direkte Steuern	Indirekte Steuern
Lohnsteuer, Einkommensteuer, Kirchensteuer, Körperschaftsteuer, Gewerbesteuer, Kapitalertragsteuer, Grundsteuer, Grunderwerbsteuer, Kraftfahrzeugsteuer	Umsatzsteuer, Kaffeesteuer, Biersteuer, Schaumweinsteuer, Mineralölsteuer, Branntweinsteuer, Tabaksteuer
Der Steuerschuldner trägt die Steuer selbst.	Der Steuerschuldner ist der Unternehmer. Dieser wälzt die indirekte Steuer über die Preiskalkulation auf den Steuerträger (z. B. Endverbraucher) ab.

Personensteuern	Realsteuern
Lohnsteuer, Einkommensteuer, Kirchensteuer	Gewerbesteuer, Grundsteuer, Umsatzsteuer
Im Vordergrund steht die Besteuerung von laufenden Einkünften, wobei die persönlichen Verhältnisse des Steuerpflichtigen (Alter, Familienstand, Zahl der Kinder) berücksichtigt werden.	Im Vordergrund steht die Besteuerung der Sache (Gewerbebetrieb, Grundstück, Gegenstand, Leistung). Bei der Besteuerung spielen persönliche Verhältnisse keine Rolle.

Bundessteuern	Ländersteuern	Gemeindesteuern	Gemeinsame Steuern von Bund und Ländern	Ländern und Gemeinden
Verbrauchssteuern ohne Biersteuer, Zölle	Grunderwerbsteuer, Biersteuer, Kraftfahrzeugsteuer	Grundsteuer, Hundesteuer	Körperschaftsteuer, Kapitalertragsteuer, Umsatzsteuer	Einkommensteuer, Gewerbesteuer

Das Kriterium ist hierbei, wem die Einnahmen aus den Steuerarten zustehen.

Steuern sind nach § 3 AO Geldleistungen, die keine Gegenleistung für eine besondere Leistung darstellen und von einem öffentlich-rechtlichen Gemeinwesen zur Erzielung von Einnahmen allen auferlegt werden, bei denen der Tatbestand zutrifft, an den das Gesetz die Leistungspflicht knüpft. Zölle und Abschöpfungen sind Steuern im Sinne dieses Gesetzes.

Steuerliche Nebenleistungen, aber keine Steuern sind lt. Anwendungserlass:

- Verspätungszuschläge   (§ 152 AO)
- Zinsen   (§§ 233 - 237 AO)
- Säumniszuschläge   (§ 240 AO)
- Zwangsgelder   (§ 329 AO)
- Kosten   (§§ 178, 337, ff AO)

Innerhalb der Buchhaltung ist zu unterscheiden, ob eine Steuerart betrieblich, privat, als durchlaufender Posten oder als Bestandteil des Anschaffungswertes zu erfassen ist. **Einzelunternehmer** und **Gesellschafter** bei **Personengesellschaften** haben als natürliche Personen neben dem Betriebsvermögen auch Privatvermögen. Betriebliche und private Vorgänge sind getrennt zu behandeln. Demzufolge können Steuern den Betrieb oder den Privatbereich betreffen. Werden die privaten Steuern aus dem Betriebsvermögen bezahlt, so muss auch eine entsprechende Buchung erfolgen.

Bei **Kapitalgesellschaften** gibt es keinen privaten Bereich, die anfallenden Steuern sind also auch immer zugleich Betriebssteuern. Allerdings gibt es, entsprechend der Handhabung bei natürlichen Personen, Steuern, die den Gewinn nicht mindern dürfen und so zur Ermittlung des zu versteuernden Einkommens wieder hinzuzurechnen sind (z. B. Körperschaftsteuer der juristischen Person).

Für Steuernachforderungen und -erstattungen von Einkommen-, Körperschaft-, Umsatz- oder Gewerbesteuer gilt die sogenannte **"Vollverzinsung"**.

- Der Zinslauf beginnt 15 Monate nach Ablauf des Kalenderjahres, in dem die Steuer entstanden ist (überwiegen die Einkünfte aus Land- und Forstwirtschaft, gelten 21 Monate).
- Der Zinslauf endet mit der Fälligkeit der Steuernachforderung oder Steuererstattung, spätestens vier Jahre nach seinem Beginn.
- Massgebend für die Zinsberechnung ist die festgesetzte Steuer, vermindert um die anzurechnenden Steuerabzugsbeträge, um die anzurechnende Körperschaftsteuer und um die festgesetzten Vorauszahlungen.
- Die Zinsen betragen für jeden vollen Monat des Zinslaufs 1/2 % (§ 238 Abs. 1 AO). Für die Berechnung wird der zu verzinsende Betrag jeder Steuerart auf volle 100,00 DM abgerundet.

Die Festsetzung der Zinsen erfolgt in der Regel mit der Steuerfestsetzung, also mit Zugang des Steuerbescheides. Bei Änderung der Steuerfestsetzung ändert sich auch die Zinsfestsetzung.

Die Verzinsung von Steuernachforderungen und Steuererstattungen nach § 233a AO soll einen Ausgleich dafür schaffen, dass die Steuern trotz der gleichen gesetzlichen Entstehungszeitpunkte gegen den einzelnen Steuerpflichtigen zu unterschiedlichen Zeitpunkten festgesetzt und fällig werden. Die Ursache kann zum einen an einer verspäteten Abgabe der Steuererklärungen als auch an der Bearbeitungszeit beim zuständigen Finanzamt liegen.

Steuerliche Nebenleistungen wie Verspätungszuschläge, Zwangsgelder und Kosten sind Betriebsausgaben, soweit die zugrunde liegenden Steuern betrieblich abzugsfähig sind. Ansonsten sind diese Nebenleistungen als nicht abzugsfähige Kosten getrennt zu erfassen (Privat oder nicht abzugsfähige Betriebsausgaben).

Säumniszuschläge werden erhoben, wenn eine Steuer nicht bis zum Ablauf des Fälligkeitstages entrichtet wird. Sie betragen 1 % des auf volle 100,00 DM nach unten abgerundeten Steuerbetrags für jeden angefangenen Monat der Säumnis.

Verspätungszuschläge werden erhoben, wenn der Steuerpflichtige der Abgabe einer Steuererklärung nicht oder nicht fristgemäss nachkommt. Der Verspätungszuschlag darf 10 % der festgesetzten Steuer oder des festgesetzten Messbetrags nicht übersteigen und höchstens 10 000,00 DM betragen.

Zwangsgeld wird festgesetzt, wenn trotz Aufforderung eine Steuererklärung nicht oder verspätet abgegeben wird.

Steuerliche Nebenleistungen sind wie folgt zu buchen:

- **Säumniszuschläge und Stundungszinsen für betrieblich abzugsfähige Steuern**

SKR03 SKR04

Konto Soll			Konto Haben			Betrag DM
2107	*7305*	Zinsaufwendungen aus betrieblich abzugsfähigen Steuern				
			1200	*1800*	Bank	

- **Säumniszuschläge und Stundungszinsen für betrieblich nicht abzugsfähige Steuern** (bei Kapitalgesellschaften)

Konto Soll			Konto Haben			Betrag DM
210.	*730.*	Zinsaufwendungen aus betrieblich nicht abzugsfähigen Steuern (Konto ggf. anlegen)				
			1200	*1800*	Bank	

- **Verspätungszuschläge, Zwangsgelder, Kosten für betrieblich abzugsfähige Steuern**

Konto Soll			Konto Haben			Betrag DM
4396	*6436*	Steuerlich abzugsfähige Verspätungszuschläge, Zwangsgelder und Kosten				
			1200	*1800*	Bank	

- **Verspätungszuschläge, Zwangsgelder, Kosten für betrieblich nicht abzugsfähige Steuern**

Konto Soll			Konto Haben			Betrag DM
4397	*6437*	Steuerl. nicht abzugsfähige Verspätungszuschläge, Zwangsgelder und Kosten				
			1200	*1800*	Bank	

Kapitalgesellschaften müssen bei der Ermittlung des steuerpflichtigen Gewinns die nicht abzugsfähigen Steuern und nicht abzugsfähige steuerliche Nebenleistungen **dem steuerlichen Gesamtergebnis wieder hinzurechnen.**

- **alle steuerlichen Nebenleistungen für private Steuern**

Konto Soll			Konto Haben			Betrag DM
1800	*2100*	Privatentnahmen allgemein				
			1200	*1800*	Bank	

STEUERN als

Aufwand (betriebliche Steuern)	Bestandteil des Anschaffungswertes (Anschaffungsnebenkosten)	durchlaufende Posten	steuerlich nicht abzugsfähige Betriebsausgaben bei Kapitalgesellschaften	Privatvorgang
- Gewerbesteuer - Kraftfahrzeugsteuer für betriebliche Fahrzeuge - Grundsteuer für betriebliche Grundstücke - pauschale Lohnsteuer, vom Arbeitgeber getragen	- Grunderwerbsteuer für betriebliche Grundstücke - Zölle auf bezogene Waren - Vorsteuer bei Wirtschaftsgütern des Anlagevermögens, bei denen kein oder nur teilweiser Vorsteuerabzug möglich ist oder bei nicht vorsteuerabzugsberechtigten Unternehmen.	- Lohn- und Kirchensteuer, vom Arbeitnehmer getragen - Umsatzsteuer	- Körperschaftsteuer - Solidaritätszuschlag (SolZ) - Kapitalertragsteuer - Zinsabschlagsteuer	- Einkommensteuer - Kirchensteuer - Solidaritätszuschlag (SolZ) - Kapitalertragsteuer - Grundsteuer für Privatgrundstücke - Zinsabschlagsteuer
wirken sich sofort erfolgswirksam, d. h. gewinnmindernd aus.	wirken sich vorläufig gewinnneutral aus, erst bei der Veräusserung wirken sie sich gewinnmindernd aus.	wirken sich auf den Erfolg nicht aus. Sie sind erfolgsneutral.	wirken sich auf den handelsrechtlichen Gewinn sofort gewinnmindernd aus, aber nicht auf den steuerlichen Gewinn. Hier wird die Steuer dem steuerlichen Gewinn wieder hinzugerechnet.	wirken sich auf das Betriebsergebnis nicht aus.

Buchung der Steuern:

STEUERART			
Betriebliche Steuern			
- Gewerbesteuer, -vorauszahlung	4320	*7610*	Gewerbesteuer
- Kraftfahrzeugsteuer	4510	*7685*	Kfz-Steuer
- Grundsteuer	2375	*7680*	Grundsteuer
- pauschale Lohnsteuer, vom Arbeitgeber getragen	4199	*6040*	Lohnsteuer für pauschalierungspflichtige Bezüge
Steuern als Anschaffungsnebenkosten			
- Grunderwerbsteuer	0...	*0...*	Unbebaute Grundstücke, Bauten
- Zölle auf bezogene Waren	3850	*5840*	Zölle und Einfuhrabgaben
- nicht abzugsfähige Vorsteuern			
- Anlagegüter	0...	*0...*	jeweiliges Anlagekonto
- Kosten	4300	*6860*	nicht anrechenbare Vorsteuer
Steuern als durchlaufende Posten			
- Lohnsteuer, Kirchensteuer und Solidaritätszuschlag, (vom Arbeitnehmer einbehalten)	1741	*3730*	Verbindlichkeiten aus Lohn- und Kirchensteuer
- Vorsteuer	15..	*14..*	diverse Vorsteuerkonten
- Umsatzsteuer	17..	*38..*	diverse Umsatzsteuerkonten
- Umsatzsteuerzahllast	1780	*3820*	Umsatzsteuervorauszahlungen
steuerlich nicht abzugsfähige Steuern bei Kapitalgesellschaften			
- Körperschaftsteuer, SolZ	2200	*7600*	Körperschaftsteuer (einschl. SolZ)
- Kapitalertragsteuer, SolZ	2210	*7630*	Kapitalertragsteuer (einschl. SolZ)
- Zinsabschlagsteuer, SolZ	2215	*7635*	Zinsabschlagsteuer (einschl. SolZ)
Private Steuern			
- Einkommensteuer, SolZ	1800	*2100*	Privatentnahmen allgemein
- Kirchensteuer	1800	*2100*	Privatentnahmen allgemein
- Vermögensteuer	1800	*2100*	Privatentnahmen allgemein
- Kapitalertragsteuer	1800	*2100*	Privatentnahmen allgemein
- Grundsteuer	1800	*2100*	Privatentnahmen allgemein
- Zinsabschlagsteuer, SolZ	1800	*2100*	Privatentnahmen allgemein
			(evtl. sollte ein separates Konto "1820 bzw. *2120* Private Steuern" angelegt werden)
Steuerordnungswidrigkeiten			
- bei Personengesellschaften	1800	*2100*	Privatentnahmen allgemein
- bei Kapitalgesellschaften	4655	*6645*	Nicht abzugsfähige Betriebsausgaben

- Buchung **Steuerrückerstattung betrieblicher Steuern** für vergangene Jahre

Konto Soll			Konto Haben			Betrag DM
1540	*1435*	Steuerüberzahlungen				
			2282	*7642*	Steuererstattungen Vor-jahre für Steuern vom Einkommen und Ertrag	
			2287	*7692*	Steuererstattungen Vor-jahre für sonst. Steuern	

- Buchung **Steuernachzahlungen betrieblicher Steuern** für vergangene Jahre

Konto Soll			Konto Haben			Betrag DM
2280	*7640*	Steuernachzahlungen Vor-jahre für Steuern vom Einkommen und Ertrag				
2285	*7690*	Steuernachzahlungen Vor-jahre für sonstige Steuern				
			1736	*3700*	Verbindlichkeiten aus Be-triebssteuern, Abgaben	

Merke:

- **Betriebliche Steuern beeinflussen das Unternehmensergebnis.**

  Gewerbe-, Kraftfahrzeug-, Grundsteuer für betriebliche Grundstücke und vom Arbeitgeber übernommene pauschale Lohnsteuer mindern das Unternehmensergebnis.

- **Steuern, die Bestandteil des Anschaffungswertes sind, werden aktiviert. Gegebenenfalls werden sie über die Abschreibungen zu Aufwand. Sie wirken sich bei der Veräusserung gewinnmindernd aus.**

- **Steuern, die einen durchlaufenden Posten darstellen, sind erfolgsunwirksam.**

- **Private Steuern mindern das Eigenkapital.**

- **Steuerlich nicht abzugsfähige Steuern wie Körperschaftsteuer oder Vermögensteuer bei Kapitalgesellschaften werden vorläufig als Aufwand erfasst, zur Ermittlung des zu versteuernden Einkommens aber dem steuerlichen Gewinn wieder hinzugerechnet.**

- **Steuerliche Nebenleistungen sind Betriebsaufwand, soweit sie betrieblich abziehbare Steuern betreffen.**

- **Steuerliche Nebenleistungen sind keine Steuern.**

Aufgaben zur Sicherung des Lernerfolges:

Bilden Sie für nachstehende Geschäftsfälle die Buchungssätze!

1. Überweisung der Einkommen-Vorauszahlung (ESt, KiSt, SolZ) des Inhabers über das Geschäftskonto 2 512,00 DM sowie 25,00 DM Säumniszuschlag wegen verspäteter Zahlung.

2. Überweisung der Körperschaftsteuer-Vorauszahlung einer Kapitalgesellschaft 7 600,00 DM, 418,00 DM SolZ und 80,00 DM Säumniszuschlag.

3. Überweisung der Kfz-Steuer für ein betriebliches Fahrzeug 450,00 DM.

4. Überweisung der Grundsteuer für ein betriebliches Grundstück 520,00 DM.

5. Überweisung der Gewerbesteuer-Abschlusszahlung für den vorangegangenen Veranlagungszeitraum. Es war keine Rückstellung gebildet worden 1 320,00 DM.

6. Die private Steuerrückerstattung des Inhabers 728,00 DM (ESt, KiSt und SolZ) für den vorangegangenen Veranlagungszeitraum geht auf dem Geschäftskonto ein.

7.a) Dividendengutschrift für Aktien des Betriebsvermögens einer Einzelfirma

   - Bankgutschrift   480,00 DM
   - einbehaltene Kapitalertragsteuer   160,00 DM
   - Körperschaftsteuergutschrift   274,28 DM

  b) Dividendengutschrift für Aktien des Betriebsvermögens einer GmbH, gleiche Werte wie in Aufgabe 7.a)

8. Kauf eines unbebauten Grundstücks, es erfolgt jeweils Banküberweisung

   Kaufpreis   400 000,00 DM

   Notariatskosten   1 100,00 DM
   + 16 % USt   176,00 DM   1 276,00 DM

   Grunderwerbsteuer   14 000,00 DM
   Säumniszuschlag wegen verspäteter Zahlung 140,00 DM 14 140,00 DM

9. Die Grundsteuer für das Privatgrundstück wird vom Geschäftskonto überwiesen 410,00 DM.

10. Überweisung der Umsatzsteuer-Voranmeldung 1 320,00 DM und 18,00 DM Verspätungszuschlag wegen verspäteter Abgabe der Voranmeldung.

11. Banküberweisung der Lohn-/Kirchensteuer und SolZ, die von den Arbeitnehmern einbehalten worden ist 4 315,00 DM.

12. Gewerbesteuer-Vorauszahlung 2 000,00 DM, Säumniszuschlag 20,00 DM. Beide Beträge werden zusammen an die Stadtkasse überwiesen.

13. Das Zwangsgeld über 50,00 DM wegen Nichtabgabe der Umsatzsteuer-Jahresmeldung wird überwiesen.

7 Kauf, Abgang und Herstellung von Sachanlagen

Nach § 240 Abs. 3 HGB zählen zu den Vermögensgegenständen die Sachanlagen. Darunter sind solche Vermögensgegenstände zu verstehen, die in einem Unternehmen dazu bestimmt sind, dauernd dem Geschäftsbetrieb zu dienen. Merkmal: Nutzung durch Gebrauch.

7.1 Kauf von Sachanlagen

Materielle Anlagegegenstände sind nach kaufmännischen Grundsätzen wertmässig messbar, wägbar oder schätzbar. Nach Herstellung kann ein **realer Wert** nachgewiesen werden.

Bewertet werden materielle Anlagegegenstände nach **Anschaffungskosten** (R 32 a EStG) oder **Herstellungskosten** (R 33 EStG).

Anschaffungskosten (§ 255 HGB) sind **alle** Aufwendungen, die geleistet werden, um einen Gegenstand zu erwerben und ihn in einen betriebsbereiten Zustand zu versetzen, soweit sie dem Vermögensgegenstand **einzeln** zugeordnet werden können. Dazu gehören auch die **Anschaffungsnebenkosten** sowie die **nachträglichen Anschaffungskosten**. **Anschaffungskostenminderungen** sind abzusetzen.

Berechnung für die Aktivierung der Anschaffungskosten von Anlagegütern:

    Anschaffungs-/Herstellungskosten
+ **Anschaffungsnebenkosten**
+ **nachträgliche Anschaffungskosten**
./. **Anschaffungskostenminderungen**

= **aktivierungspflichtige Anschaffungskosten** (§ 6 Abs. 1 Nr. 1 EStG)

Materielle Anlagengegenstände können auch vom Unternehmen selbst erstellt werden. In diesem Falle werden sie zu **Herstellungskosten** (R 33 EStG) auf dem jeweiligen Anlagenkonto aktiviert. Der selbst hergestellte Vermögensgegenstand wird auf die gleiche Weise abgeschrieben wie käuflich erworbene Vermögensgegenstände.

Herstellungskosten (§ 255 HGB) sind Aufwendungen, die durch den Verbrauch von Gütern und die Inanspruchnahme von Diensten für die Herstellung eines Vermögensgegenstands, seine Erweiterung oder für eine über seinen ursprünglichen Zustand hinausgehende wesentliche Verbesserung entstehen.

Berechnung für die Aktivierung der Herstellungskosten von Anlagegütern:

    Materialeinzelkosten
+ **Fertigungskosten**
+ **Sondereinzelkosten der Fertigung**
+ **notwendige Materialgemeinkosten**
+ **notwendige Fertigungsgemeinkosten**

= **aktivierungspflichtige Herstellungskosten**

Immaterielle Anlagegegenstände sind solche, die weder messbar, wägbar noch schätzbar sind. Sie stellen im wesentlichen nur eine **Gewinnchance** für künftigen Geschäftserfolg dar. Darunter fallen Konzessionen, Patente, Lizenzen und Rechte. Immaterielle Wirtschaftsgüter müssen steuerrechtlich aktiviert werden, wenn sie **entgeltlich erworben wurden. Selbsterstellte** (originäre) **immaterielle Wirtschaftsgüter des Anlagevermögens dürfen nicht aktiviert werden**, d. h., die anfallenden Kosten für die Herstellung sind sofort abziehbare Betriebsausgaben.

Immaterielle Anlagegegenstände sind **keine beweglichen Wirtschaftsgüter**. Wenn sie einer Abnutzung unterliegen, dürfen sie nur **linear und zeitanteilig** abgeschrieben werden.

Anschaffungsnebenkosten und Anschaffungskostenminderungen:

Anschaffungsnebenkosten sind Aufwendungen, die **zusätzlich** anfallen, um ein Wirtschaftsgut zu erwerben und es in einen betriebsbereiten Zustand zu versetzen. Diese Kosten sind zwingend zu aktivieren.

Beispiele für Anschaffungsnebenkosten:

- Fracht, Verpackung, Transportversicherung
- aktivierungspflichtige Steuern, Zölle
- Notariatskosten, Gerichtskosten
- Kosten der Inbetriebnahme,
- Fremdleistungen, z. B. TÜV, Zulassung
- Planungskosten, Genehmigungskosten
- Vorsteuerbeträge, soweit sie nicht abziehbar sind *)
- innerbetriebliche Eigenleistungen wie Montagekosten, Fundamentierungskosten und dgl.

  *) Für Fahrzeuge, die in Einzelfirmen/Personengesellschaften nach dem 31.03.1999 angeschafft wurden und sowohl betrieblich als auch privat genutzt werden, kann die Vorsteuer nur noch zu 50 % in Abzug gebracht werden. Die restlichen 50 % müssen als Anschaffungsnebenkosten dem Fahrzeug hinzuaktiviert werden.

Anschaffungskostenminderungen sind von den Anschaffungskosten abzuziehen. Sie mindern den Kaufpreis. Skonti werden erst bei Zahlung des Kaufpreises in Abzug gebracht. Erst zu **diesem** Zeitpunkt mindern sich nachträglich die Anschaffungskosten. Liegt zwischen Anschaffung und Bezahlung des Wirtschaftsgutes der Bilanzstichtag, so wird zum Bruttopreis bewertet, also ohne Berücksichtigung des Skontoabzuges.

Beispiele für Anschaffungskostenminderungen:

- Rabatte, Boni, sonstige Nachlässe
- Skonti zum Zahlungszeitpunkt

Keine Anschaffungskosten sind:

- Vorsteuerbeträge, wenn der Käufer Unternehmer ist und das Wirtschaftsgut für Betriebszwecke angeschafft wird, soweit die Vorsteuer abziehbar ist.

- Zinsen und Kosten, die im Zusammenhang einer Fremdfinanzierung des Anlagegegenstandes anfallen, weil sie eine Gegenleistung für die Darlehensüberlassung sind.

- Gemeinkosten gehören nicht zu den Anschaffungskosten (R 32a EStG).

Beispiel:

Die Werkzeugfabrik ROBBI-TEC schafft sich zur Bearbeitung von Werkzeugen ein CNC-Bearbeitungszentrum an, Anschaffungszeitpunkt 21.08... Folgende Kosten wurden vom Maschinenhersteller in Rechnung gestellt:

CNC-Bearbeitungszentrum	450 000,00 DM	= Anschaffungskosten (AK)
+ Spezialverpackung und Transport	1 200,00 DM	technische Anlage
+ Transportversicherung	900,00 DM	
+ Inbetriebnahmekosten	17 400,00 DM	
+ Spezialwerkzeug zur Bearbeitung	1 450,00 DM	= AK maschinengeb. Werkzeuge
+ Programmierkosten zur Fertigungssteuerung	120 000,00 DM	= AK immaterielles Wirtschaftsgut
+ Spezial-Maschinenöl zur Wartung	550,00 DM	= Betriebsstoffe
netto	591 500,00 DM	
+ 16 % Umsatzsteuer	94 640,00 DM	= abziehbare Vorsteuer
Rechnungsbetrag	**686 140,00 DM**	

Buchung **Eingangsrechnung technische Anlage** bei ROBBI-TEC:

Konto Soll			Konto Haben			Betrag DM
0205	*0420*	technische Anlagen				469 500,00
0220	*0460*	maschinengeb. Werkzeuge				1 450,00
0027	*0135*	EDV-Software				120 000,00
3030	*5130*	Einkauf Betriebsstoffe				550,00
1575	*1405*	VSt				94 640,00
			1600	*3300*	Verbindlichkeiten L/L	686 140,00

Der Lieferant gewährt bei einer Bezahlung innerhalb von 10 Tagen einen Skontoabzug von 2 %. ROBBI-TEC zahlt innerhalb dieser Frist mit Banküberweisung **672 417,20 DM**.

Buchung **Banküberweisung** bei ROBBI-TEC:

Konto Soll			Konto Haben			Betrag DM
1600	*3300*	Verbindlichkeiten L/L				686 140,00
			1200	*1800*	Bank	672 417,20
			0205	*0420*	technische Anlagen	9 390,00
			0220	*0460*	maschinengeb. Werkzeuge	29,00
			0027	*0135*	EDV-Software	2 400,00
			3736	*5736*	Erhaltene Skonti	11,00
			1575	*1405*	VSt	1 892,80

Der Skontiabzug ist als Anschaffungskostenminderung zu behandeln, und zwar bei dem jeweiligen Wirtschaftsgut, das angeschafft wurde.

Aufgrund der Betriebsvorschriften ist für eine Betriebserlaubnis eine Abnahme des Technischen Überwachungsvereins (TÜV) erforderlich. Nach ordnungsgemässer Abnahme erhält die Firma ROBBI-TEC folgende Rechnung:

Abnahmekosten CNC-Anlage	7 500,00 DM	= nachträgliche AK technische Anlage
+ 16 % USt	1 200,00 DM	= abziehbare Vorsteuer
Endbetrag	**8 700,00 DM**	

Buchung **Eingangsrechnung TÜV-Abnahme** bei ROBBI-TEC:

Konto Soll			Konto Haben			Betrag DM
0205	*0420*	technische Anlagen				7 500,00
1575	*1405*	VSt				1 200,00
			1600	*3300*	Verbindlichkeiten L/L	8 700,00

Zur Finanzierung des Bearbeitungszentrums nimmt die Firma ROBBI-TEC am 01.09... bei ihrer Hausbank ein Darlehen über 400 000,00 DM auf, Laufzeit 5 Jahre. Der Rest der Kaufsumme wird mit Eigenmitteln finanziert. Der Auszahlungsbetrag der Bank beträgt unter Abzug von einmaligen Bearbeitungsgebühren in Höhe von 980,00 DM und 18 000,00 DM Disagio (= 4,5 % vorweggenommener Zins) 381 020,00 DM.

Das Disagio und die Bearbeitungsgebühren gehören nicht zu den Anschaffungskosten der Maschine.

Das Disagio ist auf die Laufzeit des Darlehens linear und zeitanteilig zu verteilen.

Buchung **Bankgutschrift (Darlehensauszahlung)** bei ROBBI-TEC:

Konto Soll			Konto Haben			Betrag DM
1200	*1800*	Bank				381 020,00
4970	*6855*	Nebenkosten Geldverkehr				980,00
0986	*1940*	Damnum / Disagio				18 000,00
			0630	*3150*	Verbindlichkeiten gegen-über Kreditinstituten	400 000,00

Berechnung Verteilung Disagio:

vorweggenommener Zins für 5 Jahre	=	18 000,00 DM	
anteiliger Zins für 1 Jahr	=	3 600,00 DM	
Zins für 1 Monat	=	300,00 DM	
Zins im Jahr der Darlehensaufnahme	=	1 200,00 DM	(= 4 Monate, Sept - Dez)

Buchung **Verteilung Disagio**, Anteil im Jahr der Darlehensaufnahme:

Konto Soll			Konto Haben			Betrag DM
2120	*7320*	Zinsaufwendungen für lang-fristige Verbindlichkeiten				1 200,00
			0986	*1940*	Disagio	1 200,00

7.2 Aktivierungspflichtige innerbetriebliche Eigenleistungen

> Es handelt sich hierbei um Aufwendungen für selbsterstellte Vermögensgegenstände des Anlagevermögens oder auch für erbrachte Eigenleistungen im Zusammenhang mit der Anschaffung und Herstellung eines Anlagegegenstandes von einer Fremdfirma, z. B. Fundamentierung, Beistellung eigener Monteure bei der Herstellung und dergleichen.

Die innerbetriebliche Eigenleistung wird zu **Herstellungskosten** bewertet (siehe Seite 76). Der Ausweis innerbetrieblicher Eigenleistungen erfolgt nach § 275 Abs. 2 HGB unter der Position **"andere aktivierte Eigenleistungen"**. Es dürfen jedoch nur Aufwendungen des Geschäftsjahres in dieser Position ausgewiesen werden. Aufwendungen früherer Jahre, die aus steuerlichen Gründen nachgeholt werden dürfen, sind **"sonstige betriebliche Erträge"**.

Beispiel:

Das Montagepersonal der Firma ROBBI-TEC führt die elektrischen Anschlüsse und Fundamentierungsarbeiten für die Anschaffung des CNC-Bearbeitungszentrums (Fall Seite 78) selbst aus. Es fielen Materialkosten in Höhe von 2 500,00 DM, Löhne in Höhe von 22 000,00 DM. Die Gemeinkostenzuschläge für Material betragen 8 %, für Löhne 185 %.

Berechnung:

Materialeinzelkosten		2 500,00 DM	
Materialgemeinkosten,	8 %	200,00 DM	2 700,00 DM (= Materialkosten)
Fertigungslöhne		22 000,00 DM	
Fertigungsgemeinkosten,	185 %	40 700,00 DM	62 700,00 DM (= Fertigungskosten)
Herstellkosten			**65 400,00 DM**

Buchung **innerbetriebliche Eigenleistung**:

Konto Soll			Konto Haben			Betrag DM
0205	0420	technische Anlagen				65 400,00
			8990	4820	andere aktivierte Eigenleistungen	65 400,00

> **Merke:**
>
> - **Anschaffungskosten** sind alle Aufwendungen für den Erwerb eines Anlagegegenstandes, die anfallen, bis der Gegenstand betriebsbereit, d. h. nutzbar ist. Gemeinkosten gehören nicht zu den Anschaffungskosten. Alle Nebenkosten, die im Zusammenhang mit den eigentlichen Anschaffungskosten stehen, sind zu aktivieren, auch wenn sie zu einem späteren Zeitpunkt anfallen.
>
> - **Herstellungskosten** setzen sich zusammen aus Materialeinzelkosten, anteiligen Materialgemeinkosten, Fertigungslöhnen, anteiligen Fertigungsgemeinkosten und Sondereinzelkosten der Fertigung. Kosten der allgemeinen Verwaltung, Aufwendungen für soziale Einrichtungen des Betriebes, für freiwillige soziale Leistungen, für betriebliche Altersversorgung, brauchen nicht in die Herstellungskosten einbezogen zu werden. Vertriebskosten gehören grundsätzlich nicht zu den Herstellungskosten.

Aufgaben zur Sicherung des Lernerfolges:

1. a) Kauf eines unbebauten betrieblichen Grundstücks. Folgende Kosten fielen an, die durch Banküberweisung beglichen werden.

- Grundstück		320 000,00 DM
- 3,5 % Grunderwerbsteuer		11 200,00 DM
- 3 % Maklergebühr	9 600,00 DM	
+ 16 % USt,	1 536,00 DM	11 136,00 DM
- Vermessungsgebühren von	4 200,00 DM	
+ 16 % USt,	672,00 DM	4 872,00 DM
- Notargebühren von	2 800,00 DM	
+ 16 % USt,	448,00 DM	3 248,00 DM
- Kosten für die Eintragung ins Grundbuch,		600,00 DM.
Sammelüberweisungsbetrag:		351 056,00 DM

b) Im Zusammenhang mit dem Erwerb des Grundstücks wurde ein Darlehen von 250 000,00 DM aufgenommen, es entstanden einmalige Abschlussgebühren für den Darlehensvertrag von 1 400,00 DM. Der Auszahlungsbetrag nach Abzug von 10 000,00 DM Disagio und der Abschlussgebühren auf das Bankkonto beträgt 238 600,00 DM. Das Darlehen hat eine Laufzeit von 5 Jahren und wurde am 01.10.... aufgenommen.

c) Die Bank verlangt in Höhe des Darlehens einen Eintrag ins Grundbuch. Dabei entstehen Kosten, die durch Banküberweisung beglichen werden:

- Notariatskosten	2 500,00 DM	
+ 16 % USt	400,00 DM	2 900,00 DM
- Kosten für die Eintragung in das Grundbuch		500,00 DM
Banküberweisung		3 400,00 DM

2. Eine selbstgebaute Stanzvorrichtung hat Materialkosten von 4 400,00 DM und Fertigungslöhne von 15 000,00 DM verursacht. Es wird mit Gemeinkostenzuschlägen wir folgt kalkuliert:

  15 %   Materialgemeinkosten
175 %   Lohngemeinkosten

Die Vorrichtung wurde am 15. November des laufenden Veranlagungszeitraums fertiggestellt. Berechnen Sie auch die lineare Abschreibung bei einer Nutzungsdauer von 6 Jahren.

3. Ein Industriebetrieb erwirbt am 03.05..... eine Lizenz für die Fertigung von elektronischen Bauteilen zum Preis von 60 000,00 DM zuzüglich 16 % USt (9 600,00 DM) = 69 600,00 DM. Die Lizenz kann 10 Jahre genutzt werden.

a) Buchen Sie den Vorgang!

b) Berechnen und buchen Sie die Abschreibung. Begründen Sie Ihre Entscheidung.

4. Kauf eines betrieblichen Fahrzeugs für ausschliesslich betriebliche Zwecke:

Listenpreis	34 500,00 DM
./. 5 % Rabatt	1 725,00 DM
	32 775,00 DM
Schiebedach	2 200,00 DM
Schonbezüge	480,00 DM
Autoradio mit Einbau	1 350,00 DM
Autotelefon mit Einbau	4 845,00 DM
Automatten, Verbandskasten (Wert 110,00 DM)	0,00 DM
Tankfüllung Benzin	60,00 DM
netto	41 710,00 DM
+ 16 % USt	6 673,60 DM
Rechnungsbetrag	48 383,60 DM

Das Auto wurde am 25.06... des laufenden Jahres angeschafft und hat eine betriebsgewöhnliche Nutzungsdauer von 5 Jahren.

a) Buchen Sie den Vorgang!

b) Berechnen und buchen Sie die lineare Abschreibung.

c) Berechnen und buchen Sie die geometrisch-degressive Abschreibung

d) Berechnen Sie die Restbuchwerte bei beiden Abschreibungsarten im Jahr der Anschaffung.

e) Wie Fall 4.a), jedoch wird der Pkw in einer Einzelfirma auch vom Unternehmer privat genutzt.

5. Kauf einer elektronischen Schreibmaschine, Rechnung vom 10.07.... über 2 200,00 DM zuzüglich einer Abdeckhaube von 47,50 DM, zuzüglich 16 % USt (359,60 DM), Rechnungsbetrag insgesamt 2 607,10 DM. Der Ausgleich erfolgt unter Abzug von 2 % Skonto. Die Schreibmaschine hat eine betriebsgewöhnliche Nutzungsdauer von 6 Jahren.

a) Buchen Sie den Anschaffungsvorgang.

b) Buchen Sie den Zahlungsvorgang.

c) Berechnen und buchen Sie die lineare Abschreibung.

d) Berechnen und buchen Sie die geometrisch-degressive Abschreibung

e) Berechnen Sie die Restbuchwerte bei beiden Abschreibungsarten im Jahr der Anschaffung.

6. Ein Spirituosenhersteller erwirbt am 02.03.... ein Brennrecht für eine neue Sorte von Likör. Lt. Finanzamt ist ein Betrag von 8 000,00 DM zu entrichten, der mit Banküberweisung beglichen wird.

a) Buchen Sie den Vorgang

b) Kann evtl. eine Abschreibung vorgenommen werden? Begründen Sie Ihre Entscheidung!

ANLAGEGEGENSTÄNDE

MATERIELLE ANLAGEGEGENSTÄNDE

- sind messbar, wägbar und schätzbar,
- werden nach Anschaffungs- oder Herstellungskosten aktiviert,
- Bemessungsgrundlage für die Aktivierung sind
  Anschaffungs- oder Hersteilungskosten

ABNUTZBAR

- wenn die betriebliche Nutzungsdauer
  zeitlich beschränkt ist durch
- wirtschaftlichen und/oder
  technischen Verschleiss

NICHT ABNUTZBAR

- wenn die betriebliche Nutzungsdauer
  zeitlich nicht beschränkt ist.

Abschreibungsmöglichkeiten:

Keine planmässigen Abschreibungen
möglich, nur ausserplanmässige Abschreibungen, wenn gewichtige Gründe
vorliegen.

BEWEGLICH

Abschreibungsmöglichkeiten:

- linear
- geometrisch-degressiv
- nach Leistungseinheiten,
  wenn die Leistung messbar
  ist und die Abschreibung
  wirtschaftlich vertretbar ist.

**Vereinfachungsregelung
möglich, (R 44 EStR)**

Anschaffung	=	volle Jahres-
1. Halbjahr		abschreibung
Anschaffung	=	halbe Jahres-
2. Halbjahr		abschreibung

NICHT BEWEGLICH

Abschreibungsmöglichkeiten:

- nur linear und zeitanteilig

**keine Vereinfachungs-
regelung möglich**

Betriebsvorrichtungen:

Als Betriebsvorrichtungen bezeichnet man Anlagegegenstände, mit denen das Gewerbe unmittelbar
betrieben wird. Sie sind selbst dann **bewegliche Wirtschaftsgüter**, wenn sie wesentliche Bestandteile eines nicht beweglichen Wirtschaftsgutes sind.

ANLAGEGEGENSTÄNDE

IMATERIELLE ANLAGEGEGENSTÄNDE

- sind nicht messbar, wägbar und schätzbar,
- dürfen nur aktiviert werden, wenn sie entgeltlich erworben wurden,
- Bemessungsgrundlage für die Aktivierung sind die Anschaffungkosten

ABNUTZBAR	NICHT ABNUTZBAR
- wenn die betriebliche Nutzungsdauer zeitlich beschränkt ist.	- wenn die betriebliche Nutzungsdauer zeitlich nicht beschränkt ist.

Abschreibungsmöglichkeiten:

- nur linear und zeitanteilig auf die Nutzungsdauer verteilt.

Keine Vereinfachungsregelung möglich

Abschreibungsmöglichkeiten:

- keine planmässigen Abschreibungen möglich, nur ausserplanmässige Abschreibungen, wenn gewichtige Gründe vorliegen, z. B. bei Nutzungsrechten, wenn diese aufgegeben oder eingeschränkt werden.

Beispiele für abnutzbare immaterielle Wirtschaftsgüter:

- Software, Computerprogramme
- Verlagsrechte
- Geschäfts- oder Firmenwert
- Patente
- Mietrecht für bestimmte Dauer

Beispiele für nicht abnutzbare immaterielle Wirtschaftsgüter:

- Verkehrskonzessionen
- Brenn- und Braurechte
- Zuteilungsrechte
- Bohrrechte
- Bezugsrechte

ausserplanmässige Abschreibungen möglich, bei

- Geschäfts- oder Firmenwert, wenn sich die Ertragslage nachträglich verschlechtert,

- Patenten, wenn die mit dem Patent erzeugten Produkte nicht mehr oder nur eingeschränkt produziert werden oder wenn das Patent für nichtig erklärt wird.

7.3 Abgänge von Anlagegegenständen

Scheidet aus einem Unternehmen ein Vermögensgegenstand des Anlagevermögens (z. B. durch Verkauf, Verschrottung, Brand, Diebstahl und dgl.) aus, so handelt es sich um einen mengenmässigen Abgang des Anlagenbestandes. Dieser Vorgang ist im Anlagenspiegel zu vermerken.

> **Ertragsteuerliche Auswirkung bei der Veräusserung:**
>
> - **zum Buchwert** = **keine Auswirkung auf den Gewinn**
> - **über Buchwert** = **gewinnerhöhend**
> - **unter Buchwert** = **gewinnmindernd**

Bei der Veräusserung eines abnutzbaren Anlagegegenstandes wird anteilig bis zum Veräusserungszeitpunkt die planmässige Abschreibung durchgeführt (R 44 Abs. 9 EStG). Erst dann wird der Buchgewinn bzw. Buchverlust ermittelt.

Buchgewinne werden in der Gewinn- und Verlustrechnung nach § 275 HGB als "**sonstige betriebliche Erträge**", Buchverluste als "**sonstige betriebliche Aufwendungen**" ausgewiesen. Bezüglich der **Umsatzsteuer** ist zu prüfen, ob die Veräusserung umsatzsteuerpflichtig ist. Bei Erlösen aus dem Abgang von beweglichen Anlagegegenständen ist dies in der Regel der Fall, während z. B. Grundstücksverkäufe grundsätzlich nicht der Umsatzsteuer unterliegen.

Bemessungsgrundlage für die Umsatzsteuer ist das **Nettoentgelt**, also der **Nettoerlös**, unabhängig davon, wie sich der Vorgang auf den Betriebserfolg auswirkt.

Erfolgt der Abgang des Anlagegegenstandes durch höhere Gewalt und wird der Schaden von einer Versicherung reguliert, so ist dieser Vorgang umsatzsteuerlich **nicht steuerbar**, da der Leistungsaustausch fehlt (Abschnitt 3 UStR).

Buchungstechnisch ist zu beachten, dass beim umsatzsteuerpflichtigen Verkauf von Anlagegegenständen Konten mit bestimmtem "**Umsatzsteuercharakter**" angesprochen werden. Die Anlagenkonten für bewegliche Wirtschaftsgüter haben normalerweise "**Vorsteuercharakter**". Ausserdem ist lt. Umsatzsteuergesetz vorgeschrieben, die Bemessungsgrundlage für die Entgelte aufzuzeichnen. Bei dem Verkauf von Anlagegegenständen treffen umsatzsteuerliche (Erlös) und ertragsteuerliche (Gewinn/Verlust) Tatbestände aufeinander, die buchhalterisch zu erfassen sind. Vor allem in der EDV-Buchführung ist dies zwingend notwendig, und zwar sowohl für die Umsatzsteuer-Verprobung als auch für die Erstellung der Umsatzsteuer-Voranmeldung. Zu diesem Zweck werden Konten eingefügt, durch die der umsatzsteuerliche Vorgang einwandfrei erfasst werden kann:

> **Konto 8800** *4845* **Erlöse aus Anlagenverkäufen (bei Buchgewinn)**
> **Konto 2315** *4855* **Anlagenabgänge (Restbuchwert bei Buchgewinn)**
> **Konto 2720** *4900* **Erträge aus dem Abgang von Anlagevermögen**
>
> **Konto 8820** *6885* **Erlöse aus Anlagenverkäufen (bei Buchverlust)**
> **Konto 2310** *6895* **Anlagenabgänge (Restbuchwert bei Buchverlust)**
> **Konto 2320** *6900* **Verluste aus dem Abgang von Anlagevermögen**

Beispiel:

Die Fa. Stanz & Co veräussert am 01.06.... eine Spezial-Gewindeschneidemaschine zu 2 436,00 DM (netto 2 100,00 DM + 16 % USt = 336,00 DM), Restbuchwert 2 400,00 DM zum 01.01...., Restnutzungsdauer 2 Jahre. Der Betrag wird auf die Hausbank überwiesen.

Berechnung zeitanteilige Abschreibung:

$$\frac{\text{Restbuchwert x anteilige Nutzungszeit}}{\text{Restnutzungsdauer}} = \frac{2\,400,00 \text{ DM x 5}}{24} = 500,00 \text{ DM}$$

Berechnung des Buchgewinns bzw. Buchverlustes:

Buchwert zum 01.01.....	2 400,00 DM
./. zeitanteilige Abschreibung	500,00 DM
Restbuchwert zum 01.06.....	1 900,00 DM
Verkaufserlös, netto	2 100,00 DM
Gewinn	**200,00 DM**

Buchung **zeitanteilige Abschreibung**:

Konto Soll			Konto Haben			Betrag DM
4830	6220	Abschreibungen auf Sachanlagen				500,00
			0440	0620	Werkzeuge	500,00

Buchung **Veräusserung**:

Konto Soll			Konto Haben			Betrag DM
1200	1800	Bank				2 436,00
			8800	4845	Erlöse aus Anlagen-verkäufen	2 100,00
			1775	3805	USt	336,00

Ausbuchung Restbuchwert:

Konto Soll			Konto Haben			Betrag DM
2315	4855	Anlagenabgänge				2 100,00
			0440	0620	Werkzeuge	1 900,00
			2720	4900	Erträge aus dem Abgang von Anlagevermögen	200,00

> **Merke:**
>
> - Abgänge aus dem Anlagebestand sind mengenmäßige Minderungen und im Anlagen-spiegel auszuweisen. Bis zum Abgang sind sie zeitanteilig abzuschreiben.
>
> - Abgänge sind in der Regel erfolgswirksam.
>
> - Erlöse aus dem Abgang von beweglichen Wirtschaftsgütern sind in der Regel umsatz-steuerpflichtig.
>
> - Erlöse aus dem Abgang von Anlagegütern, die der Grunderwerbsteuer unterliegen, sind umsatzsteuerfrei.
>
> - Privatentnahmen von beweglichen Wirtschaftsgütern sind umsatzsteuerfrei, wenn bei der Beschaffung keine Vorsteuer in Abzug gebracht wurde.

Aufgaben zur Sicherung des Lernerfolges:

Bilden Sie die Buchungssätze für folgende Geschäftsvorfälle:

1. Verkauf eines seither betrieblich genutzten Lagerplatzes zum Buchwert von 120 000,00 DM. Der Ausgleich erfolgt auf unser Postbankkonto.

2. Eine auf den Erinnerungswert von 1,00 DM abgeschriebene Schreibmaschine wird an eine Angestellte zum Preis von 50,00 DM verkauft (incl. 16 % USt). Der Betrag wird bei der nächsten Gehaltsabrechnung in Abzug gebracht.

3. a) Kauf eines neuen Kopierautomaten am 25.08....., Nutzungsdauer 5 Jahre.

netto	15 600,00 DM
+ 16 % USt	2 496,00 DM
Kaufpreis	18 096,00 DM

   b) Das Altgerät wird am 28.08..... in Zahlung gegeben. Die Restnutzungsdauer beträgt 1 Jahr, der Buchwert zum 01.01..... 4 200,00 DM.

Verkaufspreis netto	1 293,10 DM
+ 16 % USt	206,90 DM
Verkaufspreis brutto	1 500,00 DM

   c) Die Zahlung (16 234,08 DM) wird unter Abzug des Altgeräts und 2 % Skonto auf die Anschaffung des Neugerätes (361,92 DM) auf dem Bankkonto vorgenommen.

   d) Schreiben Sie das Gerät so hoch wie möglich ab und berechnen Sie den Restbuchwert.

4. Ein Unternehmer schenkt seinem Neffen ein seither betrieblich genutztes Fahrzeug, Buchwert 1,00 DM, Wiederbeschaffungskosten 200,00 DM netto. Beim Kauf konnte kein Vorsteuerabzug geltend gemacht werden, da es von einem Privatmann gekauft wurde.

7.4 Geringwertige Wirtschaftsgüter des Anlagevermögens

> **Geringwertige Wirtschaftsgüter sind nach § 6 Abs. 2 EStG**
> - abnutzbare bewegliche Wirtschaftsgüter des Anlagevermögens,
> - die einer selbständigen Nutzung fähig sind.
>
> **Die Anschaffungs- oder Herstellungskosten dürfen für das einzelne Wirtschaftsgut 800,00 DM nicht übersteigen.**

Wirtschaftsgüter, die zwar in einem betrieblichen Nutzungszusammenhang mit anderen Wirtschaftsgütern stehen und technisch aufeinander abgestimmt sind, sind dennoch selbständig nutzungsfähig, wenn sie nach ihrer betrieblichen Zweckbestimmung auch ohne die anderen Wirtschaftsgüter im Betrieb genutzt werden können (z. B. Entsorgungsbehälter eines Aktenvernichtungsunternehmens).

Auch Wirtschaftsgüter, die nach ihrer betrieblichen Zweckbestimmung nur zusammen mit anderen Wirtschaftsgütern genutzt werden können, sind selbständig nutzungsfähig, wenn sie nicht in einen Nutzungszusammenhang eingefügt sind, so dass die zusammen nutzbaren Wirtschaftsgüter des Betriebs nach aussen nicht als ein einheitliches Ganzes in Erscheinung treten (Bestecke, Schallplatten, Tonbandkassetten, Trivialprogramme, Videokassetten).

Bei der **Ermittlung der Anschaffungs- oder Herstellungskosten** werden Anschaffungskostenminderungen vom Kaufpreis gekürzt. Der Vorsteuerabzug gehört, soweit er von der Umsatzsteuer abgezogen werden kann, nicht zu den Anschaffungs- oder Herstellungskosten (§ 9 b EStG). Für Unternehmen, die nicht vorsteuerabzugsberechtigt sind, gilt bei der Prüfung der Geringwertigkeit die Grenze von 800,00 DM ebenfalls. Als Abschreibungsbetrag kommen aber dann die vollen Anschaffungskosten einschliesslich Umsatzsteuer zum Ansatz.

Die geringwertigen Anlagegüter können im Jahr der Anschaffung oder Herstellung in **voller Höhe** als **Betriebsausgaben abgesetzt** werden. Es handelt sich um eine Kannvorschrift, was bedeutet, dass der Unternehmer die Anlagegüter auch aktivieren und auf die Jahre der Nutzung abschreiben kann. Es ist aber nicht zulässig, nur einen Teil der Anschaffungs- oder Herstellungskosten eines geringwertigen Wirtschaftsgutes im Jahr des Zuganges abzuschreiben und den Rest auf die betriebsgewöhnliche Nutzungsdauer zu verteilen.

Geringwertige Wirtschaftsgüter müssen **nicht im Bestandsverzeichnis** aufgenommen werden oder auf einen besonderen Konto gebucht oder in einem besonderen Verzeichnis erfasst worden, wenn ihre **Anschaffungs- oder Herstellungskosten nicht mehr als 100,00 DM** betragen haben sind. Sie sind dann **sofort** als **Aufwand** zu erfassen.

Computerprogramme, deren Anschaffungskosten nicht mehr als 800,00 DM betragen, sind stets als **Trivialprogramme** zu behandeln. Trivialprogramme sind abnutzbare bewegliche und selbständig nutzbare Wirtschaftsgüter und daher wie geringwertige Wirtschaftsgüter zu erfassen.

Kurzlebige Wirtschaftsgüter, deren Nutzungsdauer unter einem Jahr liegt, können unabhängig von der Höhe der Anschaffungs- oder Herstellungskosten **sofort** als **Aufwand** gebucht werden. Sie sind auch dann im Anschaffungsjahr in voller Höhe abzugsfähig, wenn sie in der zweiten Hälfte des Wirtschaftsjahres angeschafft oder hergestellt werden und ihre Nutzungsdauer über den Bilanzstichtag hinausreicht.

Merke:

- Selbständig nutzbare, bewegliche Wirtschaftsgüter, deren Anschaffungs- oder Herstellungskosten 800,00 DM netto nicht übersteigen, dürfen im Jahr der Anschaffung oder Herstellung voll abgeschrieben werden. Anschaffungen bis 100,00 DM netto sind sofort als Aufwand zu erfassen.

- Zugänge, Abgänge und Abschreibungen von geringwertigen Anlagegütern müssen im Anlagenspiegel ausgewiesen werden.

- Geringwertige Wirtschaftsgüter brauchen nicht in das Anlageverzeichnis aufgenommen zu werden, wenn sie auf einem besonderen Konto gebucht werden oder in einem besonderen Verzeichnis erfasst werden.

- Computerprogramme, deren Anschaffungskosten nicht mehr als 800,00 DM betragen, sind sogenannte Trivialprogramme. Diese sind abnutzbare, bewegliche Wirtschaftsgüter und können im Jahr der Anschaffung abgeschrieben werden.

Aufgaben zur Sicherung des Lernerfolges:

Kontieren Sie folgende Geschäftsvorfälle und führen Sie die eventuell notwendigen Buchungen am Jahresende durch:

1. Barkauf einer Rechenmaschine zum Preis von 284,20 DM (245,00 DM netto + 16 % USt = 39,20 DM), Nutzungsdauer 5 Jahre.

2. Ein Restaurant richtet den Gastraum neu ein. Dazu werden am 15.10.... nachfolgende Einrichtungsgegenstände mit einer betriebsgewöhnlichen Nutzungsdauer von 5 Jahren angeschafft:

10	Tische	zu je	1 150,00 DM	11 500,00 DM	
5	Tische	zu je	810,00 DM	4 050,00 DM	
90	Stühle	zu je	350,00 DM	31 500,00 DM	47 050,00 DM
+ 16 % USt					7 528,00 DM
Bruttobetrag					54 578,00 DM

Die Rechnung wurde am 25.10..... unter Abzug von 2 % Skonto durch Überweisung bezahlt.

3. Für das Büro werden in einem Schreibwarengeschäft folgende Artikel bar gekauft:

10 Farbbandkassetten	65,00 DM	
10 Korrekturbänder	25,00 DM	
1 Papierkorb	85,00 DM	
1 Locher	57,50 DM	
1 Tritthocker	72,50 DM	305,00 DM
+ 16 % USt		48,80 DM
Summe		353,80 DM

4. Kauf einer Schreibmaschine für das Lohnbüro am 21.12...., Kaufpreis brutto netto 820,00 DM + 16 % USt (= 131,20 DM), brutto 951,20 DM. Die Rechnung wird am 03.01. des folgenden Jahres unter Abzug von 3 % Skonto (Überweisung) bezahlt. Die Nutzungsdauer der Schreibmaschine beträgt 8 Jahre. Buchen Sie auch die Vorgänge im neuen Jahr.

8 Anzahlungen

> Bei Anzahlungen handelt es sich um Vorleistungen aus schwebenden Geschäften, die vom Unternehmen entweder erbracht werden (= geleistete Anzahlungen) oder die das Unternehmen erhalten hat (= erhaltene Anzahlungen).

Umsatzsteuerliche Regelungen:

Bei Anzahlungen entsteht die Steuer nach vereinnahmten Entgelten bereits mit Ablauf des Voranmeldungszeitraumes, in dem das Entgelt oder Teilentgelt vor Ausführung der Leistung oder Teilleistung vereinnahmt bzw. bezahlt worden ist. Ein **Vorsteuerabzug kann nur vorgenommen werden, wenn die Vorsteuer getrennt ausgewiesen und die Zahlung geleistet worden ist**.

Erteilt ein Unternehmer eine Anzahlungsrechnung und weist der Unternehmer die Umsatzsteuer **nicht getrennt aus**, so ist nach Eingang der Zahlung zwar die Umsatzsteuer fällig, der Leistungsempfänger kann die Vorsteuer jedoch **nicht** geltend machen.

8.1 Geleistete Anzahlungen auf Anlagen

> Geleistete Anzahlungen auf Anlagen werden im Anlagevermögen aktiviert. Der wirtschaftliche Grund liegt darin, dass mit dem Mittelabfluss ein Anspruch auf einen Vermögensgegenstand im Anlagevermögen entstanden ist. Dieser Anspruch darf erst aktiviert werden, wenn die Zahlung geleistet wurde.

Die Anzahlungen sind auf dem Konto **geleistete Anzahlungen auf Sachanlagen** netto zu buchen. Nach Erteilung der Schlussrechnung ist das Konto aufzulösen.

Beispiel:

Die Firma ROBBI-TEC hat ein CNC-Bearbeitungszentrum bei der Maschinenfabrik TE-MA GmbH bestellt. Diese erteilt folgende Abschlagsrechnung, die per Bank überwiesen wurde:

Entsprechend Zahlungsplan bitten wir um	
eine Abschlagszahlung in Höhe von netto	**300 000,00 DM**
+ 16 % USt	**48 000,00 DM**
Summe	**348 000,00 DM**

Praxisgerechte Buchung der **Abschlagsrechnung/Banküberweisung** bei ROBBI-TEC:

Konto Soll			Konto Haben			Betrag DM
1600	*3300*	Verbindlichkeiten				348 000,00
			1200	*1800*	Bank	348 000,00
0299	0780	AZ auf techn. Anlagen				300 000,00
1575	*1405*	VSt				48 000,00
			1793	*3695*	Verrechnungskonto geleistete AZ	348 000,00

90

Nach Fertigstellung und Abnahme erteilt die TE-MA GmbH an ROBBI-TEC folgende Schlussrechnung:

CNC-Bearbeitungszentrum	**450 000,00 DM**
+ 16 % USt	**72 000,00 DM**
Summe	**522 000,00 DM**
abzüglich geleistete Anzahlungen netto 300 000,00 DM	
+ 16 % USt 48 000,00 DM	**348 000,00 DM**
Restbetrag	**174 000,00 DM**

Die Umbuchungen der Anzahlungen auf Anlagegegenstände erfolgt immer dann, wenn eine Investition oder Teilinvestition abgeschlossen und abgerechnet ist. Die Anzahlung wird entweder einer Anlageposition zugeordnet oder vorläufig auf das Konto "**im Bau befindliche Anlagen**" gebucht, bis die Gesamtleistung abgeschlossen werden kann.

Buchung **Schlussrechnung (ER)** bei ROBBI-TEC:

Konto Soll			Konto Haben			Betrag DM
0205	*0420*	technische Anlagen				450 000,00
1575	*1405*	VSt				72 000,00
			1600	*3300*	Verbindlichkeiten L/L	522 000,00

Buchung **Auflösung Abschlagsrechnung** bei ROBBI-TEC:

Konto Soll			Konto Haben			Betrag DM
1793	*3695*	Verrechnungskonto geleistete AZ				348 000,00
			0299	*0780*	AZ auf techn. Anlagen	300 000,00
			1575	*1405*	VSt	48 000,00

Nettoverfahren:

Geleistete Anzahlungen können auch im Nettoverfahren gebucht werden, d. h. das Lieferantenkonto und das Verrechnungskonto für geleistete Anzahlungen entfallen. Damit entfällt aber die kontenmässige Überwachung der offenen Posten. Dies muss dann auf andere Weise sichergestellt werden.

In der Bilanz dürfen **geleistete Anzahlungen** nur netto ausgewiesen werden. Dazu müssen das Lieferantenkonto und das Verrechnungskonto für geleistete Anzahlungen miteinander verrechnet werden. Bei der EDV-Buchhaltung kann dies entfallen, wenn beiden Konten die gleiche Bilanzposition zugewiesen wird.

Buchung der **Abschlagsrechnung/Banküberweisung** (Nettoverfahren) bei ROBBI-TEC:

Konto Soll			Konto Haben			Betrag DM
0299	0780	AZ auf techn. Anlagen				300 000,00
1575	*1405*	VSt				48 000,00
			1200	*1800*	Bank	348 000,00

8.2 Geleistete Anzahlungen auf Vorräte

> Bei den geleisteten Anzahlungen auf Vorräte handelt es sich im wesentlichen um Vorauszahlungen an Dritte für Roh-, Hilfs- und Betriebsstoffe sowie Waren aufgrund abgeschlossener Lieferungs- und Leistungsverträge, deren Lieferung oder Leistung noch aussteht.

Auch bei den geleisteten Anzahlungen auf Vorräte kann die Aktivierung erst bei Zahlung erfolgen. Die Anzahlungen sind auf dem Konto „**geleistete Anzahlungen auf Vorräte**" netto zu buchen.

Beispiel:

Die Maschinenfabrik TE-MA GmbH vergibt für die Herstellung des CNC-Bearbeitungszentrums einen Projektierungsauftrag an das Ingenieurbüro PROJEKTA. Diese erteilt vereinbarungsgemäss folgende Abschlagsrechnung, die per Bank überwiesen wurde:

Entsprechend Zahlungsplan bitten wir um	
eine Abschlagszahlung in Höhe von netto	**75 000,00 DM**
+ 16 % USt	**12 000,00 DM**
Summe	**87 000,00 DM**

Praxisgerechte Buchung der **Abschlagsrechnung/Banküberweisung** bei der TE-MA GmbH:

Konto Soll			Konto Haben			Betrag DM
1600	*3300*	Verbindlichkeiten				87 000,00
			1200	*1800*	Bank	87 000,00
3985	*1185*	Geleistete AZ auf Vorräte				75 000,00
1575	*1405*	VSt				12 000,00
			1793	*3695*	Verrechnungskonto geleistete AZ	87 000,00

Nach der Abwicklung des Auftrages stellt das Ingenieurbüro PROJEKTA an die TE-MA GmbH folgende Schlussrechnung:

Projektierungsarbeiten für ein CNC-Bearbeitungszentrum		**96 000,00 DM**
+ 16 % USt		**15 360,00 DM**
Summe		**111 360,00 DM**
abzüglich geleistete Anzahlungen netto	75 000,00 DM	
+ 16 % USt	12 000,00 DM	**87 000,00 DM**
Restbetrag		**24 360,00 DM**

Buchung **Schlussrechnung (ER)** bei der TE-MA GmbH:

Konto Soll			Konto Haben			Betrag DM
3100	*5900*	Fremdleistungen				96 000,00
1575	*1405*	VSt				15 360,00
			1600	*3300*	Verbindlichkeiten L/L	111 360,00

Buchung **Auflösung Abschlagsrechnung** bei ROBBI-TEC:

Konto Soll			Konto Haben			Betrag DM
1793	*3695*	Verrechnungskonto geleistete AZ				87 000,00
			3985	*1185*	Geleistete AZ a. Vorräte	75 000,00
			1575	*1405*	VSt	12 000,00

Buchung **Überweisung des Restbetrages** bei ROBBI-TEC:

Konto Soll			Konto Haben			Betrag DM
1600	*3300*	Verbindlichkeiten L/L				24 360,00
			1200	*1800*	Bank	24 360,00

8.3 Abgrenzung am Jahresende

Am Jahresende sind noch nicht abgerechnete Anzahlungen auf Vorräte, bei denen die Leistung noch nicht voll erbracht ist, in der Bilanz im Umlaufvermögen unter der Position **"geleistete Anzahlungen auf Vorräte"** auszuweisen (§ 266 HGB).

Die hier praktizierte Aktivierung des Nettobetrages ohne der Erfassung der abzugsfähigen Vorsteuer ist zwingend (§ 240 Abs. 1, § 253 Abs. 1 HGB), es sei denn, die Vorsteuer ist nicht abzugsfähig.

Ist die Leistung erbracht, jedoch noch nicht abgerechnet, dann ist der **wahrscheinliche** Wert dieser Leistung zu schätzen. Dieser Betrag ist dann mit der Anzahlung aufzurechnen. Dann erfolgt der Ausweis jedoch unter Roh-, Hilfs-, Betriebsstoffen oder Waren.

Wird im Unternehmen die Nettomethode angewandt, dann ist es jedoch erforderlich, dass bei Zahlung der Schlussrechnung der Bruttobetrag der Anzahlung in Abzug gebracht wird. Hier sollten zusätzliche Vermerke über die bereits geleisteten Anzahlungen auf den Bestellunterlagen, Vertragsunterlagen, Auftragsbestätigungen oder dergleichen gemacht werden. Eine regelmässige systematische Überwachung der Anzahlungen ist empfehlenswert. Die Einholung einer Saldenbestätigung am Jahresende über geleistete Anzahlungen ist evtl. angebracht. Dies ist auch bedeutsam bei Änderung des Umsatzsteuersatzes.

Umsatzsteuersatz

Ändert bzw. erhöht sich während der Abwicklung eines Auftrages der Umsatzsteuersatz, dann ist für die Abrechnung des leistenden Unternehmers der Steuersatz anzuwenden, der bei der Leistungsabnahme (Gefahrenübergang) gültig ist, da erst zu diesem Zeitpunkt die Leistung tatsächlich erbracht ist.

Es ist zu überprüfen, ob unter Umständen bei Umsatzsteuererhöhungen abgrenzbare Teilleistungen zum alten Steuersatz abrechnet werden können. Dies ist vor allem dann wichtig, wenn der Kunde Endverbraucher (= Steuerträger) ist.

8.4 Erhaltene Anzahlungen

> Erhaltene Anzahlungen sind Vorleistungen auf eine **vertraglich** zu erbringende Leistung. Diese Vorauszahlungen dürfen nur als solche ausgewiesen werden, wenn ein rechtsverbindlicher Vertrag für eine Lieferung oder Leistung vorliegt. Andernfalls handelt es sich um ein Darlehen, das unter den **sonstigen Verbindlichkeiten** auszuweisen ist. Erhaltene Anzahlungen sind einkommensteuerrechtlich zwingend mit dem Bruttobetrag zu bilanzieren.

Bei den **erhaltenen Anzahlungen** ist die **Bruttomethode** vorgeschrieben. Dadurch wird auch eine bessere Überwachung der Anzahlungen und deren richtige Verrechnung bei Erteilung der Schlussrechnung gewährleistet. Ist die Schlussrechnung gestellt und buchhalterisch erfasst, wird die Anzahlung mit der Forderung verrechnet.

Am Jahresende sind noch nicht abgerechnete Anzahlungen brutto (einschliesslich Umsatzsteuer) unter **"Verbindlichkeiten"** auf der Passivseite als separate Position **"erhaltene Anzahlungen auf Bestellungen"** auszuweisen, während die anteilige Umsatzsteuer auf der Aktivseite unter **"Rechnungsabgrenzungsposten"** anzusetzen ist.

Beispiel:

Die Firma ROBBI-TEC hat am 25.08..... ein zweites CNC-Bearbeitungszentrum zum Preis von netto 360 000,00 DM bei der Maschinenfabrik TE-MA GmbH bestellt, Lieferzeit ca. 6 Monate. Folgende Zahlungskonditionen wurden vereinbart:

- 25 % bei Vorlage der Pläne
- 25 % nach Rohmontage beim Hersteller
- 25 % bei Aufstellung und Montage in der Fa. Druckguss
- 20 % nach Endmontage und Abnahme durch den TÜV
- 5 % nach Vorlage einer selbstschuldnerischen Garantiebürgschaft der Hausbank

Am 15.10.... ist die erste Vertragsbedingung erfüllt. Die TE-MA GmbH erstellt die folgende Abschlagsrechnung, die von der Firma ROBBI-TEC am 05.11.... durch Überweisung beglichen wurde:

Entsprechend Zahlungsplan bitten wir um	
eine Abschlagszahlung in Höhe von netto	**90 000,00 DM**
+ 16 % USt	14 400,00 DM
Summe	**104 400,00 DM**

Buchung der **Abschlagsrechnung/Banküberweisung** bei der TE-MA GmbH:

Konto Soll			Konto Haben			Betrag DM
1200	*1800*	Bank				104 400,00
			1400	*1200*	Forderungen **oder**	
			1710	*3250*	erh. AZ auf Bestellungen	104 400,00
1593	*1495*	Verrechnungskonto erhaltene AZ				104 400,00
			8490	*4450*	Umsatzsteuerpfl. Anzahlungen von Kunden *)	90 000,00
			1775	*3805*	Umsatzsteuer	14 400,00

94

*) Es ist auch möglich, die umsatzsteuerpflichtigen Anzahlungen auf einem Bestandskonto zu erfassen (Konto 1716 / 3271 erhaltene Anzahlungen auf Bestellungen, umsatzsteuerpflichtig). Es sollten dann aber monatlich die Bestandsveränderungen an unfertigen bzw. fertigen Erzeugnissen erfasst werden, um ein korrektes Periodenergebnis zu erzielen.

Die TE-MA GmbH stellt bis zum Jahresende keine Abschlagsrechnung mehr.

Abschlussbuchung am Jahresende bei der TE-MA GmbH (nach Umsatzssteuer-Verprobung):

Konto Soll			Konto Haben			Betrag DM
8490	*4450*	Umsatzsteuerpflichtige An-zahlungen von Kunden				90 000,00
0985	*0930*	Als Aufwand berücksichtigte USt auf Anzahlungen				14 400,00
			1593	*1495*	Verrechnungskonto erhaltene AZ	104 400,00

Wurde die **Anzahlung über das Kundenkonto** gebucht, so ist am Jahresende folgende **Umbuchung** vorzunehmen:

Konto Soll			Konto Haben			Betrag DM
1400	*1200*	Forderungen				104 400,00
			1710	*3250*	Erhaltene Anzahlungen auf Bestellungen	104 400,00

Im Folgejahr sind die **Saldenvorträge** auf den Konten **"erhaltenen Anzahlungen auf Bestellungen"** und **"Als Aufwand berücksichtigte Umsatzsteuer auf Anzahlungen"** zu buchen.

Im April des folgenden Jahres ist die Maschine fertiggestellt und abgenommen. Die Schlussrechnung in Höhe von 360 000,00 DM wird erteilt. Die seither eingegangenen Abschlagszahlungen sind auf der Rechnung vorschriftsmässig aufgeführt.

Schlussrechnung Nr. 184 vom 18.04.....								
CNC-Bearbeitungszentrum					netto			360 000,00 DM
				+	16% USt			57 600,00 DM
					Summe			417 600,00 DM
				./.	Anzahlungen			396 720,00 DM
Anzahlungen:					Restbetrag			20 880,00 DM
Nr.	Datum	Netto	USt	Brutto				
1	5.11...	90 000,00	14 400,00	104 400,00 DM				
2	17.01...	90 000,00	14 400,00	104 400,00 DM				
3	25.02...	90 000,00	14 400,00	104 400,00 DM				
4	29.03...	72 000,00	11 520,00	83 520,00 DM				
		342 000,00	54 720,00	396 720,00 DM				

[handschriftliche Anmerkungen:] - müssen alle aufgelistet werden → Steuerrichtlinien -Schlussrechnung wird in voller Höhe eingebucht

Buchung **Schlussrechnung (AR)** bei der TE-MA GmbH:

Konto Soll			Konto Haben			Betrag DM
1400	*1200*	Forderungen L/L				417 600,00
			8400	*4400*	Erlöse	360 000,00
			1775	*3805*	USt	57 600,00

Buchung **Auflösung Abschlagsrechnungen** (laufendes Jahr):

Konto Soll			Konto Haben			Betrag DM
8490	*4450*	Umsatzsteuerpflichtige An-zahlungen von Kunden				252 000,00
1775	*3805*	USt				40 320,00
			1593	*1495*	Verrechnungskonto erhaltene Anzahlungen	292 320,00

Buchung **Auflösung Aktiver Rechnungsabgrenzungsposten** (Vorjahr):

Konto Soll			Konto Haben			Betrag DM
1775	*3805*	USt			*aus dem Vorjahr*	14 400,00
			0985	*1930*	Als Aufwand berücks. USt auf Anzahlungen	14 400,00

Abgrenzungskonten

Auflösung Konto **erhaltene Anzahlungen** (Vorjahr):

Konto Soll			Konto Haben			Betrag DM
1710	*3250*	Erhaltene Anzahlungen auf Bestellungen				104 400,00
			1400	*1200*	Forderungen	104 400,00

> **Merke:**
>
> - **Anzahlungen sind Vorleistungen auf schwebende Geschäfte.**
>
> - **Erhaltene Anzahlungen sind immer umsatzsteuerpflichtig, auch ohne gesonderten Ausweis der Umsatzsteuer. Vorsteuer darf jedoch nur dann gekürzt werden, wenn sie auf der Abschlags- bzw. Anzahlungsrechnung offen ausgewiesen ist.**
>
> - **Die Umsatzsteuer ist in dem Voranmeldungszeitraum abzuführen, in dem die Zahlung erfolgt ist (vereinnahmte Entgelte), Vorsteuer ist erst dann abzugsfähig, wenn die Zahlung geleistet wurde.**
>
> - **Die zu berichtigende Umsatzsteuer von erhaltenen Anzahlungen darf bei der Schlussrechnung nur dann in Abzug gebracht werden, wenn die Anzahlungen auf der Schlussrechnung richtig abgesetzt werden (siehe Abschnitt 187 UStR).**

9   Werterhaltende und werterhöhende Reparaturen

Im Steuerrecht wird zwischen **Herstellungsaufwand** (R 33 EStG, R 157 EStG) und **Erhaltungsaufwand** (R 157 EStG) unterschieden. Die Grenze zwischen diesen Aufwendungen ist fliessend und nicht immer genau abzugrenzen. Es ist im Einzelfall genau zu prüfen, ob sofort **abziehbare Betriebsausgaben** (werterhaltende Reparaturen) oder **aktivierungspflichtige Herstellungskosten** (werterhöhende Reparaturen) vorliegen.

Werterhaltende Reparaturen (Erhaltungsaufwand)	Werterhöhende Reparaturen (Herstellungsaufwand)
- die Nutzungsmöglichkeit wird erhalten, - die Aufwendung wurde durch gewöhnliche Nutzung veranlasst, - Teile werden nur erneuert, - Wesen und Funktion bleiben erhalten, - dienen der Substanzerhaltung.	- Nutzungsdauer wird erheblich verlängert, - bisheriger Zustand wird deutlich verbessert, - etwas **zusätzlich Neues** wird geschaffen, - Wesen und Funktion werden stark verändert - Substanz wird wesentlich vermehrt.

Werterhaltende Reparaturen (Instandhaltungsaufwendungen) werden sofort als Aufwand gebucht. Aufwendungen für die Erneuerung, Instandsetzung oder Reparaturen bereits vorhandener Teile, Einrichtungen oder Anlagen sind **regelmässig Erhaltungsaufwand**.

Die im Einkommensteuergesetz aufgeführte Möglichkeit der Verteilung der Kosten für die Erhaltung eines Gebäudes gleichmässig auf 2 - 5 Jahre gilt nicht für gewerblich genutzte Gebäude.

Werterhöhende Reparaturen (Herstellungskosten) können vorliegen, wenn die Kosten in zeitlicher Nähe zur Anschaffung oder Herstellung des Anlagegutes anfallen oder wenn es über seinen ursprünglichen Zustand hinaus wesentlich verbessert wird. Die entstandenen **Kosten sind** auf dem jeweiligen Anlagekonto **zu aktivieren**.

Aktivierungspflichtig sind alle in **engem räumlichen Zusammenhang angefallenen Aufwendungen**, auch solche, die sonst als Erhaltungsaufwand anzusehen sind, z. B. Tapezieren, Streichen von Türen und dergleichen.

Eine Reparatur ist jedoch **nicht werterhöhend**, wenn bei notwendigen Erhaltungsaufwendungen eine dem technischen Fortschritt entsprechend übliche Modernisierung durchgeführt wird.

Der Einbau eines Austauschmotors in einem abgeschriebenen Fahrzeug gilt **nicht** als werterhöhende Reparatur, auch wenn die Nutzungsdauer dadurch verlängert wird.

Errechnung des Abschreibungsbetrages bei werterhöhenden Reparaturen (HK):

$$\frac{\text{Restwert Anlagegegenstand + werterhöhende Reparatur}}{\text{Restnutzungsdauer}} = \text{jährliche Abschreibung}$$

> **Merke:**
>
> - **Werterhaltende Reparaturen sind**
>   - alle regelmässig wiederkehrenden Reparaturen, die im allgemeinen durch gewöhnliche Nutzung veranlasst sind.
>   - sofort abziehbare Betriebsausgaben.
>
> - **Werterhöhende Reparaturen**
>   - sind Herstellungskosten und daher aktivierungspflichtig,
>   - verändern Wesen, Funktion und Substanz erheblich.

Aufgaben zur Sicherung des Lernerfolges:

Bilden Sie die Buchungssätze für nachfolgende Geschäftsvorfälle:

1. Ein Betriebsgebäude wird an das Fernheiznetz angeschlossen, die bestehende Ölfeuerungsanlage wird demontiert: _werterhaltend_

    a) Anschlusskosten Fernheizwerk   4 250,00 DM
       + 16 % USt   680,00 DM
                                           4 930,00 DM

    b) Rechnung Heizungsbaufirma   19 720,00 DM
       + 16 % USt   3 155,20 DM
                                          22 875,20 DM

2. Im Erdgeschoss eines Gebäudes wird ein seither als Lager genutzter grösserer Raum (ca. 300 qm) in Büroräume umgebaut. Dazu werden Trennwände eingesetzt. _werterhöhend_

    a) Rechnung vom Subunternehmer für

Maurerarbeiten	12 800,00 DM
Schreinerarbeiten	17 200,00 DM
Heizungsanschluss	11 240,00 DM
Sanitäranschluss	15 790,00 DM
Malerarbeiten	7 620,00 DM
netto	64 650,00 DM
+ 16 % USt	10 344,00 DM
brutto	**74 994,00 DM**

    b) Während des Umbaus wurde ein Treppenaufgang zu den neuen Büroräumen stark in Anspruch genommen. Folgende Reparaturarbeiten wurden dabei notwendig: _werterhöhend_

Malerarbeiten	1 800,00 DM
Ausbesserung Treppe	2 430,00 DM
netto	4 230,00 DM
+ 16 % USt	676,80 DM
brutto	**4 906,80 DM**

c) Zur gleichen Zeit wurde das Dach dieses dreigeschossigen Gebäudes erneuert. Die Rechnung des Dachdeckerr lautete: _werterhaltend_

Dachdeckerarbeiten, netto	35 000,00 DM
+ 16 % USt	5 600,00 DM
brutto	**40 600,00 DM**

3. Ein bereits abgeschriebenes Firmenfahrzeug mit einem Restbuchwert von 1,00 DM erhält einen neuen Austauschmotor und eine neue Bereifung. Ausserdem wird ein Vollservice durchgeführt. Die Rechnung der Werkstätte lautet: _werterhaltend_

Kleinere Reparaturaufwendungen	234,00 DM
Austauschmotor	5 600,00 DM
Zubehörteile	796,00 DM
Bereifung	840,00 DM
Auswuchten der Räder	22,00 DM
netto	7 492,00 DM
+ 16 % USt	1 198,72 DM
brutto	**8 690,72 DM**

Die geschätzte Restnutzungsdauer beträgt nach Einbau des Austauschmotors etwa 3 Jahre.

4. Bei einer Betriebsvorrichtung werden defekte Teile ausgetauscht. Die Ersatzteile sind dem neueren technischen Standard angepasst, so dass dadurch die Durchlaufzeit der Stanzteile erheblich verkürzt wird. Die Rechnung lautet über _werterhaltend_

netto	5 760,00 DM
+ 16 % USt	921,60 DM
brutto	**6 681,60 DM**

5. Die regelmässige Wartung am Kopiergerät wird durchgeführt. Es wurde dafür ein Vollservice-Vertrag abgeschlossen. Die monatliche Abbuchung bei der Bank lautet über brutto **278,40 DM** (incl. 16 % VSt = 38,40 DM). _werterhaltend_

6. Zwischen Januar und März des laufenden Jahres wurden die Bürofenster ausgewechselt, die Arbeiten waren am 20.03.... abgeschlossen. Für diesen Austausch war im vorangegangenen Wirtschaftsjahr eine Rückstellung in Höhe von 21 000,00 DM gebildet worden. Die Rechnung lautet über _werterhaltend_

netto	24 000,00 DM
+ 16 % USt	3 840,00 DM
brutto	**27 840,00 DM**

10 Betriebsausgaben mit besonderen Aufzeichnungspflichten

10.1 Geschenke

> **Ein Geschenk ist eine unentgeltliche Zuwendung an einen Dritten und ist regelmässig anzunehmen, wenn ein Steuerpflichtiger einem Geschäftsfreund oder dessen Beauftragen ohne rechtliche Verpflichtung und ohne zeitlichen oder sonstigen unmittelbaren Zusammenhang mit einer Leistung des Empfängers eine Bar- oder Sachzuwendung gibt.**

Nach § 4 Abs. 5 Nr. 1 EStG dürfen Aufwendungen für betrieblich veranlasste Geschenke an natürliche Personen, die nicht Arbeitnehmer des Steuerpflichtigen sind, oder an juristische Personen grundsätzlich nicht abgezogen werden.

Eine Ausnahme vom Abzugsverbot besteht nur, wenn sie betrieblich veranlasst sind, d. h., wenn der Steuerpflichtige durch das Geschenk beabsichtigt, Geschäftsbeziehungen zu dem Beschenkten anzuknüpfen, zu sichern oder zu verbessern. Ausserdem dürfen die Anschaffungs- oder Herstellungskosten **aller einem Empfänger in einem Wirtschaftsjahr** zugewendeten Geschenke insgesamt **75,00 DM netto nicht überschreiten.** Die Grenze gilt nicht, **wenn die zugewendeten Wirtschaftsgüter beim Empfänger ausschliesslich betrieblich genutzt** werden können. Für Unternehmen, die keinen Vorsteueranspruch haben, gilt die Grenze von 75,00 DM brutto, also einschliesslich Umsatzsteuer.

Zu den Anschaffungs- oder Herstellungskosten gehören auch die Kosten der Kennzeichnung der Geschenke als Werbeträger sowie die Umsatzsteuer, soweit der Abzug als Vorsteuer ausgeschlossen ist. Der Aufdruck der Firmenbezeichnung des Gebers ist nicht vorgeschrieben.

Beispiel:

Firma ROBBI-TEC kauft als Werbepräsente für seine Kunden Verkehrssicherheits-Schirme, die mit Werbeaufdruck versehen werden. Folgende Rechnung der Werbeartikelfirma wurde erteilt:

50 Verkehrssicherheits-Schirme	51,50 DM	2 575,00 DM		
Werbeaufdruck	10,50 DM	525,00 DM		
Fracht und Verpackung		30,00 DM		
netto		3 130,00 DM	: 50 = 62,60 DM =	abzugsfähiges
+ 16 % USt		500,80 DM		Geschenk
Rechnungsbetrag		**3 630,80 DM**		

Buchung **Werbegeschenke (ER)** bei ROBBI-TEC:

Konto Soll			Konto Haben			Betrag DM
4630	*6610*	Geschenke, steuerlich abzugsfähig				3 130,00
1575	*1405*	VSt				500,80
			1600	*3300*	Verbindlichkeiten L/L	3 630,80

ROBBI-TEC versendet 15 dieser Schirme durch die Post an verschiedene Kunden (namentlich aufgezeichnet). Dabei entstanden insgesamt folgende Kosten, die bar bezahlt wurden:

	Paketgebühren		145,00 DM
	Faltschachteln	43,50 DM	
+	16 % USt	6,96 DM	50,46 DM

Buchung **Versandkosten** bei ROBBI-TEC:

Konto Soll			Konto Haben			Betrag DM
4910	*6800*	Porto				145,00
			1000	*1600*	Kasse	145,00
4930	*6815*	Bürobedarf				43,50
1575	*1405*	VSt				6,96
			1000	*1600*	Kasse	50,46

Verpackungs- und Versandkosten, die anfallen, wenn an die Kunden Geschenke verschickt werden, bleiben bei der Berechnung der Freigrenze ausser Ansatz, weil sie nicht zu den Anschaffungskosten der Geschenke gehören.

Der Betrag von 75,00 DM *[handschriftlich: 40,00 EUR]* ist eine Freigrenze und gilt pro Empfänger und Wirtschaftsjahr. Wird er überschritten, so **entfällt der Vorsteueranspruch** und der **volle Wert** einschliesslich Umsatzsteuer ist eine **nichtabzugsfähige Betriebsausgabe**. Dieser Betrag ist am Jahresende dem Gewinn hinzuzurechnen.

Beispiel:

Firma ROBBI-TEC hat nach den Aufzeichnungen 2 dieser Schirme dem Einkaufsleiter der Firma Markmann geschenkt. Die Anschaffungskosten der Schirme betragen netto 2 x 62,60 = 125,20 DM. Damit ist die Freigrenze von 75,00 DM überschritten. Das Geschenk ist nicht mehr abzugsfähig. Ausserdem entfällt der Vorsteueranspruch.

Umbuchung **nicht abzugsfähige Werbegeschenke** bei ROBBI-TEC:

Konto Soll			Konto Haben			Betrag DM
4635	*6620*	Geschenke, steuerlich nicht abzugsfähig				145,23
			4630	*6610*	Geschenke, steuerlich abzugsfähig	125,20
			1575	*1405*	VSt	20,03

Ist bereits bei Kauf dieser Geschenke ersichtlich, dass sie nicht abzugsfähig sind, dann ist der Betrag sofort brutto, also ohne Vorsteuerabzug auf das Konto "Geschenke, steuerlich nicht abzugsfähig", zu buchen. **Für besonders wertvolle Geschenke entfällt der Vorsteueranspruch!**

Aufzeichnungspflicht

Aufwendungen für Geschenke sind **getrennt** von den übrigen Betriebsausgaben aufzuzeichnen. Eine am **Jahresende nach Abschluss des Wirtschaftsjahres** durchgeführte Umbuchung ist **nicht zulässig**.

Bei den Aufwendungen für Geschenke muss der Name des Empfängers aus der Buchung oder dem Buchungsbeleg zu ersehen sein. Aufwendungen für Geschenke gleicher Art können in einer Buchung zusammengefasst werden, wenn

- die Namen der Empfänger der Geschenke aus einem Buchungsbeleg ersichtlich sind oder
- im Hinblick auf die Art des zugewendeten Gegenstandes (Taschenkalender, Kugelschreiber und dgl. wegen des geringen Wertes des einzelnen Geschenks die Vermutung besteht, dass die **Freigrenze von 75,00 DM** bei dem einzelnen Empfänger im Wirtschaftsjahr **nicht überschritten** wird. Eine Angabe der Namen der Empfänger ist in diesem Fall nicht erforderlich.

Ein Verstoss gegen die besondere Aufzeichnungspflicht hat zur Folge, dass die nicht besonders aufgezeichneten Aufwendungen nicht abziehbar sind und die in Abzug gebrachte Vorsteuer an das Finanzamt zurückzuzahlen ist.

Auch bei nicht abzugsfähigen Geschenken sind die Empfänger zu benennen, da unter Umständen geprüft wird, ob es sich bei dem Geschenk um eine steuerpflichtige Betriebseinnahme beim Beschenkten handelt. Es ist daher ein Konto "**nichtabzugsfähige Geschenke**" einzurichten.

Keine Geschenke sind:

- Kränze und Blumen bei Beerdigungen,
- Preise anlässlich eines Preisausschreibens (kein Vorsteuerabzug bei besonders wertvollen Preisen)
- Zugaben im Sinne der Zugabeverordnung, die im geschäftlichen Verkehr neben einer Ware oder Leistung gewährt werden,
- die Bewirtung, die damit verbundene Unterhaltung und die Beherbergung von Geschäftsfreunden.

Solche Aufwendungen sind Repräsentationskosten, Werbekosten, Wareneinsatz, Bewirtungskosten.

Aufgaben zur Sicherung des Lernerfolges:

1. Ein Betrieb kauft diverse kleine Werbegeschenke (Feuerzeuge, Taschenkalender, Kugelschreiber und dgl.) und verteilt diese im Laufe des Jahres an ihre Kunden. Die Rechnung lautet über netto 380,00 DM, zuzüglich 16 % USt (60,80 DM) = 440,80 DM.

2. Der Inhaber eines Betriebes schenkt einem Geschäftsfreund anlässlich seines 50-jährigen Betriebsjubiläums eine Sammlermünze im Wert von 497,55 DM (netto 465,00 DM + 7 % USt = 32,55 DM). Es erfolgt Bankabbuchung.

3. Bei einer Hausmesse wurde eine Tombola mit folgenden Preisen veranstaltet (Kauf auf Ziel):

1. Preis 1 Fahrrad	750,00 DM	
2. Preis 1 Radiowecker	180,00 DM	
3. Preis 1 Windlicht	95,00 DM	
diverse Preise (je 55,00 DM)	330,00 DM	
diverse Trostpreise (20,00 DM - 35,00 DM)	770,00 DM	2 125,00 DM
+ 16 % USt	340,00 DM	**2 465,00 DM**

4. Ein Autohaus überlässt einem Kunden beim Kauf eines Fahrzeugs kostenlos 2 Schonbezüge für die Autositze, Wert zusammen netto 180,00 DM. Buchung beim Autohändler?

10.2 Bewirtungsaufwendungen

Bewirtungskosten sind nach § 4 Abs. 5 Nr. 2 EStG Aufwendungen

- **für Bewirtung von Personen aus geschäftlichem Anlass,**
- **die nach der allgemeinen Verkehrsauffassung als angemessen anzusehen sind und**
- **deren Höhe und betriebliche Veranlassung nachgewiesen ist.**

Die angemessenen Bewirtungsaufwendungen sind mit 80 % der Aufwendungen als Betriebsausgaben abzugsfähig. Die restlichen 20 % der nach allgemeiner Verkehrsauffassung als angemessen anzusehenden Aufwendungen sind zwar betrieblich veranlasst, dürfen den Gewinn nach § 4 Abs. 5 EStG jedoch nicht mindern. Die nach allgemeiner Verkehrsauffassung als unangemessen anzusehenden Aufwendungen dürfen den Gewinn überhaupt nicht mindern, d. h., nur der Teil der Aufwendungen fällt unter diese Vorschrift, der nach der allgemeinen Verkehrsanschauung als **angemessen** gilt.

Unternehmer, die zum Vorsteuerabzug berechtigt sind, können von den 80 % der angemessenen Bewirtungskosten die Vorsteuer in Abzug bringen, von den 20 % der nicht abzugsfähigen und den nicht angemessenen Bewirtungsaufwendungen entfällt der Vorsteueranspruch.

Die nicht abzugsfähigen Bewirtungsaufwendungen sind am Jahresende dem Gewinn hinzuzurechnen. Personengesellschaften können auch eine dementsprechende Privatbuchung vornehmen.

Beispiel:

Firma ROBBI-TEC bewirtet anlässlich einer Auftragsvergabe den Kunden Markmann in einem Restaurant. Die Bewirtungsrechnung über 185,00 DM einschliesslich 16 % USt wird sofort bar bezahlt. Die gesetzlichen Aufzeichnungen wurden vorgenommen.

Berechnung:

80 % abzugsfähiger Bewirtungsaufwand   148,00 DM   (netto 127,59 DM + 20,41 DM VSt)
20 % nicht abzugsfähiger Bewirtungsaufwand 37,00 DM

Buchung **Bewirtungsaufwendungen** bei der Firma ROBBI-TEC:

Konto Soll			Konto Haben			Betrag DM
4650	*6640*	Bewirtungskosten				127,59
4651	*6641*	20 % nicht abzugsfähige				
		Bewirtungskosten				37,00
1575	*1405*	VSt				20,41
			1000	*1600*	Kasse	185,00

Buchung **nicht abzugsfähige Bewirtungsaufwendungen** bei Einzelfirmen, Personengesellschaften am Jahresende:

Konto Soll			Konto Haben			Betrag DM
1880	*2130*	Eigenverbrauch				37,00
			8944	*4660*	Eigenverbrauch ohne USt	37,00

Als Nachweis über die Höhe und die betriebliche Veranlassung sind zu jeder Bewirtung folgende Angaben zu machen:

> - **Namen der bewirteten Personen** (auch teilnehmende Arbeitnehmer)
> - **Anlass der Bewirtung**
> - **Ort und Tag der Bewirtung**
> - **Höhe der Aufwendungen**
> - **Maschinell erstellte oder maschinell registrierte Rechnung**
>   (Speisen, Getränke und Sonstiges einzeln aufgeführt)

Bei Rechnungen über 200,00 DM brutto ist zu beachten, dass der Leistungsempfänger (Bewirtender) aufgeführt sowie Nettoentgelt und die Umsatzsteuer betragsmässig gesondert auszuweisen sind. Ist dies nicht der Fall, muss der Vorsteuerabzug unterbleiben. Bis 200,00 DM brutto (Kleinbetragsrechnung) genügt die Angabe des Steuersatzes.

Bewirtung von Personen aus geschäftlichem Anlass:

Es handelt sich um Bewirtungskosten von Geschäftsfreunden, mit denen Geschäftsverbindungen bestehen oder aufgenommen werden sollen. Aufwendungen für Arbeitnehmer des Gewerbetreibenden/Freiberuflers im Rahmen von Bewirtungen von Geschäftsfreunden sind in ihrer Abzugsfähigkeit ebenfalls auf 80 % der Aufwendungen begrenzt.

Hat die Bewirtung in einer Gaststätte stattgefunden, so genügen Angaben zu dem Anlass und den Teilnehmern der Bewirtung, da die übrigen Angaben aus der Bewirtungsrechnung ersichtlich sind. Die Rechnung über die Bewirtung ist beizufügen.

Bei Bewirtungen von Geschäftsfreunden in der Privatwohnung des Steuerpflichtigen sind diese Aufwendungen in vollem Umfang Kosten der privaten Lebensführung und daher keine Betriebsausgaben, da ein klare Trennung nach objektiven Massstäben nicht leicht und einwandfrei möglich ist.

Werden anlässlich einer betrieblich veranlassten Besprechung Getränke, Tabakwaren, Brötchen und dergleichen in geringem Umfang gereicht, handelt es sich um keine Bewirtung, sondern um eine übliche Geste der Höflichkeit. Die in § 4 Abs. 5 Nr. 2 Satz 2 EStG aufgeführten Angaben entfallen. Als Nachweis reicht die Vorlage von Einkaufsbelegen.

Beispiel:

Bei Kundengesprächen werden bei der Firma ROBBI-TEC Kaffee und Tee gereicht Zu diesem Zweck wurde Kaffee, Tee, Milch und Zucker bar im Wert von 56,80 DM (incl. 7 % USt) gekauft.

Buchung **Einkaufsquittung** bei der Firma ROBBI-TEC:

Konto Soll			Konto Haben			Betrag DM
4640	*6630*	Repräsentationsaufwand				53,08
1575	*1405*	VSt				3,72
			1000	*1600*	Kasse	56,80

Aufwendungen für die Bewirtung von Personen aus geschäftlichem Anlass, die auf Geschäftsreisen anfallen, kann der Gewerbetreibende/Freiberufler als Bewirtungskosten in Höhe von 80 % der Aufwendungen als Betriebsausgaben absetzen. Die restlichen 20 % der Betriebsausgaben dürfen den Gewinn nicht mindern. Bewirtungskosten stellen keine Reisekosten dar, sondern sind getrennt hiervon zu sehen. Aus Anlass einer Bewirtung sind die Verpflegungspauschalen nicht zu kürzen.

Nimmt an einer Bewirtung auch ein Arbeitnehmer des Bewirtenden teil, so gilt die 80 %-Regelung auch für die durch ihn veranlassten Aufwendungen.

Bewirtungen von Besuchergruppen (Öffentlichkeitsarbeit), **Bewirtung** von Geschäftspartnern und Bewirtungen von möglichen Neukunden **im Betrieb des Steuerpflichtigen** verursachen Aufwendungen, die zu 80 % als Betriebsausgaben abzugsfähig sind. Bei Bewirtungen in der betriebseigenen Kantine wird aus Vereinfachungsgründen zugelassen, dass die Aufwendungen nur aus den Sachkosten der verabreichten Speisen und Getränke sowie den Personalkosten ermittelt werden.

Die **Bewirtung von eigenen Arbeitnehmern** des Unternehmers, an der **keine** Geschäftsfreunde teilnehmen, Aufwendungen für **Betriebsveranstaltungen** und **Bewirtungen anlässlich und während eines aussergewöhnlichen Arbeitseinsatzes im Unternehmen** sind in voller Höhe als Betriebsausgaben abzugsfähig, da ausschliesslich eigene Arbeitnehmer bewirtet werden. Der Arbeitnehmer muss sich allerdings gegebenenfalls einen Sachbezug als Arbeitslohn versteuern lassen (bei Überschreiten der steuerlich möglichen Höchstgrenzen). Bei Betriebsveranstaltungen hat der Arbeitgeber die Möglichkeit, den geldwerten Vorteil pauschal zu versteuern - siehe lohnsteuerliche Vorschriften in den Lohnsteuerrichtlinien. Diese Kosten sind als **Personalaufwendungen** zu erfassen.

Bewirtungen anlässlich eines Richtfestes sind Teil der Herstellungskosten, weil die Aufwendungen in ursächlichem Zusammenhang mit der Herstellung eines Gebäudes stehen. Daher besteht keine gesonderte Aufzeichnungspflicht. Dieser Aufwand gehört zu den Anschaffungskosten eines Gebäudes und ist zu aktivieren.

Aufgaben zur Sicherung des Lernerfolges:

1. Während einer Hausmesse werden die Besucher bewirtet. Ausserdem erhält jeder Besucher eine Flasche Sekt im Wert von 7,80 DM als Geschenk. Es wird eine Gruppenaufzeichnung der bewirteten Personen gemacht. Insgesamt fallen folgende Kosten an, die bar bezahlt wurden:

Kalte Platten, geliefert vom Party-Service	(VSt 110,60 DM)	1 580,00 DM
Getränke zur Bewirtung	(VSt 181,12 DM)	1 132,00 DM
Blumen für die Ausstellungsräume	(VSt 24,50 DM)	350,00 DM
Sekt, 300 Flaschen (Geschenke)	(VSt 374,40 DM)	2 340,00 DM
		5 402,00 DM
+ anteilige USt		690,62 DM
		6 092,62 DM

2. Bei der Erstellung eines Betriebsgebäudes wurde für die beteiligten Handwerker ein Richtfest abgehalten. Dafür sind Bewirtungskosten in Höhe von 3 224,80 DM brutto (netto 2 780,00 DM + 16 % USt = 444,80 DM) angefallen. Der Betrag wurde aus der Kasse entnommen.

10.3 Aufwendungen für Beherbergungskosten für Geschäftsfreunde

Beherbergungskosten für die Unterbringung von Geschäftsfreunden in fremden Beherbergungsbetrieben (Hotels) und Gästehäusern des Steuerpflichtigen am Ort des Betriebes sind **Betriebsausgaben**, soweit sie **angemessen** sind und die Aufwendungen nachgewiesen werden. Ort des Betriebes sind auch Niederlassungen und Betriebsstätten mit einer bestimmten Selbständigkeit, die üblicherweise auch von Geschäftsfreunden besucht werden.

Beispiel:

Firma ROBBI-TEC übernimmt anlässlich einer längeren Auftragsverhandlung die Übernachtungskosten des Kunden Markmann in einem Hotel. Die Rechnung über 160,00 DM incl. 16 % USt wird sofort bar bezahlt.

Buchung **Beherbergungsaufwendungen** bei der Firma ROBBI-TEC:

Konto Soll			Konto Haben			Betrag DM
4650	*6640*	Bewirtungs-/				
		Beherbergungskosten				137,93
1575	*1405*	VSt				22,07
			1000	*1600*	Kasse	160,00

Nicht abzugsfähig sind dagegen Aufwendungen für eigene oder gepachtete Gästehäuser des Steuerpflichtigen, die ausserhalb des Betriebes liegen (§ 4 Abs. 5 Nr. 2 EStG). Zu diesen Aufwendungen zählen z. B. Instandhaltungsaufwendungen, Abschreibungen für das Gebäude und die Einrichtungen, Löhne für das Personal und die Pacht für angemietete Gästehäuser.

Werden Geschäftsfreunde in diesen Gästehäusern auch bewirtet, dann sind nach herrschender Meinung die Bewirtungskosten Betriebsaufwand (80 %-Regelung).

Buchhalterisch sind auch die **nicht abziehbaren Aufwendungen getrennt** von den sonstigen Betriebsausgaben **aufzuzeichnen** (§ 4 Abs. 7 EStG). Ein Vorsteuerabzug für Aufwendungen dieser Gästehäuser darf nicht in Abzug gebracht werden. Bei der Ermittlung des steuerlichen Gewinns sind die nichtabzugsfähigen Aufwendungen dem Gewinn hinzuzurechnen.

Aufgaben zur Sicherung des Lernerfolges:

1. Firma Behrwang in München unterhält für seine Geschäftsfreunde ein Gästehaus in Mittenwald. Eine Niederlassung/Zweigbetrieb wird dort nicht geführt. Für Malerarbeiten in den Gästezimmern, die ausschliesslich aus betrieblichen Anlässen genutzt werden, sind Kosten von 5 336,00 DM (4 600,00 DM netto + 16 % USt = 736,00 DM) angefallen, die durch die Bank überwiesen werden.

2. Wegen einer Verkaufsveranstaltung werden mehrere Kunden in einem Hotel untergebracht. Die Kosten für die Übernachtung, Frühstück, Mittagessen und Abendessen werden von dem Veranstalter getragen. Die Gesamtrechnung beträgt 1 960,00 DM (netto 1 689,66 DM + 16 % USt = 270,34 DM), davon entfallen auf die Übernachtung 1 120,00 DM, auf die Verpflegung 840,00 DM. Die Rechnung wird durch Bankscheck beglichen.

10.4 Reisekosten

Gewerbetreibende/Freiberufler unternehmen eine **Geschäftsreise**, wenn sie aus betrieblichen oder beruflichen Gründen ausserhalb der Wohnung und auch ausserhalb der regelmässigen Betriebsstätte oder Stätte der Berufsausübung (= Mittelpunkt der auf Dauer abgestellten Tätigkeit) vorübergehend tätig werden.

Eine **Dienstreise** ist ein Ortswechsel einschliesslich der Hin- und Rückfahrt aus Anlass einer **vorübergehenden Auswärtstätigkeit** bei einem Arbeitnehmer.

Zu den **Reisekosten** gehören alle Aufwendungen, die durch die Geschäfts-/Dienstreise unmittelbar verursacht werden, nämlich

---

- **Fahrtkosten**, wie Fahrzeugkosten, Flugticket, Fahrscheine, öffentliche Verkehrsmittel, Taxi,
- **Unterbringungskosten** am Zielort bzw. auf dem Weg zum Zielort und zurück,
- **Verpflegungsmehraufwendungen** gegen Einzelnachweis oder Pauschbeträge,
- **Nebenkosten**, wie Kosten für Telefon, Telegramm, Telefax, Porti, Parkplatz, Garage, Beförderung und Aufbewahrung von Gepäck.

Keine Reisekosten sind:

- mittelbare Kosten, wie etwaige Kosten für die Anschaffung von Kleidung und allgemeine Reiseausrüstungsgegenstände,
- Geschenke an Geschäftsfreunde auf einer Geschäftsreise
- Bewirtungskosten auf einer Geschäftsreise
- Aufwendungen für Fahrten zwischen Wohnung und Arbeitsstätte

Aussergewöhnliche Ausgaben können auf der Geschäfts-/Dienstreise entstehen durch:

- Reparaturkosten am betrieblichen Fahrzeug ohne besondere Umstände,
- Reparaturkosten am privaten Fahrzeug ohne besondere Umstände,
- Reparaturkosten am Fahrzeug durch strafbares Verschulden des Fahrers,
- Reparaturkosten am Fahrzeug des Geschädigten infolge eines Unfalls, den der Steuerpflichtige verursacht hat,
- Krankheitskosten infolge eines Unfalls.

Dem **Arbeitnehmer** können Reisekosten nach § 3 Nr. 16 EStG steuerfrei erstattet werden, soweit diese nachgewiesen sind und/oder die vorgegebenen Pauschbeträge nicht überschritten werden. Zusätzlich kann zum steuerfreien Verpflegungsaufwand der gleiche Betrag bezahlt werden, wenn dieser Betrag pauschal mit 25 % Lohnsteuer (+ KiSt + SolZ) versteuert wird. Werden die vorgenannten Aufwendungen vom Arbeitgeber nicht oder nicht voll erstattet, stellen diese Werbungskosten im Rahmen der Einkünfte aus nichtselbständiger Arbeit dar. In diesem Fall müssen die Kosten einzeln nachgewiesen werden, z. B. wird bei den Übernachtungskosten der Pauschbetrag von 39,00 DM nicht anerkannt.

Reisekosten im einzelnen:

- **Fahrzeugkosten, die durch ein ausschliesslich betrieblich genutztes Betriebsfahrzeug entstehen,** sind betrieblich veranlasst und als Betriebsausgaben gegen belegmässigen Nachweis abzugsfähig. Ein Ansatz von Pauschsätzen ist bei Nutzung des Betriebsfahrzeugs bei der Reisekostenabrechnung nicht möglich.

- **Fahrzeugkosten, die durch ein vom Unternehmer einer Einzelfirma/Personengesellschaft auch privat genutzten Betriebsfahrzeug entstehen,** sind betrieblich veranlasst und als Betriebsausgaben gegen belegmässigen Nachweis abzugsfähig. Ein Ansatz von Pauschsätzen ist bei Nutzung des Betriebsfahrzeugs bei der Reisekostenabrechnung nicht möglich. Die Vorsteuer bei den entstanden Kosten ist nur zu 50 % abzugsfähig.

- **Fahrzeugkosten, die durch die Nutzung eines Privatfahrzeugs für betriebliche Zwecke entstehen,** können in Höhe der tatsächlich entstandenen, belegmässig nachgewiesenen Kosten geltend gemacht werden oder ohne Einzelnachweis pauschal in Höhe von **0,52 DM je gefahrenen Kilometer.** Ein Vorsteueranspruch kann nicht geltend gemacht werden.

- **Unterbringungskosten,** die dem Unternehmer auf einer **Geschäftsreise** entstehen, kann dieser in nachgewiesener Höhe als Betriebsausgaben im Rahmen von Reisekosten abziehen. Eine Pauschalierung von Unterbringungskosten kann der Unternehmer nur bei Auslandsreisen anwenden. Die Vorsteuer für Unterbringungskosten kann nicht mehr in Abzug gebracht werden.

- **Unterbringungskosten,** die auf einer **Dienstreise** entstehen, können in nachgewiesener Höhe im Rahmen von Reisekosten als Werbungskosten abgezogen werden. Der Arbeitgeber kann die Unterbringungskosten bis zur Höhe der Abzugsfähigkeit als Werbungskosten steuerfrei erstatten. Für jede Übernachtung im Inland darf er einen Pauschbetrag von 39,00 DM (Abschnitt 40 Abs. 3 LStR) steuerfrei zahlen, wenn der Arbeitnehmer die Unterkunft nicht aus dienstlichen Gründen unentgeltlich oder verbilligt erhalten hat. Ein Vorsteueranspruch wird nicht berücksichtigt.

  Kosten des Frühstücks sind meistens auf der Hotelrechnung zusammen mit dem Zimmer ausgewiesen. Lässt sich der Preis für das Frühstück nicht feststellen, so sind die Kosten des **Frühstücks mit 9,00 DM** bei einer Übernachtung im Inland vom ausgewiesenen Betrag **zu kürzen.** Bei einer Übernachtung im **Ausland** macht der **Kürzungsbetrag 20 %** des für den Unterkunftsort massgebenden **Pauschbetrags** für **Verpflegungsmehraufwendungen** bei einer mehrtägigen Dienstreise aus.

- **Verpflegungsmehraufwendungen** können steuerfrei nur noch in Höhe der Pauschbeträge erstattet werden. Bei Arbeitnehmern kann der Betrag verdoppelt werden, wenn der Arbeitgeber für den Mehrbetrag 25 % pauschale Lohnsteuer, 7 % Kirchensteuer und 5,5 % Solidaritätszuschlag an das Finanzamt abführt. Für Verpflegungsmehraufwendungen gibt es keinen Vorsteueranspruch mehr. Werden Kosten in nachgewiesener Höhe erstattet und übersteigen diese die Pauschbeträge, dann entstehen beim Arbeitnehmer für die übersteigenden Beträge abgabenpflichtige geldwerte Vorteile. Beim Unternehmer führt eine Erstattung der übersteigenden Kosten zu einer Privatentnahme.

> **Pauschbeträge:**
>
> Verpflegungsmehraufwendungen können pauschal wie folgt abgerechnet werden:
>
> - **bei Reisen im Inland bei einer Abwesenheit**
>
>   - von   24 Stunden und mehr   46,00 DM
>
>   - von   weniger als   24 Stunden
>   aber   mindestens   14 Stunden   20,00 DM
>
>   - von   weniger als   14 Stunden
>   aber   mindestens   8 Stunden   10,00 DM
>
> Für unentgeltliche Mahlzeiten oder Bewirtungen während der Geschäfts- oder Dienstreise sind keine Kürzungen mehr vorzunehmen! Erhält jedoch ein Arbeitnehmer auf einer Dienstreise vom Arbeitgeber eine unentgeltliche Mahlzeit oder sorgt der Arbeitgeber dafür, dass der Arbeitnehmer eine unentgeltliche Mahlzeit erhält (z. B bei Fortbildungsseminaren), dann hat der Arbeitnehmer den jeweiligen Sachbezugswert zu versteuern, es sei denn, die pauschalen Verpflegungsmehraufwendungen werden bei der Auszahlung um die Sachbezugswerte gekürzt.

Die für Auslandsreisen gültigen Pauschsätze werden vom Finanzministerium regelmässig angeglichen und veröffentlicht. Die Pauschalsätze sind den Einkommensteuer-Richtlinien zu entnehmen.

Für Reisen, die keine 8 Stunden gedauert haben, gibt es keine Pauschbeträge. Als Reisetag gilt jeweils der einzelne Kalendertag. Hierbei sind noch Besonderheiten zu beachten, insbesondere bei Auslandsreisen.

Aufzeichnungspflicht

Für Reisekosten bestehen **besondere Aufzeichnungspflichten**. Sie sind erfüllt, wenn die Aufwendungen vom Steuerpflichtigen fortlaufend auf **besonderen Konten** im Rahmen der Buchführung **zeitnah** gebucht werden. Bei der Gewinnermittlung nach § 4 Abs. 3 EStG müssen diese Aufwendungen **getrennt von den sonstigen Betriebsausgaben** zeitnah **fortlaufend** und **einzeln** aufgezeichnet werden.

Wird Vorsteuer in Abzug gebracht, so muß über die Reise ein Beleg über Zeit, Ziel und Zweck der Reise, die Person, die die Reise ausgeführt hat und den Betrag, aus welchem die Vorsteuer errechnet wird, ausgestellt werden.

Vorsteuerabzug

Das zum Vorsteuerabzug berechtigte Unternehmen kann bei den Einzelnachweisen die auf der Rechnung ausgewiesene Vorsteuer geltend machen. **Der Vorsteuerabzug entfällt aber bei Verpflegungsmehraufwendungen, bei Übernachtungskosten und bei pauschal erstatteten Fahrtkosten für das Privatfahrzeug des Unternehmers oder Arbeitnehmers**.

Für Kosten, bei denen keine Umsatzsteuer erhoben wird oder die von der Umsatzsteuer befreit sind, darf keine Vorsteuer in Anrechnung gebracht werden. Gleiches gilt für Reisekosten im Ausland.

Beispiel:

Ein Arbeitnehmer macht mit dem eigenen Fahrzeug eine Dienstreise über mehrere Tage. Die Reise beginnt am 03.05. um 08.00 Uhr und endet am 06.05. um 18.00 Uhr. Er fährt insgesamt 600 km. Für Übernachtung und Verpflegungsmehraufwendungen legt er keine Belege vor. Die Reisekosten werden bar erstattet.

Abrechnung:

-	600	gefahrene Kilometer x 0,52 DM		312,00 DM
-	3	Übernachtungspauschalen à 39,00 DM		117,00 DM
-	1	Pauschbetrag für Verpflegungsmehraufwendungen (03.05.)		20,00 DM
-	2	Pauschbeträge für Verpflegungsmehraufwendungen zu je	46,00 DM	92,00 DM
-	1	Pauschbetrag für Verpflegungsmehraufwendungen (06.05.)		20,00 DM
				561,00 DM

Für diese Reisekosten kann keine Vorsteuer in Abzug gebracht werden!

Buchung **Reisekosten**:

Konto Soll			Konto Haben			Betrag DM
4660	*6650*	Reisekosten Arbeitnehmer				561,00
			1000	*1600*	Kasse	561,00

Der Arbeitgeber zahlt dem Arbeitnehmer zusätzlich 100 % der Verpflegungsmehraufwendungen, die pauschal zu versteuern sind.

Berechnung:

Verpflegungsmehraufwendungen insgesamt			**132,00 DM**
+ 25,0 % pauschale Lohnsteuer		33,00 DM	
+ 5,5 % Solidaritätszuschlag	von 33,00 DM	1,81 DM	
+ 7,0 % pauschale Kirchensteuer	von 33,00 DM	2,31 DM	**37,12 DM**

Pauschal versteuerte Reisekosten sind auf dem Lohnkonto des Arbeitnehmers zu vermerken!

Buchung **zusätzliche Reisekosten**:

Konto Soll			Konto Haben			Betrag DM
4660	*6650*	Reisekosten Arbeitnehmer				132,00
			1000	*1600*	Kasse	132,00

Buchung **pauschale Steuern**:

Konto Soll			Konto Haben			Betrag DM
4199	*6040*	Lohnsteuer für pauschalierte Bezüge				37,12
			1741	*3730*	Verbindlichkeiten aus Lohn- und Kirchensteuer	37,12

Werden **Verpflegungsmehraufwendungen auf Nachweis** abgerechnet, dann dürfen trotzdem nur die Pauschbeträge zum Ansatz kommen. Es ist wie folgt zu verfahren:

Beispiel: Geschäftsreise eines Unternehmers

Ein Unternehmer aus München besucht einen Kunden wegen einer Auftragsverhandlung. Die Reise beginnt am 19.06. um 13.30 Uhr und endet am 21.06. um 19.00 Uhr und wird wie folgt abgerechnet:

Übernachtungskosten einschliesslich Frühstück	360,00 DM	(16 % USt)
Verpflegungsmehraufwendungen auf Nachweis	120,00 DM	(16 % USt)
Auszahlungsbetrag bar	**480,00 DM**	

Lösung:

Übernachtungskosten		360,00 DM	
./. 2 x Frühstücksbetrag	9,00 DM	18,00 DM	342,00 DM
1. Tag Abwesenheit 10,5 Stunden, unter 14 Stunden		10,00 DM	
2. Tag Abwesenheit 24 Stunden		46,00 DM	
3. Tag Abwesenheit 19 Stunden, unter 24 Stunden		20,00 DM	76,00 DM
Steuerlich abzugsfähige Kosten			**418,00 DM**
Privatentnahme			62,00 DM
Barauszahlung			**480,00 DM**

Buchung **Reisekosten Unternehmer** bei einer Einzelfirma/Personengesellschaft:

Konto Soll			Konto Haben			Betrag DM
4670	*6670*	Reisekosten Unternehmer				418,00
1800	*2100*	Privatentnahmen allgemein				62,00
			1000	*1600*	Kasse	480,00

Beispiel: Dienstreise eines Arbeitnehmers bzw. eines GmbH-Geschäftsführers

Gleicher Fall wie oben aufgeführt. Lohnsteuerfrei sind die Kosten in Höhe von 418,00 DM. Versteuert jedoch der Arbeitgeber den zusätzlichen Betrag von 62,00 DM nicht pauschal, dann entsteht ein geldwerter Vorteil, der beim Arbeitslohn des Arbeitnehmers hinzuzurechnen und dann lohnsteuer- und sozialversicherungspflichtig ist. Vorsteuer kann nicht abgezogen werden.

Buchung **Reisekosten Arbeitnehmer**:

Konto Soll			Konto Haben			Betrag DM
4660	*6650*	Reisekosten Arbeitnehmer				480,00
			1000	*1600*	Kasse	480,00

Aufgaben zur Sicherung des Lernerfolges:

1. Der Unternehmer Munz unternimmt eine Geschäftsreise. Er fährt mit der Bundesbahn. Die Fahrkarte kostet 136,00 DM (incl. 16 % USt). Seine Reise beginnt am 10.11. um 06.00 Uhr und endet am 11.11. um 23.00 Uhr. Die Übernachtung kostet laut Einzelbeleg 120,00 DM incl. 16 % USt. Der Frühstücksbetrag ist nicht ersichtlich.

    a) Erstellen Sie die Reisekostenabrechnung. Für Verpflegungsmehraufwendungen sollen Pauschalsätze zum Ansatz kommen.

    b) Als Verpflegungsmehraufwendungen werden am 10.11. 98,00 DM und am 11.11. 59,00 DM ausbezahlt, übrige Angaben wie 1.a).

    c) Erstellen Sie die Reisekostenabrechnung wie Fall 1.a), jedoch für einen Arbeitnehmer. Er fährt mit seinem eigenen PKW (760 km insgesamt). Für die Übernachtung soll der Pauschbetrag angesetzt werden. Der Arbeitgeber zahlt zusätzlich 100 % der Verpflegungsmehraufwendungen und übernimmt dafür die pauschale Besteuerung.

    d) Wie Fall 1.b), jedoch für einen Arbeitnehmer.

2. Unternehmer Laukmann macht einen 3-tägigen Messebesuch in Hannover. Die Reise beginnt am 21.04. um 13.30 und endet am 23.04. um 20.10 Uhr. Die Übernachtung kostet lt. Einzelbeleg 480,00 DM (netto 413,79 DM + 16 % USt = 66,21 DM). Der Frühstücksbetrag ist mit dem Endbetrag von 20,00 DM gesondert ausgewiesen. An Parkgebühren bezahlt er insgesamt 25,00 DM (incl. 16 % USt). Der Messeeintritt kostet 50,00 DM (incl. 16 % USt), für den Messekatalog bezahlt er 35,00 DM (incl. 7 % USt). Am 20.04. lädt er einen Kunden zum Abendessen ein. Die Rechnung über 185,00 DM (incl. 16 % USt) begleicht er bar. Er fährt mit dem betriebseigenen Pkw, den er auch privat nutzt. Er hat für 157,00 DM (incl. 16 % USt) Benzin getankt. Errechnen Sie den möglichen steuerlichen Auszahlungsbetrag und buchen Sie den Vorgang!

10.5 Schmiergelder

> Schmiergelder werden aufgewendet, um den Empfänger dieses Geldes zu einem bestimmten Verhalten zu veranlassen oder sich dem Geber gegenüber erkenntlich zu zeigen.

Die Annahme des Schmiergeldes wird zwar in den meisten Fällen für unanständig angesehen, insgesamt wäre aber ohne "**Vermittlungsprovisionen**" bei vielen Verhandlungen mit keinem Abschluss zu rechnen.

Bestechungs- und Schmiergelder sowie die damit zusammenhängenden Aufwendungen sind nicht als Betriebsausgaben abziehbar, **wenn die Zuwendung der Vorteile eine rechtswidrige Handlung darstellt, die den Tatbestand eines Strafgesetzes oder eines Gesetzes verwirklicht, das die Ahndung mit einer Geldbusse zulässt.** Gerichte, Staatsanwaltschaften oder Verwaltungsbehörden haben Tatsachen, die sie dienstlich erfahren und die den Verdacht einer Straftat begründen, der Finanzbehörde für Zwecke des Besteuerungsverfahrens und zur Verfolgung von Steuerstraftaten und Steuerordnungswidrigkeiten mitzuteilen.

Aufzeichnungsvorschriften:

Laut § 160 AO ist das Finanzamt nach pflichtgemässen Ermessen berechtigt, sich den Gläubiger oder Empfänger von Schulden oder Ausgaben vom Steuerpflichtigen benennen zu lassen. Unterlässt der Steuerpflichtige trotz Aufforderung durch die Finanzbehörde, den Empfänger der Ausgabe zu benennen, so ist die Schuld bzw. Ausgabe regelmässig nicht anzuerkennen.

Bei Zahlungen an ausländische Empfänger kann das Finanzamt auf den Empfängernachweis verzichten, wenn sicher ist, dass die Zahlung im Rahmen eines üblichen Handelsgeschäftes erfolgte, der Geldbetrag ins Ausland abgeflossen ist, der Empfänger nicht der deutschen Steuerpflicht unterliegt und auch im Ausland kein rechtswidriger Tatbestand vorliegt.

Ein Steuerpflichtiger kann sich **nicht auf die ernstliche Gefährdung seiner Existenz berufen,** um den Schmiergeldempfänger nicht benennen zu müssen. Auch ein wesentlicher Ausbau seines Geschäftsbetriebes begründet das Verschweigen des Namens eines Schmiergeldempfängers nicht.

10.6 Strafen, nichtabzugsfähige Betriebsausgaben

Nicht abzugsfähig sind folgende Geldstrafen und ähnliche Rechtsnachteile, auch wenn die Ursache betrieblich veranlasst war, wenn

> - **die Geldstrafe von einem Gericht nach den Strafvorschriften des Bundes- oder Landesrechts oder von Organen der Europäischen Gemeinschaft verhängt wurde,**
> - **es sich um Kosten aus einem Strafverfahren handelt, bei dem der Strafcharakter überwiegt,**
> - **es sich um Leistungen an eine gemeinnützige Vereinigung handelt, wenn dies gerichtlich verfügt wurde,**
> - **es sich um Geldbussen, Ordnungsgelder und Verwarnungsgelder handelt.**

Diese Strafen werden bei Einzelfirmen und Personengesellschaften über das Konto "**Privatentnahmen allgemein**" gebucht, bei Kapitalgesellschaften auf ein Konto "**nicht abziehbare Betriebsausgaben**", die am Jahresende bei der Ermittlung des zu versteuernden Einkommens dem Gewinn wieder hinzugerechnet werden.

Gerichts- und Anwaltskosten sowie alle **Kosten des Strafverfahrens** sind **abzugsfähig,** wenn eine **betriebliche Veranlassung** des Rechtsstreits vorliegt.

Beispiel:

Das Unternehmen ROBBI-TEC lässt einen Betriebs-LKW für ihre Bedürfnisse umbauen. Bei einer Verkehrskontrolle wird festgestellt, dass der Umbau vorschriftswidrig war und eine Zulassung nicht vorliegt. Es wird ein Bussgeld in Höhe von 500,00 DM festgesetzt. ROBBI-TEC beauftragt einen Rechtsanwalt, Widerspruch gegen diesen Bescheid einzulegen. In einem Gerichtsverfahren wird der Bussgeldbescheid bestätigt. ROBBI-TEC hat nun zusätzlich die Verfahrenskosten in Höhe von 120,00 DM und die eigenen Anwaltskosten in Höhe von 278,40 DM brutto (240,00 DM netto + 16 % USt = 38,40 DM) zu bezahlen. Der Ausgleich erfolgt durch Banküberweisung.

Lösung:

Nicht abzugsfähig ist das Ordnungsgeld, abzugsfähig sind aber die Verfahrenskosten.

Buchung **Überweisung Ordnungsgeld**:

Konto Soll			Konto Haben			Betrag DM
4655	*6645*	nicht abzugsfähige *) Betriebsausgaben				500,00
			1200	*1800*	Bank	500,00

*) Bei Einzelfirmen bzw. Personengesellschaften kann diese Buchungen auch auf dem Konto **"Privatennahmen allgemein"** erfolgen.

Buchung **Banküberweisung** der **Anwalts- und Verfahrenskosten**:

Konto Soll			Konto Haben			Betrag DM
4950	*6825*	Rechts-/Beratungskosten				120,00
4950	*6825*	Rechts-/Beratungskosten				240,00
1575	*1405*	VSt				38,40
			1200	*1800*	Bank	398,40

Keine Strafen, sondern abzugsfähige Betriebsausgaben sind:

- **Konventionalstrafen aufgrund eines Vertrages,**

  sind als echter Schadensersatz nicht steuerbar (keine Umsatzsteuer). Sie sind **keine** Erlösschmälerungen, da die Strafe mit der auszuführenden Leistung selbst nichts zu tun hat. Grund ist vielmehr eine verspätete zeitliche Abwicklung oder dergleichen. Keinesfalls darf die Umsatzsteuer gekürzt bzw. berichtigt werden.

  Die Kosten werden als **"sonstige betriebliche Aufwendungen"** <u>oder</u> bei relativ hohem Betrag als **"ausserordentliche Aufwendungen"** gebucht.

- **Abstandszahlungen aufgrund eines Vertrages**

  sind ebenfalls echter Schadensersatz, die Buchung erfolgt auf den Konten **"sonstige betriebliche Aufwendungen"**, Vorgänge aus den Vorjahren auf dem Konto **"periodenfremde Aufwendungen"**. Bei einer sehr hohen Abstandszahlung erfolgt die Buchung und der Ausweis bei den **"ausserordentlichen Aufwendungen"**.

- **Abmahnungen von Abmahnvereinen** wegen Wettbewerbsverstössen. Diese Aufwendungen sind **"Rechtskosten"**, gegebenenfalls **"Werbekosten"** (z. B., wenn absichtlich unlauter geworben wurde).

> **Merke:**
>
> - Bestimmte Betriebsausgaben müssen lt. § 4 Abs. 5 EStG gesondert aufgezeichnet werden.
>
> - Ein Verstoss der Aufzeichnungspflicht bewirkt, dass die betrieblich veranlasste Betriebsausgabe nicht abzugsfähig wird.
>
> - Betriebsausgaben müssen angemessen sein.
>
> - Kosten der privaten Lebensführung sind keine Betriebsausgaben, auch wenn ein Teil davon betrieblich veranlasst war.
>
> - Bestimmte Aufwendungen sind keine Betriebsausgaben, auch wenn sie betrieblich veranlasst waren, wenn sie den Vorschriften des Einkommensteuergesetzes nicht entsprechen (§ 12 EStG).

Aufgaben zur Sicherung des Lernerfolges:

1. Gegen den Inhaber eines Unternehmens wurde ein Strafverfahren wegen Ordnungswidrigkeit abgeschlossen, weil er betrieblichen Müll im Wald entsorgt hat. Er muss als Busse an eine gemeinnützige Einrichtung (Rotes Kreuz, Caritas) 2 000,00 DM bezahlen (Banküberweisung).

2. Ein Arbeitnehmer überschreitet mit dem Betriebs-Pkw die Geschwindigkeitsbegrenzung auf einer sehr dringenden Fahrt zu einem Kunden. Das Unternehmen übernimmt die Bezahlung des Verwarnungsgeldes in Höhe von 50,00 DM (Banküberweisung).

3. Ein Unternehmer Zindl stellt einem Kunden eine Rechnung über eine Förderanlage in Höhe von 754 000,00 DM (netto 650 000,00 DM + 16 % USt = 104 000,00 DM). Vertragsgemäss war eine Konventionalstrafe wegen Terminüberschreitung vereinbart, und zwar 1 000,00 DM pro Woche, jedoch maximal 5 % aus der Nettosumme. Der Termin wurde um 10 Wochen überschritten. Bei der Banküberweisung macht der Kunde einen Abzug von 10 000,00 DM.

4. Das Gewerbeaufsichtsamt hat bei Überprüfung des Betriebes zum wiederholten Male Sicherheitsmängel festgestellt. Dem Betrieb geht ein Bussgeldbescheid von 5 000,00 DM, gegen den durch einen Rechtsanwalt vergeblich Widerspruch eingelegt wurde. Das Bussgeld wird überwiesen. Gleichzeitig wird die Rechnung des Rechtsanwalts über 974,40 DM brutto (netto 840,00 DM + 16 % USt = 134,40 DM) überwiesen.

5. Nach einer Werbeanzeigen-Kampagne erhält ein Betrieb von einem Abmahnverein eine Abmahnung mit der Aufforderungen, eine Unterlassungserklärung zu unterzeichnen, da teilweise unlauter geworben wurde. Die Abmahngebühren betragen lt. Gebührenordnung 321,00 DM brutto (300,00 DM netto + 7 % USt = 21,00 DM). Der Betrag wird durch Postbank überwiesen.

6. Unternehmer Bergmann hat illegal Ware für sein Unternehmen nach Deutschland eingeführt. Das Zollvergehen wird entdeckt. Neben einer hohen Zollstrafe wird auch noch die Ware eingezogen. Die Kosten der Strafverteidigung betragen brutto 4 338,40 DM (netto 3 740,00 DM + 16 % USt = 598,40 DM).

11 Ausserordentliche Aufwendungen und Erträge

> Nach dem **Bilanzrichtliniengesetz (BiRiLiG)** sind unter den **ausserordentlichen Aufwendungen** und **Erträgen** die Beträge auszuweisen, die **ausserhalb** der **gewöhnlichen Geschäftstätigkeit** anfallen, wenn sie im Zusammenhang mit einer **bedeutenden** Geschäftstätigkeit oder einer **wesentlichen** Änderung der Geschäftsgrundlagen stehen.

Aussergewöhnliche Geschäftsfälle liegen vor, wenn sie **ungewöhnlich** und **selten** sind und einen **wesentlichen materiellen Wert** darstellen. Ungewöhnlich ist ein Vorfall, der aussergewöhnlich oder rein zufällig ist. Selten ist ein Vorfall, der sich in absehbarer Zeit nicht wiederholt.

Betriebsfremde Aufwendungen und Erträge sowie periodenfremde Aufwendungen und Erträge sind nur dann unter ausserordentlichen Aufwendungen und Erträgen auszuweisen, wenn sie ausserhalb der gewöhnlichen Geschäftstätigkeit angefallen sind.

> **Ausserordentliche Erträge nach § 275 Abs. 2 Nr. 15 HGB:**
> - **Gewinne aus dem Verkauf eines Teilbetriebes**
> - **Gewinne aus dem Verkauf von bedeutenden Grundstücken und Beteiligungen**
> - **Gewinne aus Enteignungen grösserer Objekte**
> - **Sanierungsgewinne**
> - **Gewinne aus aussergewöhnlichen Schadensfällen**
> - **ungewöhnliche Erträge aus langfristiger Auftragsfertigung**
> - **aussergewöhnliche Erträge aus langfristigen Gerichtsverfahren**

Keine ausserordentlichen Erträge sind:
- Erlöse aus Kantinenverkauf
- Erträge aus dem Abgang von Anlagegegenständen
- Erträge aus üblichen Inventurdifferenzen
- Währungs- und Kursgewinne
- Steuererstattungen
- Erträge aus der Auflösung und Herabsetzung von Pauschalwertberichtigungen
- Erträge aus Zuschreibungen

> **Ausserordentliche Aufwendungen nach § 275 Abs. 2 Nr. 16 HGB**
> - **Verluste aus dem Verkauf eines Teilbetriebes**
> - **Verluste aus dem Verkauf von bedeutenden Grundstücken und Beteiligungen**
> - **Verluste aus Enteignungen grösserer Objekte**
> - **ungewöhnliche Verluste aus nicht betriebstypischen Geschäften**
> - **Abfindungen**
> - **Verluste aus ungewöhnlichen Schadensfällen (nicht versichert)**
> - **Verluste aufgrund von Enteignungen**
> - **aussergewöhnliche Verluste im Vorratsvermögen**

Keine ausserordentlichen Aufwendungen sind:

- Verluste aus dem Abgang von Anlagegegenständen
- ausserplanmässige Abschreibungen auf das Anlagevermögen
- Verluste aus Kursdifferenzen
- Aufwand aus üblichen Inventurdifferenzen
- Steuernachzahlungen
- Abschreibungen auf Forderungen und Wertpapiere

Merke:

- **Ausserordentliche Aufwendungen und ausserordentliche Erträge werden in der GuV-Rechnung gesondert aufgeführt und dann als "ausserordentliches Ergebnis" ausgewiesen.**

- **Mittelgrosse und grosse Kapitalgesellschaften müssen über ausserordentliche Vorgänge im Anhang ergänzende Angaben machen.**

- **Ausserordentliche im Sinne des § 277 Abs. 4 sind Vorgänge, die ausserhalb der gewöhnlichen Geschäftstätigkeit anfallen und deren Beträge nicht von untergeordneter Bedeutung für die Beurteilung der Ertragslage sind.**

Aufgaben zu Sicherung des Lernerfolges:

1. Nach Eintragung der Kassenbelege stellt die Kassenführerin (Angestellte) fest, dass die Kasse einen Fehlbestand von 50,00 DM aufweist. Der Betrag wird ausgebucht.

2. Nach einem Arbeitsgerichtsprozess muss ein Unternehmer an seinen ehemaligen Mitarbeiter eine Abfindung von 60 000,00 DM bezahlen. Der Betrag wird durch Banküberweisung bezahlt.

3. Eine maschinelle Anlage wird durch einen Brand am 29.08... völlig zerstört. Der Buchwert betrug am 01.01... noch 90 000,00 DM, die Restnutzungsdauer 2,5 Jahre. Die Anlage wurde vorher linear abgeschrieben. Die Versicherung zahlt nur noch 20 000,00 DM, weil die Anlage nicht genügend versichert war. Das Geld geht am 28.11... bei der Bank ein.

4. Am Jahresende bestand an den Kunden Worthman in den USA eine Forderung in Höhe von 20 000,00 US $, gleichzeitig war in den Verbindlichkeiten eine Schuld von 15 000,00 US $ an den Lieferanten Wang in Taiwan enthalten.

   Bei Einkauf bzw. Verkauf wurde der US-$ zu 1,67 DM bewertet. Am Bilanzstichtag beträgt der Kurs 1,63 DM.

5. In das Lager eines Warenhauses wurde eingebrochen. Dabei wurden Elektronikgeräte im Wert von ca. 150 000,00 DM entwendet. Die Einbrecher richteten ausserdem noch Schäden im Vorratsvermögen in Höhe von 35 000,00 DM an. Die Versicherung verweigert eine Zahlung, da das Lager nachweislich nicht ausreichend gesichert war.

12 Import und Exportgeschäfte

```
┌──────────────┐
│   UMSÄTZE    │
└──────────────┘
```

im Inland	im EU-Binnenmarkt	mit Drittlandsgebieten

- <u>wie bisher</u>	- <u>privater Reiseverkehr</u>
	  = Ursprungslandprinzip
	
	- <u>gewerblicher</u> Warenverkehr
	  = Bestimmungslandprinzip
	
	- Lieferungen
	
	- Innergemeinschaftlicher
	  Erwerb
	
	- Innergemeinschaftliches
	  Verbringen
	
	- Innergemeinschaftliche
	  Dreiecksgeschäfte
	
	- Sonderregelungen für
	  Versandgeschäfte und
	  bei neuen Fahrzeugen
		- <u>Ausfuhren / Exporte</u>
		  (umsatzsteuerfrei)
		
		- <u>Einfuhren / Importe</u>
		  (Einfuhrumsatzsteuer)

BEGRIFFE:

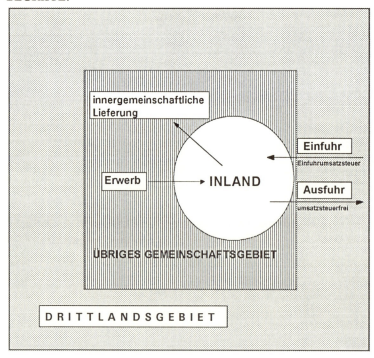

12.1 Umsätze im EU-Binnenmarkt

Innergemeinschaftliche Lieferung:

Nach § 6 a UStG liegt eine **innergemeinschaftliche Lieferung** vor, wenn bei einer Lieferung folgende Voraussetzungen erfüllt sind:

- der **Unternehmer** oder der **Abnehmer** hat den **Gegenstand** der Lieferung **in das übrige Gemeinschaftsgebiet befördert** oder **versendet**,
- der **Abnehmer** ist
  - ein **Unternehmer**, der den **Gegenstand** der Lieferung für **sein Unternehmen** erworben hat,
  - der **Gegenstand** der Lieferung muss **in das übrige Gemeinschaftsgebiet gelangt** sein,
  - der **Erwerb** des Gegenstands der Lieferung **unterliegt beim Abnehmer** in einem **anderen Mitgliedstaat** den **Vorschriften der Umsatzbesteuerung**,
- die **Voraussetzungen für die Steuerbefreiung** hat der liefernde Unternehmer **nachzuweisen**.

Beispiel:

Unternehmer Maier aus München liefert Waren im Wert von 30 000,00 DM an den französischen Unternehmer Fromage (Paris), die dieser für sein Unternehmen verwendet. Fromage ist ein voll zum Vorsteuerabzug berechtigter Unternehmer. Er hat Maier seine französische Umsatzsteuer-Identifikationsnummer (IdNr.) mitgeteilt.

Die Waren werden von einem Spediteur (Sitz Augsburg) im Auftrag von Unternehmer Maier am 14.02... von München nach Paris transportiert, wo sie am 15.02... ankommen. Unternehmer Maier erteilt Unternehmer Fromage am 25.02... eine Rechnung über die gelieferte Ware. Darin berechnet er keine Umsatzsteuer; er teilt darin Fromage mit, daß er die Lieferung steuerfrei behandelt. In der Rechnung ist sowohl die USt-IdNr. von Maier als auch von Fromage aufgeführt.

Lösung:

Es liegt eine **steuerfreie innergemeinschaftlicher Lieferung** vor, weil

- bei der Lieferung der Unternehmer Maier durch den Spediteur den Gegenstand der Lieferung in das übrige Gemeinschaftsgebiet befördert hat;
- die Lieferung im Inland steuerbar ist;
- die Lieferung im Inland von der Umsatzsteuer (§ 4 Nr. 1 b, § 6a UStG) befreit ist,
  - der Liefergegenstand in das übrige Gemeinschaftsgebiet gelangt und
  - Abnehmer Fromage Unternehmer ist und er den Liefergegenstand für sein Unternehmen erworben hat.

Der **Lieferungsort** ist nach § 3 Abs. 5a UStG der Abholort (München), wenn die Verfügungsmacht an diesem Ort verschafft wurde. Bei einer Beförderungs- oder Versendungslieferung vom Inland aus gilt der Ort als Lieferungsort, von dem aus die Beförderung durch den Unternehmer beginnt oder an dem der Gegenstand dem Beauftragten des Unternehmers (z. B. Spediteur) zur Versendung übergeben wird (§ 3 Abs. 7 UStG);

Buchung der **innergemeinschaftlichen Lieferung** bei Maier:

Konto Soll			Konto Haben			Betrag DM
1400	*1200*	Forderungen L/L				30 000,00
			8125	*4125*	Steuerfreie innergemein-	
					schaftliche Lieferungen	30 000,00

Notwendig ist, dass Maier eine Rechnung erteilt und Fromage ihm seine französische USt-IdNr. mitteilt. Maier hält diese Identifikationsnummer (neben seiner eigenen) auf der Rechnung fest und weist auf die Steuerfreiheit der Lieferung hin (§ 14 a Abs. 1 Satz 1, Abs. 2 Satz 1 UStG). Maier kann davon ausgehen, dass der Erwerb des Liefergegenstands beim Abnehmer (Fromage) in Frankreich umsatzversteuert wird; Fromage hat daneben das Recht des Vorsteuerabzugs.

Maier muss die innergemeinschaftlichen steuerfreien Lieferungen in den Umsatzsteuer-Voranmel- dungen angeben. Daneben muss er am zehnten Tag nach Ablauf **jedes Kalendervierteljahres** beim Bundesamt für Finanzen, **Aussenstelle Saarlouis**, eine **zusammenfassende Meldung** abgeben, in der neben den USt-IdNr. seiner Abnehmer auch die Summe der Bemessungsgrundlagen der an diese Erwerber ausgeführten innergemeinschaftlichen Lieferungen ausgewiesen sind.

Prüfungsschema für die Steuerfreiheit einer innergemeinschaftlichen Lieferung:

  1. Unterliegt der Lieferer der Regelbesteuerung? **ja**
  2. Wird durch den Lieferer oder Abnehmer befördert oder versandt? **ja**
  3. Ist der Leistungsempfänger Unternehmer? **ja**
  4. Erfolgt die Leistung an das Unternehmen des Leistungsempfängers? **ja**
  5. Unterliegt der Leistungsempfänger der Erwerbs-Umsatzsteuer im übrigen Gemeinschaftsgebiet? **ja**
  6. Ist ein Ausfuhrnachweis vorhanden? **ja**
  7. Kann die Lieferung/Leistung buchmässig nachgewiesen werden? **ja**
  8. Sind die Aufzeichnungen vorschriftsmässig erfolgt? **ja**
  9. Ist die Rechnung gemäss § 14 a UStG ausgestellt? **ja**
10. Wurden die steuerfreien innergemeinschaftlichen Lieferungen nach § 18 a Abs. 4 UStG in einer zusammenfassenden Meldung erfasst? **ja**
11. Sind gemäss § 18 b UStG die Bemessungsgrundlagen für die innergemein- schaftlichen Lieferungen zusätzlich in der USt-Voranmeldung des Unter- nehmers erklärt? **ja**

Aufzeichnungsvorschriften:

Lt. § 22 UStG ist der Unternehmer verpflichtet, die Bemessungsgrundlage für innergemeinschaft- liche Lieferungen getrennt aufzuzeichnen. Gleiches gilt für nachträgliche Minderungen oder Erhöhungen der Bemessungsgrundlage. Innerhalb der Buchhaltung sind getrennte Konten ausreichend.

Da innergemeinschaftliche Lieferungen auch belegmässig nachzuweisen sind, sollte ein Rechnungs- duplikat, Speditionspapiere, Empfangsbestätigungen oder Versendungsnachweise in einer getrenn- ten Ablage (getrennten Ordnern) aufbewahrt werden.

Innergemeinschaftlicher Erwerb:

Nach § 1 a UStG liegt ein **innergemeinschaftlicher Erwerb** vor, wenn folgende Voraussetzungen erfüllt sind:

- der **Unternehmer** oder der **Abnehmer** hat den **Gegenstand** der Lieferung **aus dem Gebiet eines Mitgliedsstaates in das Gebiet eines anderen Mitgliedstaates oder aus dem übrigen Gemeinschaftsgebiet in das Inland eingeführt.**
- der **Erwerber** ist ein **Unternehmer**, der den **Gegenstand für sein Unternehmen** erwirbt.
- die **Lieferung an den Erwerber**
  - wird durch einen **Unternehmer gegen Entgelt** im **Rahmen seines Unternehmens** ausgeführt und
  - ist nach dem **Recht des Mitgliedstaates**, der für die **Besteuerung des Lieferer zuständig ist**, nicht auf Grund der Sonderregelung für Kleinunternehmer **steuerfrei**.

Beispiel:

Unternehmer Maier aus München erhält vom Unternehmer Fromage aus Paris Ware im Wert von 20 000,00 FF (Kurs 28,40 DM/100 FF = 5 680,00 DM). Die Ware wird von einem Spediteur (Sitz Paris) im Auftrag von Maier von Paris nach München transportiert, wo sie am 12.06... ankommt. Unternehmer Maier hat Unternehmer Fromage seine deutsche USt-IdNr mitgeteilt. Fromage erteilt am 15.06... die Rechnung über die Lieferung, in der er zusätzlich darauf hinweist, dass er die Lieferung in Frankreich umsatzsteuerfrei behandelt.

Die Lieferung ist im Bestimmungsland (Bundesrepublik Deutschland) umsatzsteuerpflichtig. An die Stelle der bisherigen Einfuhrumsatzsteuer tritt der neue Besteuerungstatbestand des innergemeinschaftlichen Erwerbs (§ 1 Abs. 1 Nr. 5 UStG).

Lösung:

- Es handelt sich um einen steuerbaren Umsatz nach § 1 Abs. 1 Nr. 5 UStG (innergemeinschaftlicher Erwerb im Inland gegen Entgelt);
- Der Umsatz ist steuerpflichtig, da keine Befreiungsvorschrift greift;
- Ort der Lieferung ist München (am Ende der Lieferung);
- Bemessungsgrundlage ist nach § 10 Abs. 1 Satz 2 UStG das Entgelt (20 000,00 FF);
- Steuersatz ist nach § 12 Abs. 1 UStG = 16 %;
- die Umsatzsteuer entsteht nach § 13 Abs. 1 Nr. 6 UStG mit Ausstellung der Rechnung, spätestens mit Ablauf des dem Erwerb folgenden Kalendermonats;
- Steuerschuldner ist nach § 13 Abs. 2 Nr. 2 UStG der Erwerber;
- vorsteuerabzugsberechtigt ist nach § 15 Abs. 1 Nr. 3 UStG der Erwerber (die Steuer für den innergemeinschaftlichen Erwerb von Gegenständen für sein Unternehmen).

Erwerber Maier und Lieferer Fromage erhalten je eine USt-IdNr. **Fromage** wird von der Umsatzsteuer befreit, weil die Lieferung von einem EU-Staat in einen anderen EU-Staat gelangte **und** weil Maier eine USt-IdNr. hat und Maier diese Nummer der Firma Fromage mitgeteilt hat.

Notwendig ist also, dass die beim Verkauf ausgestellte Rechnung folgende Angaben enthält:
- **die Umsatzsteuer-Identifikationsnummer des Käufers und**
- **die Umsatzsteuer-Identifikationsnummer des Verkäufers und**
- **den Hinweis, dass die Lieferung steuerfrei behandelt wurde.**

Die Rechnung muss grundsätzlich zweifach ausgestellt werden. Ein Duplikat der Rechnung ist beim Unternehmer mindestens 10 Jahre aufzubewahren.

Maier berechnet auf seine Käufe die **Umsatzsteuer**. Er muss den Erwerb in einer Summe in seiner Umsatzsteuer-Voranmeldung gesondert angeben. **Gleichzeitig** kann er den **Vorsteuerabzug** beanspruchen.

Buchung des **innergemeinschaftlichen Erwerbs** bei Maier:

Konto Soll			Konto Haben			Betrag DM
3425	*5425*	Innergemeinschaftlicher Erwerb				5 680,00
			1600	*3300*	Verbindlichkeiten L/L	5 680,00
1572	*1403*	VSt aus dem innergemeinschaftlichen Erwerb				908,80
			1772	*3803*	USt aus dem innergemeinschaftlichen Erwerb	908,80

Aufzeichnungsvorschriften:

Nach § 22 Abs. 2 Nr. 7 UStG sind die innergemeinschaftlichen Erwerbe getrennt von den übrigen Aufzeichnungen der Bemessungsgrundlagen und Steuerbeträge aufzuzeichnen. Gleiches gilt für nachträgliche Minderungen oder Erhöhungen der Bemessungsgrundlage. Innerhalb der Buchhaltung sind getrennte Konten ausreichend.

Merke:

- **Import- und Exportgeschäfte sind Aussenhandelsgeschäfte. Zu unterscheiden sind:**
  - **Umsätze im EU-Binnenmarkt**
  - **Umsätze mit Drittlandsgebieten.**

- **Unternehmer, die Umsätze im EU-Binnenmarkt tätigen, erhalten USt-Identifikationsnummern, die auf den Rechnungen vermerkt werden müssen.**

- **Die Umsätze im EU-Binnenmarkt sind beim Bundesamt für Finanzen (Aussenstelle Saarlouis) in der Zusammenfassenden Meldung vierteljährlich zu melden.**

12.2 Import- und Exportgeschäfte mit Drittlandsgebieten

> **Import** ist die Beschaffung von Gütern aus einem Drittlandsgebiet durch einen Unternehmer, der im Inland seinen Sitz hat, für dessen Unternehmen.

Bei der Einfuhr können Abgaben, Zölle und Einfuhrumsatzsteuer (EUSt) anfallen. Während die EUSt wie **Vorsteuer** behandelt wird und daher auch voll abzugsfähig ist, gelten Abgaben und Zölle als Anschaffungsnebenkosten. Dadurch kann sich der Einfuhrgegenstand erheblich verteuern. Einfuhren werden unter Umständen noch durch Kontingentierungen beschränkt. Auch Devisenvorschriften können die Einfuhren erschweren.

Bemessungsgrundlage für die **Einfuhrumsatzsteuer** ist der Wert des eingeführten Gegenstandes zuzüglich angefallener Nebenkosten, Abgaben und Zölle.

Beispiel:

Firma Dost bezieht Wolldecken aus Polen zum von Preis 12 950,00 DM, Zahlungsziel 30 Tage netto.

Der Zoll beträgt 4 % auf die Gesamtsumme der Rechnung. Dazu kommen Gebühren für die Ausfuhrbestätigung und dgl. in Höhe von 82,00 DM. An EUSt sind 16 % zu entrichten. Der Spediteur verauslagt am Grenzübergang Zoll (518,00 DM), Gebühren (82,00 DM) und EUSt (2 168,00 DM). Die Rechnung über 2 768,00 DM wurde sofort bei Ablieferung der Ware bar beglichen.

Berechnung:

Warenwert	12 950,00 DM	= Bemessungsgrundlage für Zoll
+ Zoll	518,00 DM	
+ Gebühren	82,00 DM	
	13 550,00 DM	= Bemessungsgrundlage für die Einfuhrumsatzsteuer
+ 16 % EUSt	**2 168,00 DM**	

Buchung der Warenrechnung (Import) bei Dost:

Konto Soll			Konto Haben			Betrag DM
3200	*5200*	Wareneinkauf				12 950,00
			1600	*3300*	Verbindlichkeiten L/L	12 950,00

Buchung der Speditionsrechnung bei Dost:

Konto Soll			Konto Haben			Betrag DM
3850	*5840*	Zölle und Einfuhrabgaben				600,00
1588	*1433*	entrichtete EUSt				2 168,00
			1000	*1600*	Kasse	2 768,00

Aufzeichnungspflichten:

Wird im Zusammenhang mit einer Einfuhr eine Lieferung an den Unternehmer bewirkt, so sind entweder die Einfuhrumsatzsteuer (in den Fällen des § 3 Abs. 7 UStG) oder das Entgelt und die darauf entfallende Steuer (in den Fällen des § 3 Abs. 8 UStG) aufzuzeichnen.

> **Export** ist der Vertrieb von Gütern an einen Abnehmer in einem Drittlandsgebiet. Diese Güter sind aus umsatzsteuerlicher Sicht im Inland entweder hergestellt oder bearbeitet worden. Das Unternehmen des Leistenden hat seinen Sitz im Inland.

Ausfuhrlieferungen sind nach § 4 Nr. 1 - 3 umsatzsteuerfrei. Die Vorschriften hierfür sind jedoch zu beachten, ob oder wie weit die auszuführenden Gegenstände begünstigt sind. Die dafür angefallene Vorsteuer kann jedoch in jedem Falle in Abzug gebracht werden.

Erbringt ein Abnehmer aus einem Drittlandsgebiet erst nachträglich den Ausfuhrnachweis und wird die Rechnung vorläufig mit Umsatzsteuer ausgestellt, darf nachträglich die Umsatzsteuer berichtigt werden. Es ist jedoch darauf zu achten, dass bei **gesondert ausgewiesener Umsatzsteuer** das Rechnungsoriginal an den Leistenden zurückgegeben werden muss, da sonst keine Berichtigung durchgeführt werden darf.

Beispiel:

Unternehmer Kolb befördert von ihm gefertigte Maschinenteile im Wert von 43 200,00 DM in den Iran. Das Zahlungsziel beträgt 60 Tage. Der Ausfuhrnachweis ist erbracht.

Buchung der **Ausgangsrechnung (Export)** bei Kolb:

Konto Soll			Konto Haben			Betrag DM
1400	*1200*	Forderungen L/L				43 200,00
			8120	*4120*	Steuerfreie Umsätze	43 200,00

Aufzeichnungspflichten:

Der Unternehmer muss die Ausfuhrlieferungen durch Belege nachweisen, dass er oder der Abnehmer den Gegenstand in ein Drittlandsgebiet befördert oder versendet hat (Ausfuhrnachweis). Dieser Vorgang muss eindeutig und leicht nachprüfbar aus den Belegen ersichtlich sein.

Befördert der Unternehmer oder der Abnehmer selbst den Liefergegenstand in ein Drittlandsgebiet, soll darüber regelmässig Buch geführt werden. Zu empfehlen ist auch eine separate Ablage. Folgende Angaben sollten hier enthalten sein:

- Name und Anschrift des Unternehmers,
- handelsübliche Bezeichnung und Menge der ausgeführten Güter,
- Ort und Tag der Ausfuhr,
- Ausfuhrbestätigung der Grenzzollstelle.

Versendet der Unternehmer oder der Abnehmer den Gegenstand der Lieferung in das Drittlandsgebiet, soll der Unternehmer den Ausfuhrnachweis regelmässig wie folgt führen:

- durch einen Versendungsbeleg, insbesondere durch Frachtbrief, Posteinlieferungsschein, Konnossement oder deren Duplikate oder
- durch einen sonstigen handelsüblichen Beleg, insbesondere durch eine Bescheinigung des beauftragten Spediteurs oder durch eine Versandbestätigung des Lieferers.

Dieser Beleg soll enthalten:

- den Namen und die Anschrift des Ausstellers sowie den Tag der Ausstellung,
- den Namen und die Anschrift des Unternehmers sowie des Auftraggebers, wenn dieser nicht der Unternehmer ist,
- die handelsübliche Bezeichnung und die Menge des ausgeführten Gegenstandes,
- Ort und Tag der Ausfuhr oder den Ort und den Tag der Versendung in das Drittlandsgebiet,
- den Empfänger und den Bestimmungsort im Drittlandsgebiet,
- eine Versicherung des Ausstellers, dass die Angaben in dem Beleg aufgrund von Geschäftsunterlagen gemacht wurden, die im Geltungsbereich dieser Verordnung nachprüfbar sind,
- die Unterschrift des Ausstellers.

Merke:

- **Import- und Exportgeschäfte sind Aussenhandelsgeschäfte. Zu unterscheiden sind:**
  - **Umsätze im EU-Binnenmarkt**
  - **Umsätze mit Drittlandsgebieten.**

- **Zölle und Abgaben sind bei der Einfuhr aus einem Drittlandsgebiet zu entrichten. Sie sind Anschaffungsnebenkosten und verteuern die Ware.**

- **Einfuhrumsatzsteuer, die bei einer Einfuhr in das Inland entrichtet werden muss, ist für den Unternehmer als Vorsteuer abzugsfähig.**

- **Bei nachträglicher Erstattung der Umsatzsteuer an den Leistungsempfänger in einem Drittlandsgebiet muss der Ausfuhrnachweis erbracht werden.**

Aufgaben zur Sicherung des Lernerfolges:

Bilden Sie zu nachstehenden Geschäftsvorfällen die Buchungssätze:

1. a) Ein Unternehmer liefert Drehteile in Höhe von 19 440,00 DM frachtfrei in die Schweiz, Zahlungskonditionen: 2 % Skonto bei Zahlung innerhalb 10 Tagen, 45 Tage netto.

   b) Die Spedition stellt für die Beförderungsleistung eine Rechnung über brutto 424,00 DM (netto 400,00 DM + 24,00 DM anteilige Umsatzsteuer). Sie wird sofort bar beglichen.

   c) Der Schweizer Unternehmer überweist die Rechnung innerhalb der Skontofrist auf die Bank:

Zahlung Kunde	19 051,20 DM	(Skonto 388,80 DM)
./. Bankgebühren	21,00 DM	
Kontogutschrift	19 030,20 DM	

2. a) Ein Unternehmer in Saarbrücken liefert Maschinenteile durch einen Spediteur (aus Pirmasens) an einen Unternehmer in Rotterdam für dessen Unternehmen im Wert von 17 200,00 DM.

   b) Welche Voraussetzungen müssen gegeben sein, wenn der Vorgang umsatzsteuerfrei behandelt werden soll?

3. a) Ein Abnehmer aus Ungarn hat Werkzeug im Wert von 3 132,00 DM (netto 2 700,00 DM + 16 % USt = 432,00 DM) gekauft und sofort bar bezahlt. Die Umsatzsteuer war getrennt in Rechnung gestellt.

   b) Nachträglich erbringt der Abnehmer den Ausfuhrnachweis von der Zollstelle. Das Rechnungsoriginal hat er zurückgeschickt, es wird eine neue Rechnung ohne Umsatzsteuer ausgestellt.

   Der Umsatzsteuerbetrag wird dem Abnehmer auf sein ausländisches Bankkonto überwiesen. Die Bank berechnet 10,00 DM Bankspesen, die Belastung der Bank lautet über 442,00 DM.

   Es sind alle Vorgänge zu erfassen.

4. a) Ein Unternehmer aus Österreich liefert frachtfrei Maschinenteile an einen Unternehmer in Nürnberg. Die Rechnung lautet über 7 280,00 DM. Die USt-IdNr. sind auf der Rechnung vermerkt; gleichfalls, dass die Lieferung steuerfrei erfolgt ist.

   b) Die Rechnung wird unter Abzug von 2 % Skonto innerhalb der Zahlungsfrist ausgeglichen. Die Bank verlangt zusätzlich 36,40 DM Bankgebühren.

5. a) Ein Computerhersteller aus München kauft Computerteile in Taiwan, der Rechnungsbetrag beträgt 19 181,00 US-$, Kurs 1,53 DM, Zahlungsziel 60 Tage netto, frei Lager Celle.

   b) Der Spediteur stellt uns für verauslagte Kosten folgende Rechnung:

-	4 % Zoll	1 173,88 DM
-	Gebühren	46,35 DM
-	16 % Einfuhrumsatzsteuer	4 890,74 DM
-	Fracht Celle - München	744,60 DM
-	16 % USt aus 744,60 DM	119,14 DM
		6 974,71 DM

   c) Nach 60 Tagen erfolgt der Ausgleich der Eingangsrechnung aus Taiwan, Kurs 1,48 DM, durch Banküberweisung. Die Bank belastet zusätzlich 35,00 DM Gebühren für die Auslandsüberweisung.

6. a) Eine Fabrik für optische Gläser verkauft geschliffene Linsen für optische Geräte in die USA, Verkaufspreis 6 000,00 US-$, Zahlungsziel 20 Tage 3 % Skonto, 40 Tage netto. Der Kurs des US-$ beträgt bei Rechnungsausstellung 1,45 DM.

   b) Innerhalb der Skonto-Zahlungsfrist überweist die amerikanische Firma auf das Bankkonto den Rechnungsbetrag unter Abzug von 3 % Skonto (5 820,00 US-$). Der Kurs des US-$ ist auf 1,40 DM gefallen. Die Bank zieht vom Überweisungsbetrag 18,00 DM und 0,25 % Courtage (20,37 DM) ab.

13 Grundsätze der Bewertung nach Handels- und Steuerrecht

> Bei der Ermittlung der Besteuerungsgrundlage des Unternehmens, des Gewinns, kommt es für die Finanzbehörde darauf an, im Sinne der steuerlichen Gesetze zu verfahren, um dem Grundsatz der Gleichmässigkeit der Besteuerung zu entsprechen.
>
> Gläubiger, Anteilseigner und Mitarbeiter eines Unternehmens haben dagegen andere Interessenlagen. Die erste Gruppe ist an einer sicheren Kapitalanlage interessiert, die möglichst hohe Renditen verspricht. Die zweite Gruppe ist am Fortbestand der Unternehmung interessiert, wobei kleine Aktionäre beispielsweise höhere Dividenden bevorzugen. Die Mitarbeiter sind an sicheren Arbeitsplätzen, guter Entlohnung sowie an einem guten sozialen Umfeld interessiert.

13.1 Handels- und Steuerbilanz

In der Handelsbilanz werden die Vermögensgegenstände und Schulden nach handelsrechtlichen Vorschriften bewertet. Im Steuerrecht bestimmt § 5 EStG für Buchführungspflichtige, dass für den Schluss des Wirtschaftsjahrs das Betriebsvermögen anzusetzen ist, das den handelsrechtlichen Grundsätzen ordnungsmässiger Buchführung entspricht. Zweck der Rechnungslegung ist nach

- **Handelsrecht** die Verwirklichung des Gläubigerschutzes, die Bereitstellung von Drittinformationen und die Ermittlung der Ausschüttungsgrundlage für die Anteilseigner. Nach dem Bilanzrichtliniengesetz müssen Kapitalgesellschaften ein des den tatsächlichen Verhältnissen entsprechenden Bildes der Vermögens- und Ertragslage darstellen.

- **Steuerrecht** die Ermittlung des Erfolgs. Die Einkunftsermittlung soll eine gleichmässige Steuerbemessung gewährleisten.

- **betriebswirtschaftlicher Zielsetzung** die Selbstinformation, das Verwirklichen von Effizienzkriterien (Soll-Ist-Vergleich, Finanzanalyse, Investitionsrechnung).

> ### MASSGEBLICHKEITSGRUNDSATZ
>
> **Die handelsrechtlichen Bewertungsvorschriften sind für die steuerlichen Wertansätze also insoweit verbindlich, als im Steuerrecht keine andere Bewertung vorgesehen ist. Dies versteht man unter dem Grundsatz der Massgeblichkeit der Handelsbilanz für die Steuerbilanz. Grundsätzlich ist es dem Unternehmer also möglich, eine aus der Handelsbilanz abgeleitete Einheitsbilanz zu erstellen.**
>
> **Ein handelsrechtliches Aktivierungswahlrecht bedeutet steuerlich ein Aktivierungsgebot. Ein handelsrechtliches Passivierungswahlrecht bedeutet ein steuerliches Passivierungsverbot.**
>
> **§ 6 EStG ist im Zuge des Bilanzrichtliniengesetzes ergänzt worden. Damit ist die umgekehrte Massgeblichkeit (der Steuerbilanz für die Handelsbilanz) fixiert worden. Sie besagt, dass bestimmte steuerliche Sondervorschriften ertragsteuerlich nur dann wirksam werden können, wenn sie auch handelsrechtlich beachtet werden. Die Verknüpfung von Handels- und Steuerbilanz ist damit im Bereich der steuerlichen Vergünstigungen gesetzlich verankert worden.**

§ 5 Abs. 1 EStG:	§ 7 Abs. 1 Satz 3 EStG
Bei Gewerbetreibenden, die auf Grund gesetzlicher Vorschriften verpflichtet sind, Bücher zu führen und regelmässig Abschlüsse zu machen, oder die ohne eine solche Verpflichtung Bücher führen und regelmässig Abschlüsse machen, ist für den Schluss des Wirtschaftsjahrs das Betriebsvermögen anzusetzen (§ 4 Abs. 1 Satz 1); das nach den handelsrechtlichen Grundsätzen ordnungsmässiger Buchführung auszuweisen ist. Steuerrechtliche Wahlrechte bei der Gewinnermittlung sind in Übereinstimmung mit der handelsrechtlichen Jahresbilanz auszuüben.	Als betriebsgewöhnliche Nutzungsdauer des Geschäfts- oder Firmenwerts eines Gewerbebetriebs oder eines Betriebs der Land- und Forstwirtschaft gilt der Zeitraum von fünfzehn Jahren.

Steuerreformgesetz 1999

Mit dem Steuerreformgesetz 1999 weicht das Steuerrecht bei bestimmten Bewertungen so weit vom Handelsrecht ab, dass aus Gläubigerschutzgründen keine Einheitsbilanz (= Steuerbilanz abgeleitet aus der Handelsbilanz) mehr erstellt werden kann, sondern tatsächlich 2 Bilanzen, und zwar eine Handelsbilanz und eine Steuerbilanz erstellt werden müssen. Das gilt vor allem in den Unternehmen, die zur Fremdfinanzierung Bilanzen bei Banken oder anderen Gläubigern vorlegen müssen.

Rechnungslegung nach anderen Vorschriften

Die deutsche Börse AG hat 1997 festgelegt, dass am **Neuen Markt der Frankfurter Börse** notierte Unternehmen Jahresabschlüsse nach **IAS** oder **US-GAAP** mit einer Übergangszeit von zwei Jahren veröffentlichen müssen. Wegen der grossen Gestaltungsmöglichkeit des HGB und die betriebswirtschaftlich oft unverständliche Bilanzierung haben deutsche Jahresabschlüsse auf dem internationalen Markt einen sehr schlechten Ruf.

Rechnungslegung nach IAS (International Accounting Standards)

Jahresabschlüsse nach den **IAS** sollen über die **finanzielle Situation** (financial position), **Veränderungen der finanziellen Situation** (changes in financial position) und **erbrachte Leistungen** (performance), die für **wirtschaftliche Entscheidungen** (economic decision) von Vorteil sind, informieren.

Rechnungslegung nach US-GAAP (US-amerikanische Genarally Acceptet Accounting Principles)

Jahresabschlüsse nach den **US-GAAP** haben die Aufgabe, dass für Aussenstehende über das Unternehmen so umfassende und relevante Informationen geliefert werden, dass von den Investoren, Kreditgebern und anderen Beteiligten Entscheidungen über Investitionen, Krediten und dgl. getroffen werden können. Bei dem Jahresabschluss handelt es sich im weiteren Sinne um eine Unternehmensberichterstattung, die auch Aufschluss über die Vermögenswerte eines Unternehmens geben soll, welche Ziele Gläubiger, Eigenkapitalgeber und andere Beteiligte haben und wie sich Transaktionen, Ereignisse und Umstände auf Vermögenswerte, Gläubiger und Eigenkapitalgeber und andere auswirken.

13.2 Grundsätze ordnungsmässiger Buchführung und Bilanzierung

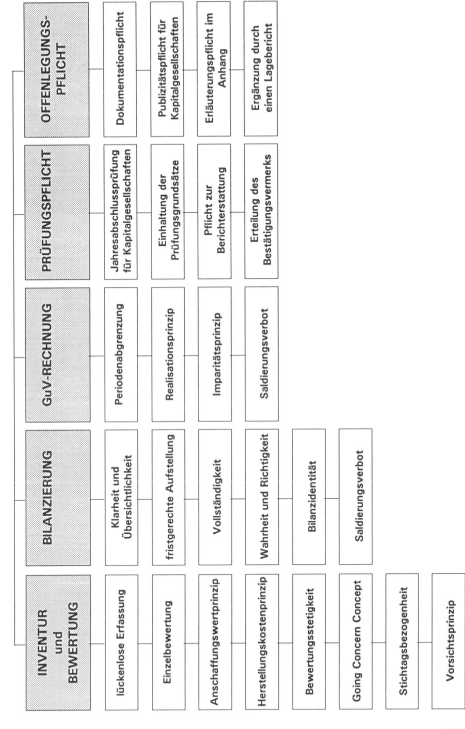

INVENTUR und BEWERTUNG	BILANZIERUNG	GuV-RECHNUNG	PRÜFUNGSPFLICHT	OFFENLEGUNGS-PFLICHT
lückenlose Erfassung	Klarheit und Übersichtlichkeit	Periodenabgrenzung	Jahresabschlussprüfung für Kapitalgesellschaften	Dokumentationspflicht
Einzelbewertung	fristgerechte Aufstellung	Realisationsprinzip	Einhaltung der Prüfungsgrundsätze	Publizitätspflicht für Kapitalgesellschaften
Anschaffungswertprinzip	Vollständigkeit	Imparitätsprinzip	Pflicht zur Berichterstattung	Erläuterungspflicht im Anhang
Herstellungskostenprinzip	Wahrheit und Richtigkeit	Saldierungsverbot	Erteilung des Bestätigungsvermerks	Ergänzung durch einen Lagebericht
Bewertungsstetigkeit	Bilanzidentität			
Going Concern Concept	Saldierungsverbot			
Stichtagsbezogenheit				
Vorsichtsprinzip				

13.3 Bewertungsgrundsätze

Für alle Kaufleute gelten die nachfolgenden Grundsätze:

Grundsätze ordnungsmässiger Buchführung (Generalnorm)

- für den Jahresabschluss (§ 243 Abs. 1 HGB);
- für die Bewertung der im Jahresabschluss ausgewiesenen Vermögensgegenstände und Schulden;

Grundsätze ordnungsmässiger Inventur und Bewertung

- **Einzelbewertung (§ 252 Abs. 1 Nr. 3 HGB)**
  - Vermögensgegenstände und Schulden sind einzeln zu bewerten.

- **Anschaffungswertprinzip (§ 255 Abs. 1 HGB)**

- **Herstellungskostenprinzip (§ 255 Abs. 2 HGB)**

- **Bewertungsstetigkeit (§ 252 Abs. 1 Nr. 6 HGB)**
  - die auf den vorhergehenden Jahresabschluss angewandten Bewertungsmethoden sollen beibehalten werden.

- **Unternehmensfortführung - Going Concern Concept - (§ 252 Abs. 1 Nr. 2 HGB)**
  - Bei der Bewertung ist von der Fortführung der Unternehmenstätigkeit auszugehen, sofern nicht tatsächliche oder rechtliche Gegebenheiten entgegenstehen.

- **Stichtagsbezogenheit (§ 252 Abs. 1 Nr. 3 HGB)**
  - Die Vermögensgegenstände und Schulden sind zum Abschlussstichtag zu bewerten.

Grundsätze ordnungsmässiger Bilanzierung

- **Klarheit und Übersichtlichkeit (§ 243 Abs. 2 HGB)**
  - Positionen der Bilanz und Erfolgsrechnung sind eindeutig zu bezeichnen und zuordnen.

- **Fristgerechte Aufstellung (§ 243 Abs. 2 HGB)**
  - der Jahresabschluss ist innerhalb von 3 Monaten nach dem Bilanzstichtag aufzustellen, kleine Kapitalgesellschaften haben eine Frist von 6 Monaten

- **Vollständigkeit (§ 246 Abs. 1 HGB)**
  - der Jahresabschluss hat sämtliche Vermögensgegenstände, Schulden, Rechnungsabgrenzungsposten, Aufwendungen und Erträge zu enthalten, soweit gesetzlich nichts anderes bestimmt ist

- **Saldierungsverbot (§ 246 Abs. 2 HGB)**
  - Posten der Aktiva dürfen nicht mit Posten der Passiva saldiert werden.

- **Bilanzidentität (§ 252 Abs. 1 Nr. 1 HGB)**
  - die Wertansätze in der Eröffnungsbilanz des Geschäftsjahrs müssen mit denen der Schlussbilanz des vorhergehenden Geschäftsjahrs übereinstimmen.

Grundsätze ordnungsmässiger GuV-Rechnung

■ **Periodenabgrenzung (§ 252 Abs. 1 Nr. 5 HGB)**

- Aufwendungen und Erträge des Geschäftsjahrs sind unabhängig von den Zeitpunkten der entsprechenden Zahlungen im Jahresabschluss zu berücksichtigen.

■ **Realisationsprinzip (§ 252 Abs. 1 Nr. 4)**

- Gewinne sind nur zu berücksichtigen, wenn sie realisiert sind.

■ **Imparitätsprinzip (§ 252 Abs. 1 Nr. 4, § 249 Abs. 1)**

- es ist vorsichtig zu bewerten, namentlich sind alle vorhersehbaren Risiken und Verluste, die zum Abschlussstichtag entstanden sind, zu berücksichtigen, selbst wenn diese erst zwischen dem Abschlussstichtag und dem Tag der Aufstellung des Jahresabschlusses bekanntgeworden sind;
- die Verluste aus schwebenden Geschäften sind auszuweisen;

■ Für Kapitalgesellschaften bestimmt § 264 Abs. 2 HGB, dass der Jahresabschluss unter Beachtung der Grundsätze ordnungsmässiger Buchführung ein den tatsächlichen Verhältnissen entsprechendes Bild der Vermögens-, Finanz- und Ertragslage der Kapitalgesellschaften zu vermitteln hat.

13.4 Bewertungsmassstäbe

Für die Bewertung des Betriebsvermögens sind für die steuerliche Gewinnermittlung folgende Bewertungsmassstäbe zu beachten:

- **Anschaffungskosten**
- **Herstellungskosten**
- **gemeiner Wert**
- **Teilwert**

Anschaffungskosten

Hierzu zählen alle Aufwendungen, die der Steuerpflichtige leistet, um einen Vermögensgegenstand zu erwerben und ihn in einen betriebsbereiten Zustand zu versetzen, soweit sie dem Wirtschaftsgut einzeln zugeordnet werden können. Zu den Anschaffungskosten gehören auch die Nebenkosten sowie die nachträglichen Anschaffungskosten. Anschaffungspreisminderungen sind abzusetzen (§ 255 Abs. 1 HGB, R 32a EStG).

Beispiele:

Transportkosten, Montagekosten für die Aufstellung einer Maschine, Kosten für die Fundamentierung, für das Niederreissen und die Wiederaufrichtung von Wänden und Mauern, Grunderwerbsteuer, Gerichtskosten, Notarkosten, Maklerprovision (objektbezogen, nicht Finanzierungskosten), Zölle.

Vorsteuerbeträge gehören in der Regel nicht zu den Anschaffungskosten (§ 9 b EStG). Preisnachlässe wie Rabatte und Skonti mindern die Anschaffungskosten (Skonti bei Inanspruchnahme).

Die Aktivierungspflicht der Nebenkosten bewirkt, dass diese nicht sofort als Betriebsausgaben den Gewinn voll mindern. Statt dessen werden sie auf die Jahre der Nutzung verteilt, sofern das Wirtschaftsgut einer Abnutzung unterliegt. Im letzteren Fall wirken sie sich über die jährlichen Abschreibungsbeträge auf den Gewinn aus.

Herstellungskosten

Nach Abschnitt 33 EStR handelt es sich um Aufwendungen, die durch den Verbrauch von Gütern und die Inanspruchnahme von Diensten für die Herstellung eines Erzeugnisses entstehen.

		Aktivierung nach BiRiLiG § 255 HGB	Aktivierung nach Steuerrecht § 6 EStG, R 33
1.	Materialeinzelkosten (Fertigungsmaterial)	Pflicht	Pflicht
2.	Fertigungseinzelkosten (Fertigungslöhne einschliesslich gesetzlicher und tariflicher Sozialaufwendungen)	Pflicht	Pflicht
3.	Sondereinzelkosten der Fertigung	Pflicht	Pflicht
4.	Variable Materialgemeinkosten	Wahlrecht	Pflicht
5.	Variable Fertigungsgemeinkosten	Wahlrecht	Pflicht
6.	Fixe Materialgemeinkosten	Wahlrecht	Pflicht
7.	Fixe Fertigungsgemeinkosten mit Wertverzehr des fertigungsbedingten Anlagevermögens		Pflicht
	Aufwendungen für freiwillige soziale Leistungen, Aufwendungen für betriebliche Altersversorgung, Zinsen für fertigungsbedingtes Fremdkapital	Wahlrecht	Wahlrecht
8.	Allgemeine Verwaltungskosten Wahlrecht	Wahlrecht	
9.	Vertriebskosten	Verbot	Verbot

Sondereinzelkosten der Fertigung

sind Aufwendungen, die dem Wirtschaftsgut direkt zugerechnet werden können wie Entwurfskosten, Lizenzgebühren, Entwicklungskosten.

Material- und Fertigungsgemeinkosten

sind alle Kosten für Material und Fertigung, die für mehrere Leistungen gemeinsam anfallen und daher nicht direkt zugerechnet werden können.

Beispiele:

Aufwendungen für Lagerhaltung, Transport und Prüfung des Materials, Aufwendung für Strom, Wasser, Heizung, sonstige Raumkosten, Sachversicherungen, Abschreibungen für Betriebseinrichtungen.

Gemeiner Wert

Der gemeine Wert ist ein steuerlicher Wert. Er wird durch den Preis bestimmt, der im gewöhnlichen Geschäftsverkehr nach der Beschaffenheit des Wirtschaftsgutes bei der Veräusserung zu erzielen wäre. Alle Umstände, die den Preis beeinflussen, sind dabei zu berücksichtigen. Ungewöhnliche oder persönliche Verhältnisse sind nicht zu berücksichtigen.

Der gemeine Wert berücksichtigt die Marktverhältnisse am Abschlussstichtag. Er findet Ausdruck im Kurswert, Rücknahmepreis, Nennwert, Gegenwartswert usw.

Teilwert

> Nach § 6 Abs. 1 EStG ist der Teilwert der Betrag, den ein Erwerber des ganzen Betriebs im Rahmen des Gesamtkaufpreises für das einzelne Wirtschaftsgut ansetzen würde; dabei ist davon auszugehen, dass er den Betrieb fortführt. Der Teilwert ist ebenfalls ein Bewertungsmassstab des Steuerrechts.

Der Teilwert ist im Gegensatz zum gemeinen Wert ein subjektiver Wertbegriff. Die Ermittlung erfolgt im Wege der Schätzung. Die Obergrenze bildet der Wiederbeschaffungswert des Wirtschaftsgutes am Bilanzstichtag. Die Untergrenze bildet der Einzelveräusserungspreis des Wirtschaftsgutes, der sich bei einer Veräusserung erzielen lässt.

Ziel des Teilwerts ist die Erfassung des Werts des Wirtschaftsguts unter Beachtung der ganz besonderen Situation des Unternehmens. Ein Wirtschaftsgut kann während seiner Nutzungsdauer für den Betrieb wesentlich wertvoller sein als, sein beim Verkauf erzielbarer Preis.

Merke:

- Nach § 5 EStG haben Buchführungspflichtige für den Schluss des Wirtschaftsjahres das Betriebsvermögen anzusetzen, das nach den handelsrechtlichen Grundsätzen ordnungsmässiger Buchführung auszuweisen ist.

- Handelsrechtliche Vorschriften sind für die steuerlichen Wertansätze insoweit verbindlich, als ihnen steuerrechtliche Vorschriften nicht entgegenstehen (Massgeblichkeitsprinzip der Handelsbilanz für die Steuerbilanz).

- Voraussetzung für die steuerliche Inanspruchnahme erhöhter Absetzungen und Sonderabschreibungen ist, dass die Wirtschaftsgüter in der handelsrechtlichen Jahresbilanz mit den sich ergebenden niedrigeren Werten ausgewiesen werden (umgekehrte Massgeblichkeit der Steuerbilanz für die Handelsbilanz).

- Handelsbilanz und Steuerbilanz haben unterschiedliche Zielsetzungen. Kapitalgesellschaften müssen ihre handelsrechtliche Bilanz und den Anhang zum Handelsregister einreichen, grosse zusätzlich im Bundesanzeiger veröffentlichen. Mittlere und grosse Kapitalgesellschaften sind prüfungspflichtig.

- Handelsrechtliche Vorschriften und Bewertungsgrundsätze für alle Kaufleute sind

  - Grundsätze ordnungsmässiger Buchführung und Bilanzierung
  - Klarheit und Übersichtlichkeit der Jahresabschlüsse
  - fristgerechte Aufstellung des Jahresabschlusses
  - Vollständigkeit
  - Saldierungsverbot
  - Bilanzidentität
  - Unternehmensfortführung
  - Stichtagsbezogenheit
  - Periodenabgrenzung
  - Imparitätsprinzip
  - Realisationsprinzip
  - Einzelbewertung
  - Bewertungsstetigkeit

- Für Kapitalgesellschaften gelten darüber hinaus weitere Vorschriften, so zum Beispiel der Grundsatz "true and fair view", das heisst, dass der Abschluss die tatsächlichen Verhältnisse der Vermögens-, Finanz- und Ertragslage darstellen muss. Dies hat Auswirkung auf die Bildung stiller Reserven usw.

Aufgaben zur Sicherung des Lernerfolges:

1. Bestimmen Sie den steuerlichen Anschaffungswert bzw. die steuerlichen Herstellungskosten des Wirtschaftsgutes:

   a) Der Unternehmer Maier kauft ein Fahrzeug, das ausschliesslich betrieblich genutzt wird. Der Autohändler stellt folgende Rechnung:

Listenpreis	30 000,00 DM	
./. 5 % Nachlass	1 500,00 DM	28 500,00 DM
+ Sonderausstattung		1 200,00 DM
+ Überführungskosten		500,00 DM
+ zusätzlicher Satz Reifen		2 000,00 DM
+ Tankfüllung Benzin		70,00 DM
		32 270,00 DM
+ 16 % USt		5 163,20 DM
		37 433,20 DM
verauslagte Zulassungskosten		100 ,00 DM **37 533,20 DM**

   b) Wie wäre das Auto zu bewerten, wenn es der Unternehmer auch privat nutzt?

   c) Maier kauft ein betriebliches Grundstück, das er als Lagerplatz nutzen wird. Der Kaufpreis beträgt 100 000,00 DM. Der Makler stellt eine Rechnung über 2 320,00 DM (netto 2 000,00 DM + 16 % USt = 320,00 DM), die Grunderwerbsteuer beträgt 3 500,00 DM, der Notar stellt 928,00 DM (netto 800,00 DM + 16 % USt = 128,00 DM) in Rechnung.

Das Grundstück wird zum Teil fremdfinanziert. Das Disagio beträgt 2 500,00 DM. Der Makler, der das Darlehen vermittelt hat, stellt 464,00 DM (400,00 DM + 16 % USt = 64,00 DM) in Rechnung. Der Notar berechnet für die Eigentumsumschreibung des Grundstücks 812,00 DM (netto 700,00 + 16 % USt 112,00 DM).

2   Der Schreiner stellt einen Bauernschrank her. Es entstehen folgende Kosten:

- Materialkosten   800,00 DM
- Fertigungslöhne   500,00 DM
- Materialgemeinkosten   200,00 DM
- Fertigungsgemeinkosten   100,00 DM
- allgemeine Verwaltungskosten   50,00 DM
- Vertriebskosten   80,00 DM

a) Errechnen Sie den Mindestansatz nach Handelsrecht und nach Steuerrecht!

b) Errechnen Sie den Höchstansatz nach Handelsrecht und nach Steuerrecht!

3.   Ein Unternehmer kauft eine Maschine zum Preis von 60 000,00 DM zuzüglich Verpackungskosten von 1 000,00 DM, Fracht 1 500,00 DM, Transportversicherung 150,00 DM = netto 62 650,00 DM + 16 % USt (10 024,00 DM) = 72 674,00 DM.

Für die Beschaffung des Kredits zur Finanzierung der Maschine sind 1 600,00 DM einmalige Finanzierungskosten angefallen, die Fundamentierungskosten belaufen sich auf 812,00 DM (netto 700,00 DM + 16 % USt = 112,00 DM).

4.   Erläutern Sie die Begriffe Teilwert und gemeiner Wert!

5.   Nennen Sie die entsprechenden Vorschriften und Bewertungsgrundsätze!
Schreinermeister Holzer

a) bewertet bei der Inventur jeden Schrank getrennt und listet die Wirtschaftsgüter auf.

b) zeichnet alle Wirtschaftsgüter auf.

c) bewertet zum Schluss des Wirtschaftsjahres.

d) übernimmt in seiner Eröffnungsbilanz zum 01.01.... die Schlussbestände des vorangegangenen Wirtschaftsjahrs.

e) verrechnet die Zinsaufwendungen nicht mit den Zinserträgen des Wirtschaftsjahres.

f) erfasst von der Kfz-Versicherungsprämie, die er im abzuschliessenden Wirtschaftsjahr bezahlt hat, in der GuV-Rechnung nur den Teil als Aufwand, der das abzuschliessende Wirtschaftsjahr betroffen hat.

g) berücksichtigt in der GuV-Rechnung nichtrealisierte Verluste, lässt aber nichtrealisierte Gewinne unberücksichtigt.

h) macht in der GuV-Rechnung nur das Material als Aufwand geltend, für das er auch Erlöse tätigte.

i) bezeichnet die Bilanzpositionen klar und verständlich.

13.5 Abschreibung auf Anlagen und Bewertung des Anlagevermögens

Nach § 247 HGB gilt für alle Kaufleute, dass in der Bilanz das Anlage- und Umlaufvermögen, das Eigenkapital, die Schulden sowie die Rechnungsabgrenzungsposten gesondert auszuweisen sind. Beim Anlagevermögen sind nur die Gegenstände auszuweisen, die bestimmt sind, dauernd dem Geschäftsbetrieb zu dienen (Nutzung durch Gebrauch). Die Vermögensgegenstände werden bei der Anschaffung mit den Anschaffungskosten bewertet, bei eigener Herstellung mit den Herstellungskosten.

Bei Vermögensgegenständen des Anlagevermögens, deren Nutzung zeitlich begrenzt ist, sind die Anschaffungs- oder Herstellungskosten grundsätzlich um planmässige Abschreibungen zu vermindern.

HANDELSRECHT	STEUERRECHT
Planmässige Abschreibungen:	**Planmässige Abschreibungen:**
Der Plan muss handelsrechtlich die **Anschaffungs- oder Herstellungskosten** auf die Geschäftsjahre **verteilen**, in denen der Vermögensgegenstand **voraussichtlich genutzt** werden kann (§ 253 Abs. 2 HGB).	Wirtschaftsgüter des Anlagevermögens, die der Abnutzung unterliegen, sind grundsätzlich mit den **Anschaffungs- oder Herstellungskosten, vermindert um die Absetzungen für Abnutzung** nach § 7 EStG anzusetzen.
Ausserplanmässige Abschreibungen:	**Ausserplanmässige Abschreibungen:**
Ohne Rücksicht darauf, ob ihre Nutzung zeitlich begrenzt ist, können bei Vermögensgegenständen des Anlagevermögens ausserplanmässige Abschreibungen vorgenommen werden. Sie sind bei einer voraussichtlich dauernden Wertminderung vorzunehmen. Ein **niedrigerer Wert** darf **beibehalten** werden, auch wenn die **Gründe** dafür **nicht mehr bestehen**.	Absetzungen für aussergewöhnliche technische oder wirtschaftliche Abnutzung sind zulässig. **Entfällt** hierfür **der Grund** in späteren Wirtschaftsjahren, ist in den Fällen der Gewinnermittlung nach § 4 Abs. 1 EStG oder nach § 5 EStG eine **entsprechende Zuschreibung** vorzunehmen.

Wirtschaftsgüter des Anlagevermögens, die der Abnutzung unterliegen, sind mit den Anschaffungs- oder Herstellungskosten oder dem an deren Stelle tretenden Wert, vermindert um die Absetzungen für Abnutzung, erhöhte Absetzungen, Sonderabschreibungen, Abzüge nach § 6b und ähnliche Abzüge, anzusetzen. Ist der Teilwert auf Grund einer voraussichtlich dauernden Wertminderung niedriger, so kann dieser angesetzt werden."

Auf die Handhabung bei nicht planmässigen Wertminderungen wird in Abschnitt 13.5.2 und 13.5.3 eingegangen. § 254 HGB sieht vor, dass Abschreibungen auch vorgenommen werden können, um Vermögensgegenstände des Anlage- und Umlaufvermögens mit dem niedrigeren Wert anzusetzen, der auf einer nur steuerrechtlich zulässigen Abschreibung beruht.

§ 279 HGB bestimmt für Kapitalgesellschaften, dass steuerrechtliche Abschreibungen handelsrechtlich nur insoweit vorgenommen werden dürfen, als das Steuerrecht ihre Anerkennung bei der steuerrechtlichen Gewinnermittlung davon abhängig macht, dass sie auch in der Handelsbilanz durchgeführt wurden.

13.5.1 Abschreibungsarten

Steuerrechtliche Absetzung für Abnutzung nach § 7 EStG für Gebäude		
regelmäßige AfA nach § 7 Abs. 4 EStG		
soweit sie zu einem Betriebsvermögen gehören und nicht Wohnzwecken dienen und für die der Antrag auf Baugenehmigung nach dem 31.03.85 gestellt worden ist, **4 %**	soweit die nebenstehenden Voraussetzungen nicht erfüllt sind und sie nach dem 31.12.1924 fertiggestellt wurden **2 %**	vor dem 01.01.1925 fertiggestellt wurden **2,5 %**
degressive AfA nach § 7 Abs. 5 EStG		
abweichend von Absatz 4 können im Jahr der Fertigstellung oder Anschaffung und in den 3 Folgejahren jeweils 10,0 %, den darauffolgenden 3 Jahren jeweils 5,0 %, den darauffolgenden 18 Jahren jeweils 2,5 % der Anschaffungs- oder Herstellungskosten abgezogen werden. Der Bauantrag muß vor dem 01.01.94 rechtswirksam sein. **Weitere Bedingungen:** Betriebsvermögen und nicht Wohnzwecken dienend.	abweichend von Absatz 4 können im Jahr der Fertigstellung oder der Anschaffung und in den 7 Folgejahren jeweils 5,00 %, den darauffolgenden 6 Jahren jeweils 2,50 % den darauffolgenden 36 Jahren jeweils 1,25 % der Anschaffungs- oder Herstellungskosten abgezogen werden. Der Bauantrag muß vor dem 01.01.95 rechtswirksam sein. **Weitere Bedingungen:** Privatvermögen oder Wohnzwecken dienendes Betriebsvermögen.	
	Wurde der Bauantrag nach dem 28.02.1989 gestellt und ist der Steuerpflichtige Bauherr oder hat er dieses Gebäude bis zum Ende des Jahres der Fertigstellung angeschafft, gelten folgende AfA-Beträge: - im Jahr der Fertigstellung und in den 3 Folgejahren jeweils 7,00 % - den darauffolgenden 6 Jahren 5,00 % - den darauffolgenden 6 Jahren 2,00 % - den darauffolgenden 24 Jahren 1,25 % **Bedingungen:** Wohnzwecken dienendes Betriebs- oder Privatvermögen	

Beispiel:

Ein Unternehmen hat ein neues Fertigungsgebäude errichtet. Der gültige Bauantrag wurden nach dem 01.01.1994 rechtswirksam. Das Fertigungsgebäude konnte ab dem 02.06. des laufenden Jahres genutzt werden, Anschaffungs- und Herstellungskosten betrugen netto 1 236 300,00 DM.

Lösung:

Nutzungsdauer:	25 Jahre	zeitanteilige Abschreibung:	7 Monate
Abschreibungssatz:	4 %	Abschreibungsbetrag für	
Abschreibungsbetrag / Jahr	49 452,00 DM	das laufende Jahr:	28 847,00 DM

Buchung der **zeitanteiligen Abschreibung** des Gebäudes:

Konto Soll			Konto Haben			Betrag DM
4830	*6220*	Abschreibung auf Sachanlagen				28 847,00
			0100	*0250*	Fabrikbauten	28 847,00

Steuerrechtliche Absetzung für Abnutzung nach § 7 EStG für unbewegliche abnutzbare Wirtschaftsgüter, die keine Gebäude oder Gebäudeteile sind (Abschnitt 42 Abs. 6)

Zu den abnutzbaren unbeweglichen Wirtschaftsgütern, die keine Gebäude oder Gebäudeteile sind, gehören z. B. Aussenanlagen wie Einfriedungen bei Betriebszufahrten, Hof- und Bodenbefestigungen (soweit sie nicht Betriebsvorrichtungen sind) und sonstige Mietereinbauten und Mieterumbauten im Sinne der Nummern 6 und 7 des BMF-Schreibens vom 15.01.1976 und der entsprechenden Erlasse der obersten Finanzbehörden der Länder. Diese Wirtschaftsgüter sind nach § 7 Abs. 1 abzuschreiben. Die Abschreibung bemisst sind nach der gewöhnlichen Nutzungsdauer und darf nur linear und zeitanteilig vorgenommen werden.

Beispiel:

Ein betrieblich genutzter Lagerplatz wurde mit einem Drahtzaun umgeben. Die Anschaffungs- und Herstellungskosten betrugen netto 55 920,00 DM, Fertigstellungszeitpunkt war der 02.09. des laufenden Jahres. Lt. AfA-Tabelle ist der Zaun 10 Jahre nutzbar.

Lösung:

Da es sich um ein nicht bewegliches Wirtschaftsgut handelt, ist nur die lineare und zeitanteilige Abschreibung möglich.

Abschreibungsbeginn:	September
Zeitanteilige Abschreibung:	4 Monate
Jahresabschreibungsbetrag:	5 592,00 DM
Zeitanteilige Abschreibungsbetrag:	1 864,00 DM

Buchung der **zeitanteiligen Abschreibung** des Zaunes:

Konto Soll			Konto Haben			Betrag DM
4830	*6220*	Abschreibung auf Sachanlagen				1 864,00
			0146	*0280*	Aussenanlagen	1 864,00

Abschreibung für immaterielle Wirtschaftsgüter

Nach § 5 EStG Abschnitt 31 a können immaterielle Wirtschaftsgüter keine beweglichen Wirtschaftsgüter sein. Daher kann für sie **nur die lineare Abschreibung** angewandt werden. Diese kann **nur zeitanteilig** erfolgen. Die Vereinfachungsregel nach Abschnitt 44 gilt **nicht** für immaterielle Wirtschaftsgüter.

Immaterielle Vermögensgegenstände können auch bei unbefristeter und unwiderruflicher Nutzung abnutzbar sein, wenn ein Ende ihrer Verwertbarkeit anzunehmen ist.

Ausnahme bilden Computerprogramme, deren Anschaffungskosten 800,00 DM nicht übersteigen (sogenannte Trivialprogramme). Sie gelten als geringwertige Wirtschaftsgüter (GWG) und können bereits im Jahr der Anschaffung sofort abgeschrieben werden.

Das Betriebssystem gehört in allen Fällen zu den Anschaffungskosten (AK) des Computers und kann auch mit diesem abgeschrieben werden. **Die Computeranlage zählt einschliesslich aller Peripheriegeräte** (Monitor, Tastatur, Mouse, Drucker, Scanner usw.) zu den beweglichen Wirtschaftsgütern.

Auch wenn **einzelne Komponenten** einer Computeranlage die Anschaffungskosten ohne Umsatzsteuer 800,00 DM nicht übersteigen, können sie **nicht** als **geringwertige Wirtschaftsgüter** sofort abgeschrieben werden, da sie nicht selbständig nutzbar sind.

Beispiel:

Ein Unternehmen kauft folgende Computeranlage mit spezieller CAD-Software, voraussichtliche Nutzungsdauer 5 Jahre, Anschaffung im April des laufenden Geschäftsjahres. Die Anlage ist linear abzuschreiben.

5	Computer komplett	30 000,00 DM	= AK Computeranlage		
5	Betriebssysteme, Netz	1 800,00 DM	= AK Computeranlage		
1	Laser-Drucker	6 500,00 DM	= AK Computeranlage	=	bewegliches
1	Laser-Drucker	1 420,00 DM	= AK Computeranlage		Wirtschaftsgut
1	Tintenstrahldrucker, Farbe	780,00 DM	= AK Computeranlage		
	diverse Kabel und dgl.	200,00 DM	= AK Computeranlage	=	40 700,00 DM
1	Grafikprogramm	750,00 DM	= AK GWG		
1	CAD-Programm	**35 400,00 DM**	= AK immaterielles Wirtschaftsgut = nicht bewegliches Wirtschaftsgut		

netto	76 850,00 DM
+ 16 % USt	12 296,00 DM
Rechnungsbetrag	**89 146,00 DM**

Lösung:

Die Anschaffungskosten des Computers (Hardware) in Höhe von 40 700,00 DM werden auf die Nutzungsdauer verteilt abschreiben (= 20 % lineare AfA-Satz). Dabei kann die Vereinfachungsregelung (R 44 EStG) angewandt werden. Das Grafikprogramm zu 750,00 DM kann als geringwertiges Wirtschaftsgut erfasst und im Jahr der Anschaffung voll abgeschrieben werden. Die Anschaffungskosten des CAD-Programmes werden auf die Nutzungsdauer von 5 Jahren verteilt (= 20 % linearer AfA-Satz). Im Jahr der Anschaffung kann aber nur zeitanteilig (8 Monate) abgeschrieben werden.

Abschreibungsbetrag CAD-Programm:	4 720,00 DM	(7 080,00 DM Jahresabschreibung)
Abschreibungsbetrag Computeranlage:	8 140,00 DM	
Abschreibungsbetrag GWG:	750,00 DM	

Buchung **Anschaffungskosten Computeranlage (ER)**:

Konto Soll			Konto Haben			Betrag DM
0027	*0135*	Software				35 400,00
0420	0650	Büroeinrichtung				40 700,00
0480	0670	Geringwertige WG				750,00
1575	*1405*	VSt				12 296,00
			1600	*3300*	Verbindlichkeiten L/L	89 146,00

Buchung der **Abschreibungen**:

Konto Soll			Konto Haben			Betrag DM
4822	*6200*	Abschr. auf immaterielle Wirtschaftsgüter				4 720,00
			0027	*0135*	Software	4 720,00
4830	*6220*	Abschr. auf Sachanlagen				8 140,00
			0420	*0650*	Büroeinrichtung	8 140,00
4855	*6260*	Sofortabschreibung GWG				750,00
			0480	*0670*	Geringwertige WG	750,00

Steuerrechtliche Absetzung für Abnutzung nach § 7 EStG für bewegliches abnutzbares Anlagevermögen

regelmäßige AfA nach § 7 Abs. 1 EStG

Die lineare AfA ist eine Abschreibungsmethode, bei der die Anschaffungs- oder Herstellungskosten in gleichen Jahresbeträgen auf die betriebsgewöhnliche Nutzungsdauer verteilt werden.

Beispiel:

Anschaffungskosten	10 000,00 DM
Nutzungsdauer	10 Jahre
AfA-Satz	10 %
AfA-Betrag je Jahr	1 000,00 DM

geom.-degressive AfA nach § 7 Abs. 2 EStG

Es handelt sich um eine Buchwertabschreibung, weil der Abschreibungsbetrag hier in einem festen Prozentsatz auf den jeweiligen Restbuchwert errechnet wird (Abschnitt 44 EStR).

Beispiel:

Anschaffungskosten	10 000,00 DM
Nutzungsdauer	10 Jahre
AfA-Satz	30 %
AfA-Betrag 1. Jahr	3 000,00
AfA-Betrag 2. Jahr	2 100,00
AfA-Betrag 3. Jahr	1 470,00

Bedingungen bei der Anwendung:

Die geometrisch-degressive AfA darf höchstens das **Dreifache** der linearen AfA betragen, jedoch **maximal 30 %**

Vereinfachungsvorschrift nach R 44 EStG:

Grundsätzlich ist die AfA zeitanteilig vorzunehmen, angefangene Kalendermonate gelten als volle Kalendermonate.

Im **Jahr der Anschaffung oder Herstellung** lässt **R 44 EStG** zu, dass für Wirtschaftsgüter, die im **ersten Halbjahr** beschafft oder hergestellt wurden, die **volle Jahres-AfA** zum Abzug kommen kann. Wurden die Wirtschaftsgüter im **zweiten Halbjahr** angeschafft oder hergestellt, so kann die **Hälfte der Jahres-Abschreibung** zum Abzug kommen.

Im **Wirtschaftsjahr der Veräußerung** hingegen ist die AfA immer zeitanteilig **bis zum Veräußerungszeitpunkt** vorzunehmen. Angefangene Kalendermonate gelten als volle Kalendermonate.

Beispiel:	
Anschaffungswert einer Maschine	10 000,00 DM
Anschaffungszeitpunkt	23.06.
Nutzungsdauer	10 Jahre

lineare AfA	geometrisch-degressive AfA
Die AfA beträgt grundsätzlich 7/12 der Jahres-Abschreibung von 1 000,00 DM = 583,00 DM (abgerundet)	Die AfA beträgt grundsätzlich 7/12 der Jahres-Abschreibung von 3 000,00 DM = 1 750,00 DM
Nach R 44 EStG ist aber auch die volle Jahres-Abschreibung von 1 000,00 DM möglich, weil das Wirtschaftsgut im ersten Halbjahr angeschafft wurde.	Nach R 44 EStG ist aber auch die volle Jahres-Abschreibung von 3 000,00 DM möglich, weil das Wirtschaftsgut im ersten Halbjahr angeschafft wurde.

Übergang von der geometrisch-degressiven Abschreibung auf die lineare Abschreibung

Nach § 7 Abs. 3 EStG ist der **Übergang von der Absetzung in fallenden Jahresbeträgen** (= geometrisch-degressive Abschreibung) **zur Absetzung für Abnutzung in gleichen Jahresbeträgen** (= lineare Abschreibung) **zulässig.** Der **Übergang** von der **linearen zur geometrisch-degressiven** Abschreibung ist hingegen **verboten.**

Beispiel:

Eine Maschine wurde bislang geom.-degressiv abgeschrieben. Die Nutzungsdauer ist 5 Jahre, der Abschreibungssatz beträgt 30 %. Die Maschine wurde am 10.02. beschafft, Anschaffungskosten 10 000,00 DM.

Anschaffungswert	10 000,00 DM	Im 3. Jahr bietet es sich an, von der geom.degr. AfA auf die lineare AfA überzugehen. Der Restwert wird auf die Restnutzungsdauer in gleichen Beträgen verteilt.
AfA 1. Jahr, 30 % von 10 000,00	3 000,00 DM	
Restwert	7 000,00 DM	
AfA 2. Jahr, 30 % von 7 000,00	2 100,00 DM	Im nebenstehenden Beispiel beträgt die AfA im 3., 4. und 5. Jahr der Nutzung dann 4 900,00 : 3 = **1 633,00 DM.**
Restwert	4 900,00 DM	
AfA 3. Jahr, 30 % von 4 900,00	**1 470,00 DM**	Damit ist der AfA-Betrag höher als bei Beibehaltung der geometrisch-degressiven Methode.

In der Regel erfolgt der Übergang der geometrisch-degressiven AfA auf die lineare AfA im **dritt-
letzten Jahr der Nutzung**.

Beispiele:	Nutzungsdauer	12 Jahre	=	Übergang im	10. Jahr der Nutzung
	Nutzungsdauer	10 Jahre	=	Übergang im	8. Jahr der Nutzung
	Nutzungsdauer	8 Jahre	=	Übergang im	6. Jahr der Nutzung
	Nutzungsdauer	5 Jahre	=	Übergang im	3. Jahr der Nutzung

Abschreibung nach Massgabe der Leistung nach § 7 Abs. 1 Satz 4 EStG

Die Abschreibung nach Massgabe der Leistung kann nur für bewegliche Wirtschaftsgüter des
Anlagevermögens vorgenommen werden, deren Leistung erheblich schwankt und deren Verschleiss
dementsprechend wesentliche Unterschiede aufweist.

Voraussetzung für AfA nach Massgabe der Leistung ist, dass der auf das einzelne Wirtschaftsjahr
entfallende Umfang der Leistung nachgewiesen wird. Der Nachweis kann z. B. bei einer
Spezialmaschine durch ein die Anzahl der Arbeitsgänge registrierendes Zählwerk oder bei einem
Kraftfahrzeug durch den Kilometerzähler geführt werden (R 44 Abs. 5 EStG).

Beispiel:

Die Anschaffungskosten eines Fahrzeugs betragen 40 000,00 DM. Der Nachweis der Leistung wird
durch ein Fahrtenbuch bzw. dem Fahrtenschreiber erbracht. Die geschätzte Gesamtfahrleistung des
Fahrzeugs beträgt 250 000 km.

Im ersten Jahr beträgt die Fahrleistung 100 000 km, die AfA beträgt 10/25 von 40 000,00 DM =
16 000,00 DM.

13.5.2 Abschreibungsverfahren

Abschreibungen werden **direkt** vorgenommen, das heisst, dass der Werteverzehr, dem ein Wirtschaftsgut des Anlagevermögens unterliegt, direkt im jeweiligen Anlagenkonto abgesetzt wird. Die
Vermögensänderung erfolgt auf der Aktivseite der Bilanz bei der entsprechenden Bilanzposition
des Vermögensgegenstandes.

Die Abschreibungshöhe wird durch die Festlegung der Nutzungsdauer und die Wahl der
Abschreibungsmethode, ob linear oder degressiv, festgelegt. Die Gliederung der Bilanz nach
den Formvorschriften des Bilanzrichtliniengesetzes sieht keinen Korrekturposten "Wertberich-
tigung auf Anlagevermögen" zu den Aktivposten "Sachanlagen" mehr vor. Wird ein Konto
"Wertberichtigung auf Anlagevermögen" noch geführt, so wird dies bei der Bilanzerstellung auf der
Aktivseite der jeweiligen Sachanlagen-Position abgesetzt.

Beispiel:

Ein Lieferwagen hatte einen Anschaffungswert von 80 000,00 DM und stand mit einem Restwert
von 64 000,00 DM in der Eröffnungsbilanz zum 01.01. des Wirtschaftsjahres zu Buche. Die
Nutzungsdauer beträgt 5 Jahre. Bei linearer Abschreibung beträgt der Abschreibungssatz 20 %, der
Abschreibungsbetrag 16 000,00 DM.

Buchung der **Abschreibung des Fahrzeugs**:

Konto Soll			Konto Haben			Betrag DM
4830	*6220*	Abschr. auf Sachanlagen				16 000,00
			0350	*0540*	LKW	16 000,00

Erfassung auf dem Sachkonto:

S	LKW		H	
AB	64 000,00	AfA	16 000,00	
		SB	**48 000,00**	= Ausweis in der Bilanzposition
	64 000,00		64 000,00	**"Andere Anlagen, Betriebs-**
				und Geschäftsausstattung".

Sonderabschreibungen auf Sachanlagen aufgrund steuerlicher Sondervorschriften

- **Gesetz über Sonderabschreibungen und Abzugsbeträge im Fördergebiet (Fördergebietsgesetz) vom 23.09.1993, geändert durch das Jahressteuergesetz 1996.**

Sonderabschreibungen bis zu 50 % der Anschaffungs- oder Herstellungskosten der angeschafften oder hergestellten Wirtschaftsgütern oder der Herstellungskosten, die für die nachträglichen Herstellungsarbeiten aufgewendet worden sind. Diese Sätze wurden inzwischen gesenkt und zeitlich begrenzt. Die genauen Vorschriften sind im "Gesetz über Sonderabschreibungen und Abzugsbeträge im Fördergebiet" (Fördergebietsgesetz) geregelt.

Die Sonderabschreibungen können im Jahr der Anschaffung oder Herstellung oder Beendigung der nachträglichen Herstellungsarbeiten und in den vier folgenden Jahren in Anspruch genommen werden. Sie gelten bereits für Anzahlungen auf Anschaffungskosten und für Teilherstellungskosten.

Begünstigt sind:

- die Anschaffung und die Herstellung von abnutzbaren beweglichen Wirtschaftsgütern des Anlagevermögens sowie nachträgliche Herstellungsarbeiten an solchen,

- Baumassnahmen - die Anschaffung und die Herstellung von abnutzbaren unbeweglichen Wirtschaftsgütern sowie Modernisierungsmassnahmen und andere nachträgliche Herstellungsarbeiten an abnutzbaren unbeweglichen Wirtschaftsgütern. Gehören solche beim Erwerber nicht zum Betriebsvermögen, so muss es sich um Neuobjekte handeln, auf die § 7 Abs. 5 EStG nicht angewendet wurde; Modernisierungsaufwendungen sind auch bei alten Objekten im Privatvermögen begünstigt.

Begünstigt sind Investitionen im Fördergebiet (= Berlin, Brandenburg, Mecklenburg-Vorpommern, Sachsen, Sachsen-Anhalt, Thüringen)

- **Sonderabschreibung zur Förderung kleiner und mittlerer Betriebe (§ 7 g EStG)**

Sonderabschreibung in Höhe von 20 %

Bei neuen beweglichen Wirtschaftsgütern des Anlagevermögens können im Jahr der Anschaffung oder Herstellung und in den vier folgenden Jahren **neben** der AfA nach § 7 Abs. 1 oder 2 EStG Sonderabschreibungen bis zu insgesamt **20 % der Anschaffungs- oder Herstellungskosten** in Anspruch genommen werden.

Die Sonderabschreibungen nach Absatz 1 können nur in Anspruch genommen werden, wenn

1. das Betriebsvermögen des Gewerbebetriebs oder des der selbständigen Arbeit dienenden Betriebs, zu dessen Anlagevermögen das Wirtschaftsgut gehört, zum Schluss des der Anschaffung oder Herstellung des Wirtschaftsguts vorangehenden Wirtschaftsjahrs nicht mehr als 400 000,00 DM beträgt.

2. das Wirtschaftsgut

   a) mindestens ein Jahr nach seiner Anschaffung oder Herstellung in einer inländischen Betriebsstätte dieses Betriebs verbleibt und

   b) im Jahr der Inanspruchnahme von Sonderabschreibungen im Betrieb des Steuerpflichtigen ausschliesslich oder fast ausschliesslich betrieblich genutzt wird und

3. für die Anschaffung oder Herstellung eine Rücklage gebildet worden ist.

- **Ansparabschreibung in Höhe von 50 %**

Steuerpflichtige können für die künftige Anschaffung oder Herstellung eines Wirtschaftsguts im Sinne des Absatzes 1 eine den Gewinn mindernde Rücklage bilden (Ansparabschreibung). Die Rücklage darf 50 % der Anschaffungs- oder Herstellungskosten des begünstigten Wirtschaftsguts nicht überschreiten, das der Steuerpflichtige voraussichtlich bis zum Ende des zweiten auf die Bildung der Rücklage folgenden Wirtschaftsjahrs anschaffen oder herstellen wird. Eine Rücklage darf nur gebildet werden, wenn

1. der Steuerpflichtige den Gewinn nach § 4 Abs. 1 oder § 5 ermittelt;

2. der Betrieb am Schluss des Wirtschaftsjahrs, das dem Wirtschaftsjahr der Bildung der Rücklage vorangeht, das genannte Grössenmerkmal erfüllt;

3. die Bildung und Auflösung der Rücklage in der Buchführung verfolgt werden können und

4. der Steuerpflichtige keine Rücklagen nach dem Zonenrandförderungsgesetz oder dem Fördergebietsgesetz ausweist.

Eine Rücklage kann auch gebildet werden, wenn dadurch ein Verlust entsteht oder sich erhöht. Die am Bilanzstichtag insgesamt gebildeten Rücklagen dürfen je Betrieb des Steuerpflichtigen den Betrag von 300 000 DM nicht übersteigen.

Sobald für das begünstigte Wirtschaftsgut Abschreibungen vorgenommen werden dürfen, ist die Rücklage in Höhe von 50 % der Anschaffungs- oder Herstellungskosten gewinnerhöhend aufzulösen. Ist eine Rücklage am Ende des zweiten auf ihre Bildung folgenden Wirtschaftsjahrs noch vorhanden, so ist sie zu diesem Zeitpunkt gewinnerhöhend aufzulösen.

144

Wird kein neues Wirtschaftsgut angeschafft, dann ist der Gewinn des Wirtschaftsjahrs, in dem die Rücklage aufgelöst wird, für jedes volle Wirtschaftsjahr, in dem die Rücklage bestanden hat, um 6 % des aufgelösten Rücklagenbetrags zu erhöhen.

Wird eine Rücklage von einem Existenzgründer im Wirtschaftsjahr der Betriebseröffnung und den fünf folgenden Wirtschaftsjahren (Gründungszeitraum) gebildet, ist zu beachten, dass

1. das begünstigte Wirtschaftsgut vom Steuerpflichtigen voraussichtlich bis zum Ende des fünften auf die Bildung der Rücklage folgenden Wirtschaftsjahrs angeschafft oder hergestellt wird;

2. der Höchstbetrag für im Gründungszeitraum gebildete Rücklagen 600 000,00 DM beträgt und

3. die Rücklage spätestens am Ende des fünften auf ihre Bildung folgenden Wirtschaftsjahrs gewinnerhöhend aufzulösen ist;

Beispiel: Bildung einer Ansparabschreibung in Verbindung mit der Sonderabschreibung

Unternehmen Frisch, auf das die Merkmale für die Möglichkeit der Bildung einer Ansparabschreibung zutreffen, will im nächsten Wirtschaftsjahr den Maschinenpark erweitern. Geplant ist der Kauf einer Entgratmaschine. Der Kaufpreis wird voraussichtlich 160 000,00 DM betragen. Wegen der günstigen wirtschaftlichen Situation soll eine Rücklage in Höhe von 50 % (80 000,00 DM) gebildet werden.

Buchung der **Ansparabschreibung** für die Entgratmaschine:

Konto Soll			Konto Haben			Betrag DM
2345	*6927*	Einstellung in Sonder-posten mit Rücklagenanteil				80 000,00
			0930	*2980*	Sonderposten mit Rücklagenanteil	80 000,00

Im März des folgenden Wirtschaftsjahres wird die Maschine gekauft. Die Anschaffungskosten betragen brutto 191 400,00 DM (netto 165 000,00 DM + 16 % USt = 26 400,00 DM). Die betriebsgewöhnliche Nutzungsdauer beträgt aufgrund von Erfahrungswerten 8 Jahre.

Buchung **Kauf (ER)** der Entgratmaschine:

Konto Soll			Konto Haben			Betrag DM
0210	*0440*	Maschinen				165 000,00
1405	*1575*	VSt				26 400,00
			1600	*3300*	Verbindlichkeiten	191 400,00

Am Jahresende soll die Maschine neben der Sonder- AfA von 20 % für Klein- und Mittelbetriebe so hoch wie möglich abgeschrieben werden. Zusätzlich kann die Maschine als bewegliches Wirtschaftsgut mit 30 % geom. degr. (lin. AfA 12,5 % x 3 = 37,5 %, jedoch max. 30 %) abgeschrieben werden. Die Anschaffung war im 1. Halbjahr. Daher ist die volle Abschreibung möglich.

30 %	Planmässige Abschreibung	49 500,00 DM
20 %	Sonderabschreibung	33 000,00 DM

Buchung der **planmässigen Abschreibung** der Maschine:

Konto Soll			Konto Haben			Betrag DM
4830	*6220*	Abschr. auf Sachanlagen				49 500,00
			0210	*0440*	Maschinen	49 500,00

Buchung der **Sonderabschreibung** der Maschine:

Konto Soll			Konto Haben			Betrag DM
4850	*6240*	Abschr. auf Sachanlagen aufgrund steuerlicher Sondervorschriften				33 000,00
			0210	*0440*	Maschinen	33 000,00

Sobald für das begünstigte Wirtschaftsgut Abschreibungen vorgenommen werden dürfen, ist die Rücklage in Höhe von 50 % der Anschaffungs- und Herstellungskosten aufzulösen.

Wird bis zum Ende des zweiten Jahres der Rücklagenbildung kein neues Wirtschaftsgut angeschafft und ist die Rücklage noch vorhanden, so ist sie bis zum Ende des zweiten Jahres aufzulösen.

Buchung der **Auflösung der Ansparabschreibung** für die Entgratmaschine:

Konto Soll			Konto Haben			Betrag DM
0930	*2980*	Sonderposten mit Rücklagenanteil				80 000,00
			2741	*4937*	Erträge aus Auflösung von Sonderposten mit Rücklagenanteil	80 000,00

13.5.3 Abschreibungsbeispiele

Beispiel 1: (Grundstücke)

Unternehmer Moser kauft am 30.04.01 ein unbebautes Grundstück, das später mit einem Betriebsgebäude bebaut werden soll. Die Anschaffungskosten betragen 420 800,00 DM. Zum 31.12.01 ist der Umstand bekannt, dass durch ein geändertes Planfeststellungsverfahren die Zufahrt zu dem Grundstück verlegt wird, so dass das Grundstück nur noch eingeschränkt genutzt werden kann. Aus diesem Grund hat das Grundstück lt. Gutachten nur noch einen Wert von 200 000,00 DM.

Bewertung zum 31.12.01:

Das unbebaute Grundstück unterliegt keiner planmässigen Abschreibung. Hier liegt jedoch ein Grund für eine ausserplanmässige Abschreibung vor. Die Bewertung ist zwingend in Höhe von 200 000,00 DM vorzunehmen, da die Wertminderung auf Dauer sein wird. Der Ansatz führt zu einer ausserplanmässigen Abschreibung von 220 800,00 DM (im Anhang erläuterungspflichtig).

Würde der Wert später aus irgendwelchen Gründen wieder steigen, so hätte der Unternehmer handelsrechtlich ein Bewertungswahlrecht, steuerrechtlich eine Zuschreibungspflicht. Kapitalgesellschaften müssten auch handelsrechtlich zuschreiben.

Beispiel 2: (Maschinen)

Unternehmer Moser hat am 12.02.01 eine Maschine im Wert von 35 000,00 DM angeschafft. Die Nutzungsdauer beträgt 10 Jahre. Er schreibt linear ab. Am 31.12.01 wird die Maschine mit 31 500,00 DM bewertet, am 31.12.02 mit dem Restwert von 28 000,00 DM. Zum 31.12.03 stellt Moser fest, dass der Wert statt dem Restwert von 24 500,00 DM wegen technischer Neuerungen nur noch 15 000,00 DM beträgt.

Bewertung zum 31.12.03:

Der Wert der Maschine ist mit 15 000,00 DM zwingend anzusetzen. Es ist zuerst die planmässige Abschreibung in Höhe von 3 500,00 DM vorzunehmen, dann die ausserplanmässige Abschreibung in Höhe von 9 500,00 DM (Konto Ausserplanmässige und das Übliche überschreitende Abschreibungen).

Die ausserplanmässige Abschreibung kann nur vorgenommen, wenn vorher linear abgeschrieben wurde. Wurde vorher geometrisch-degressiv abgeschrieben, ist zuerst auf die lineare Abschreibung überzugehen (= Restbuchwert : Restnutzungsdauer), dann kann ausserplanmässig abgeschrieben werden.

Aufgaben zur Sicherung des Lernerfolges:

Bilden Sie zu nachstehenden Tatbeständen die Buchungssätze:

1. Die Herstellungskosten eines Betriebsgebäudes betrugen 400 000,00 DM. Es wurde im August des Abschlussjahres fertiggestellt. Berechnen Sie die Absetzung für Abnutzung für das Jahr der Fertigstellung, wenn

   a) die AfA nach § 7 Abs. 4 EStG,

   b) Berechnen Sie die Absetzungen für Abnutzung in den Folgejahren!

2. Nennen Sie Bestandteile der Herstellungskosten von Gebäuden!

3. Nennen Sie Bestandteile der Anschaffungskosten von Gebäuden!

4. Gehören die Ausgaben für den Grund und Boden zu den Bestandteilen von Nr. 2) und 3)?

5. Ein ausschliesslich betrieblich genutzter Pkw wurde im Mai des Abschlussjahres angeschafft, Anschaffungskosten 25 000,00 DM, Nutzungsdauer 5 Jahre.

   a) Die AfA ist linear vorzunehmen unter Inanspruchnahme der Vereinfachungsvorschrift des R 44 EStG!

   b) Die AfA ist geometrisch-degressiv vorzunehmen unter Inanspruchnahme der Vereinfachungsvorschrift des R 44 EStG!

   c) Berechnen Sie die AfA aus a) und b) für das Folgejahr!

   d) Berechnen Sie den günstigsten Zeitpunkt des Übergangs von der geometrisch-degressiven AfA (Nr. b) zu der linearen AfA nach § 7 Abs. 1 EStG!

   e) Wäre ein Wechsel von der linearen zu der degressiven AfA in diesem Falle auch möglich?

6. Eine Maschine steht am Verkaufstag noch mit 3 000,00 DM (nach zeitanteiliger AfA) zu Buche. Der Unternehmer erlöst 5 000,00 DM + 16 % USt (800,00 DM) = 5 800,00 DM.

   a) Buchen Sie den Erlös!

   b) Buchen Sie den Ausgleich des Bestandskontos durch den Verkauf!

7. Kann ein Fahrzeug, das rein privat genutzt wird, abgeschrieben werden?

8. Ein Unternehmen, für das alle Merkmale für einen mittleren Betrieb vorliegen, möchte im kommenden Wirtschaftsjahr eine Maschine im Wert von 250 000,00 DM netto anschaffen.

   a) Wie kann das Unternehmen bereits im abzuschliessenden Wirtschaftsjahr diesen Tatbestand berücksichtigen?

   b) Buchen Sie den Vorgang für das abzuschliessende Wirtschaftsjahr, es soll eine Ansparabschreibung in Höhe von 25 % der voraussichtlichen Anschaffungskosten gebildet werden.

   c) Im Mai des Folgejahres wird die Maschine gekauft, Anschaffungskosten 359 600,00 DM (netto 310 000,00 DM + 16 % USt = 49 600,00 DM). Die Maschine hat eine betriebsgewöhnliche Nutzungsdauer von 8 Jahren.

   d) Die Maschine wird innerhalb der Skontofrist bezahlt. Es können 2 % Skonto in Abzug gebracht werden. Der Überweisungsbetrag lautet auf 352 408,00 DM.

   e) Das Fundament für die Maschine wird bauseits vom Unternehmen selbst hergestellt. Es fielen Herstellkosten in Höhe von 3 200,00 DM an.

   f) Die Herstellerfirma lieferte noch Spezialwerkzeug für die Maschine und Spezialöle zur Pflege nach. Folgende Rechnung wurde gestellt:

Spezialwerkzeuge	5 000,00 DM
2 Gebinde Spezialöl	650,00 DM
netto	5 650,00 DM
+ 16 % USt	904,00 DM
brutto	**6 554,00 DM**

   g) Nehmen Sie die Sonderabschreibung für Klein- und Mittelbetriebe und die planmässige Abschreibung vor!

   h) Lösen Sie die Ansparabschreibung auf!

9. Ein Industriebetrieb richtet einen neuen Lagerplatz ein und lässt diesen befestigen, Fertigstellung im Mai des Abschlussjahres. Die Kosten betragen 150 000,00 DM, die Nutzungsdauer wird auf 15 Jahre geschätzt.

   a) Kommt für den Lagerplatz auch die geom.-degr. Abschreibung in Frage? Begründung!

   b) Wie hoch ist die Abschreibung und der Restbuchwert für das Abschlussjahr?

   c) Wie hoch ist die Abschreibung für das Folgejahr?

10. Welche Voraussetzungen müssen vorliegen, um ein Wirtschaftsgut nach Leistungseinheiten abschreiben zu können?

13.5.4 Bewertungsvorschriften für das Anlagevermögen

Die allgemeinen handelsrechtlichen Bewertungsvorschriften sind wegen der Massgeblichkeit der Handelsbilanz für die Steuerbilanz auch steuerlich zu beachten, soweit nicht steuerrechtliche Vorschriften dem entgegenstehen.

Für Nicht-Kapitalgesellschaften lässt § 253 Abs. 4 HGB die Bildung stiller Reserven zu. Dies darf jedoch ausschliesslich über Abschreibungen erfolgen. Das Vollständigkeitsprinzip verbietet hier die Bildung stiller Reserven durch Nichtaktivierung oder späteres Weglassen von Vermögensgegenständen. Für Kapitalgesellschaften stellen die Wertobergrenzen gleichzeitig die handelsrechtlichen Wertuntergrenzen dar.

Die handelsrechtlichen Vorschriften der §§ 238 - 263 HGB gelten für alle Kaufleute, die §§ 264 ff. HGB beinhalten Zusatzvorschriften, die nur für Kapitalgesellschaften gelten.

	abnutzbares Anlagevermögen	nicht abnutzbares Anlagevermögen
Grundsatz	absolute Wertobergrenze sind die Anschaffungs- oder Herstellungskosten, § 253 Abs. 1 HGB	absolute Wertobergrenze sind die Anschaffungs- oder Herstellungskosten, § 253 Abs. 1 HGB
planmässige Abschreibungen	**Abschreibungspflicht** § 253 Abs. 2 S. 1 HGB	**keine** planmässige Abschreibung
ausserplanmässige Abschreibung bei voraussichtlicher dauernder Wertminderung	**Abschreibungspflicht,** § 253 Abs. 2 S. 3 HGB	**Abschreibungspflicht,** § 253 Abs. 2 S. 3 HGB
ausserplanmässige Abschreibung bei vorübergehender Wertminderung	**Wahlrecht,** niedrigerer Wert kann angesetzt werden, § 253 Abs. 2 S. 3 HGB	**Wahlrecht,** niedrigerer Wert kann angesetzt werden, § 253 Abs. 2 S. 3 HGB
Wegfall der Gründe einer ausserplanmässigen Abschreibung	Eine **Wertaufholung kann** vorgenommen werden; alter Ansatz **kann** aber auch beibehalten werden. Dies **gilt nicht** für die **Steuerbilanz**, § 253 Abs. 5 HGB	Eine **Wertaufholung kann** vorgenommen werden, alter Ansatz **kann** aber auch beibehalten werden. Dies **gilt nicht** für die **Steuerbilanz**, § 253 Abs. 5 HGB
Niedrigerer Wert aufgrund steuerrechtlicher Vorschriften	nach § 254 Abs. 1 HGB unbeschränkt zulässig	nach § 254 Abs. 1 HGB unbeschränkt zulässig

Für Kapitalgesellschaften gilt, dass bei vorübergehender Wertminderung ein Wahlrecht zum Ansatz des niedrigeren Werts nur für Finanzanlagen besteht. Weitere Abschreibungen im Rahmen vernünftiger kaufmännischer Beurteilung sind nach § 279 Abs. 1 S. 1 HGB unzulässig. Fallen die Gründe für eine ausserplanmässige Abschreibung weg, so besteht nach § 280 Abs. 1 - 3 HGB ein Wertaufholungsgebot, wenn nicht steuerrechtlich weiterhin zulässig und umgekehrte Massgeblichkeit gilt.

Das Anlagevermögen setzt sich aus folgenden Positionen zusammen:

I. **Immaterielle Vermögensgegenstände (Wirtschaftsgüter)**
    - Konzessionen, gewerbliche Schutzrechte, ähnliche Rechte und Werte sowie Lizenzen an solchen Rechten und Werten;
    - Geschäfts- oder Firmenwert;
    - hierauf geleistete Anzahlungen;

II. **Sachanlagen**, insbesondere
    - Grundstücke (Grund und Boden und Gebäude);
    - technische Anlagen und Maschinen;
    - andere Anlagen, Betriebs- und Geschäftsausstattung (darunter Fahrzeuge);
    - hierauf geleistete Anzahlungen und Anlagen im Bau;

III. **Finanzanlagen**, insbesondere
    - Anteile an verbundenen Unternehmen;
    - Beteiligungen;
    - Wertpapiere des Anlagevermögens.

Merke:

- **Das Anlagevermögen ist dazu bestimmt, dem Betrieb auf Dauer zu dienen.**

- **Anlagevermögen, Umlaufvermögen und aktive Rechnungsabgrenzungsposten bilden die Aktivseite der Bilanz.**

- **Nicht abnutzbare Wirtschaftsgüter des Anlagevermögens**
  - » **unterliegen keiner planmässigen Abschreibung,**
  - » **müssen bei voraussichtlich dauernder Wertminderung auf den niedrigeren Wert abgeschrieben werden (handelsrechtlich),**
  - » **können bei voraussichtlich vorübergehender Wertminderung auf den niedrigeren Wert abgeschrieben werden (handelsrechtlich).**
  - » **müssen im Wert bis zu Anschaffungskosten aufgeholt werden, wenn die Gründe der Wertminderung wegfallen (handelsrechtlich und steuerrechtlich).**

- **Abnutzbare Wirtschaftsgüter des Anlagevermögens**
  - » **unterliegen einer planmässigen Abschreibung,**
  - » **müssen bei voraussichtlich dauernder Wertminderung auf den niedrigeren Wert abgeschrieben werden.**
  - » **können bei voraussichtlich vorübergehender Wertminderung auf den niedrigeren Wert abgeschrieben werden (nur handelsrechtlich)**
  - » **müssen steuerrechtlich, können handelsrechtlich im Wert aufgeholt werden, wenn die Gründe für die ausserplanmässige Abschreibung wegfallen, jedoch höchstens bis zu dem um die planmässigen Abschreibungen fortgeführten Wert.**

13.6 Bewertung des Umlaufvermögens

Das Umlaufvermögen umfasst insbesondere Vorräte, Forderungen, Wertpapiere und Geldbestände (Schecks, Kasse, Bankguthaben). Auch hier wirken sich die allgemeinen Bewertungsgrundsätze als Grundsätze ordnungsmässiger Buchführung wegen des Grundsatzes der Massgeblichkeit der Handelsbilanz für die Steuerbilanz aus, soweit nicht steuerrechtliche Sondervorschriften bestehen.

13.6.1 Bewertung und Abschreibung des Umlaufvermögens

Grundsatz	absolute Wertobergrenze sind Anschaffungs- oder Herstellungskosten § 253 Abs. 1 HGB
planmässige Abschreibungen	entfallen
bei eingetretenen Wertminderungen	**Niederstwertansatz** ist zwingend vorgeschrieben, § 253 Abs. 3 HGB auf 1. den niedrigeren Börsen- oder Marktpreis (falls feststellbar), ansonsten auf 2. den niedrigeren beizulegenden Wert.
bei Wegfall der Gründe für die Wertminderung	**Wahlrecht**, niedrigerer Wert **kann** beibehalten werden, höherer Wertansatz **kann** alternativ angesetzt werden, § 253 Abs. 5 HGB.
	» **Börsenwert** amtlicher oder im geregelten Freiverkehr festgestellter Wert; » **Marktpreis** bei laufenden Umsätzen relativ standardisierter Güter; » **beizulegender Wert** Sammelbezeichnung für alle übrigen Arten von Zeitwerten (Wiederbeschaffungswert, Einzelveräusserungswert, spezielle Zeitwerte).
weitergehende Abschreibungen	sind handelsrechtlich zulässig auf 1. einen für die Zukunft erwarteten niedrigeren Wert (§ 253 Abs. 3 Satz 3 HGB) oder 2. auf einen niedrigeren Wert, der im Rahmen vernünftiger kaufmännischer Beurteilung liegt (§ 253 Abs. 4 HGB) oder 3. auf einen niedrigeren steuerlichen Wert (§ 254 HGB).

§ 5 Abs. 1 EStG bestimmt, dass für den Schluss des Wirtschaftsjahres das Betriebsvermögen anzusetzen ist, das nach den handelsrechtlichen Grundsätzen ordnungsmässiger Buchführung auszuweisen ist. Für die Bewertung der einzelnen Wirtschaftsgüter bestimmt § 6 EStG, dass die Wirtschaftsgüter des Umlaufvermögens mit den Anschaffungs- oder Herstellungskosten anzusetzen sind. Statt diesen kann der niedrigere **Teilwert** angesetzt werden, wenn die Wertminderung von Dauer ist. Hier weicht die steuerliche Bewertung von der handelsrechtlichen Bewertung ab. Handelsrechtlich ist das Stichtagsprinzip sowie das strenge Niederstwertprinzip zu beachten.

Bei Wirtschaftsgütern, die bereits am Schluss des vorangegangenen Wirtschaftsjahres zum Betriebsvermögen gehört haben, kann der Steuerpflichtige in den folgenden Wirtschaftsjahren den Teilwert auch dann ansetzen, wenn er höher ist als der letzte Bilanzansatz; Obergrenze bilden jedoch die Anschaffungs- oder Herstellungskosten.

Für **Kapitalgesellschaften** besteht handelsrechtlich die Vorschrift, dass bei Wegfall der Gründe für die Wertminderung ein **Wertaufholungsgebot** nach § 280 Abs. 1 - 3 HGB besteht, wenn nicht steuerrechtlich der niedrigere Wert zulässig ist und die umgekehrte Massgeblichkeit der Steuerbilanz für die Handelsbilanz gilt.

13.6.2 Bewertung von Forderungen aus Lieferungen und Leistungen

Forderungen entstehen aus der normalen Geschäftstätigkeit, wobei die Gewinnverwirklichung erst bei Lieferung (genauer: Gefahrenübergang) erfolgt. Bei der Bewertung der Forderungen sind alle bekannten Umstände zu berücksichtigen, die sich aus der Person des Schuldners, der Eigenschaft der Forderung selbst und allen Tatbeständen ergeben, die den Forderungseingang zweifelhaft erscheinen lassen.

Forderungen werden unterschieden in

1. einwandfreie   Forderungen
2. zweifelhafte   Forderungen
3. uneinbringliche Forderungen

Warenverkäufe auf Ziel werden im Konto **Forderungen aus Lieferungen und Leistungen** gebucht. Der Unternehmer geht davon aus, dass der Kunde vertragsgemäss seine Zahlungsverpflichtungen erfüllt. Erkennt er, dass seine Forderung teilweise oder ganz zweifelhaft wurde, so trägt er dieser Erkenntnis dadurch Rechnung, dass er diese zweifelhafte Forderung von den einwandfreien Forderungen trennt.

In der Praxis wird häufig auf diese Umbuchung verzichtet, da durch die Buchung der offene Posten nicht mehr kundenspezifisch überwacht werden kann. Zweifelhafte Forderungen sind im wesentlichen ein Bewertungsproblem während des Jahres, vor allem aber bei der Bilanzierung. Eine Umbuchung auf ein Konto "zweifelhafte Forderungen" ist nicht unbedingt erforderlich.

Buchung, falls die **zweifelhafte Forderung** umgebucht wird:

Konto Soll			Konto Haben			Betrag DM
1460	*1240*	Zweifelhafte Forderungen				
			1400	*1200*	Forderungen L/L	

In der Bilanz werden die Konten wieder zusammengefasst und in der Bilanzposition

II. Forderungen und sonstige Vermögensgegenstände:

1. Forderungen aus Lieferungen und Leistungen

ausgewiesen. Durch den Umbuchungsvorgang wurde noch keine erfolgswirksame Buchung vorgenommen.

Wird eine **einwandfreie** oder eine **zweifelhafte** Forderung uneinbringlich, so ist diese erfolgswirksam abzuschreiben.

Buchung **Forderungsausfall mit Umsatzsteuerkorrektur** (Einzelbewertung):

Konto Soll			Konto Haben			Betrag DM
2405	*6935*	Forderungsverluste				
1775	*3805*	USt				
			1460	*1240*	Zweifelhafte Forderungen **oder**	
			1400	*1200*	Forderungen L/L	

Zusätzlich hat der Unternehmer am Jahresende, dem Prinzip der wirtschaftlichen Zugehörigkeit folgend, seinen **gesamten Forderungsbestand** zu bewerten. Im Rahmen dessen kann er das Ausfallrisiko in einem Prozentsatz, seines gesamten einwandfreien Forderungsbestandes **pauschal** berücksichtigen. Der angewandte Prozentsatz ist steuerrechtlich zu begründen. In der Regel beruht er aus den Erfahrungen der Vergangenheit.

Muss ein Unternehmen mit Forderungsausfällen oder mit erheblichen Zahlungsverzögerungen rechnen, ist eine Pauschalbewertung durchzuführen, auch wenn für die einzelnen Forderungen noch keine erkennbaren Risiken vorhanden sind.

In die **Pauschalbewertung** dürfen **keine Risiken** eingerechnet werden, die bereits **einzeln bewertet** wurden.

Bei der Bewertung der Forderungen unterscheidet man demnach:

> - **Einzelbewertung**
> - **Pauschalbewertung**

Durch das Bilanzrichtliniengesetz wurde der Ausweis von Wertberichtigungen vereinheitlicht. Während früher eine indirekte Abschreibung zugelassen wurde (Korrekturposten auf der Passivseite der Bilanz "Wertberichtigungen auf Forderungen"), dürfen Kapitalgesellschaften ab dem 01.01.1986 die Einzel- und Pauschalwertberichtigungen nur noch aktivisch vornehmen.

Das bedeutet, dass die Wertverluste **direkt beim Wertansatz der Forderungen aus Lieferungen und Leistungen berücksichtigt werden**. Die Forderungen aus Lieferungen und Leistungen werden in der Bilanz gekürzt ausgewiesen. Einzelunternehmen und Personengesellschaften sollten aus Gründen der Vergleichbarkeit ebenso verfahren.

Innerhalb der Finanzbuchhaltung ist es jedoch nicht zu beanstanden, wenn die Abschreibungen auf dem Konto **"Einzelwertberichtigungen zu Forderungen"** vorgenommen werden. Bei der Bilanzierung ist jedoch zu beachten, dass dieses Konto die **gleiche Bilanzkennziffer** wie das Konto **"Forderungen aus Lieferungen und Leistungen"** erhält. Es erfolgt dann automatisch eine Saldierung. Damit werden die Forderungen bereinigt (d. h. gekürzt um die Wertberichtigung) ausgewiesen.

13.6.3 Uneinbringliche Forderungen

Forderungen sind nach § 253 Abs. 1 HGB **grundsätzlich einzeln zu bewerten.** Aufgrund des **Niederstwertprinzips** sind uneinbringliche Forderungen abzuschreiben.

Nach Steuerrecht dürfen **wertlose Forderungen** und **alle Forderungen, die aus rechtlichen oder tatsächlichen Gründen nicht durchsetzbar** sind, **abgeschrieben** werden.

Ist eine **Forderung tatsächlich ausgefallen, darf** auch die **Umsatzsteuer korrigiert** werden.

Beispiel:

Unternehmer Knoll hat vor einiger Zeit seinem Kunden Manz Waren im Wert von 5 000,00 DM + 16 % USt (800,00 DM) = 5 800,00 DM geliefert. Wagner überwies 2 000,00 DM + 16 % USt (320,00 DM) = 2 320,00 DM. Durch die Zeitung erfährt Knoll, dass bei Wagner das Konkursverfahren eröffnet wurde.

Umbuchung der **zweifelhaften Forderung** bei Knoll: (nicht unbedingt erforderlich)

Konto Soll			Konto Haben			Betrag DM
1460	*1240*	Zweifelhafte Forderungen				3 480,00
			1400	*1200*	Forderungen L/L	3 480,00

Noch vor Ablauf des Jahres erhält Knoll eine Abschlusszahlung von 1 000,00 DM + 16 % USt (160,00 DM) = 1 160,00 DM aus der Konkursmasse.

Buchung **Bankeingang** bei Knoll:

Konto Soll			Konto Haben			Betrag DM
1200	*1800*	Bank				1 160,00
			1460	*1240*	Zweifelhafte Forderungen	1 160,00

Der Rest der Forderung in Höhe von brutto 2 320,00 DM ist uneinbringlich.

Buchung **Forderungsausfall mit Umsatzsteuerkorrektur** bei Knoll:

Konto Soll			Konto Haben			Betrag DM
2405	*6935*	Forderungsverluste				2 000,00
1775	*3805*	USt				320,00
			1460	*1240*	Zweifelhafte Forderungen	2 320,00

In der Praxis ist sorgfältig darauf zu achten, dass Forderungsausfälle nicht als Erlösschmälerungen erfasst werden. Gerade im Hinblick auf die Bildung einer Pauschalwertberichtigung gelten die tatsächlichen Forderungsausfälle als Nachweis.

Berichtigung der Umsatzsteuer:

Nach § 10 UStG ist die Bemessungsgrundlage für die Umsatzsteuer bei Lieferungen das **Entgelt**. Laut Umsatzsteuergesetz ist Entgelt alles, was der Leistungsempfänger aufwendet, um die Leistung zu erhalten, jedoch **ohne** die Umsatzsteuer.

Die Umsatzsteuer entsteht bei der Regelbesteuerung nach vereinbarten Entgelten mit dem Zeitpunkt der Lieferung. Ändert sich die Bemessungsgrundlage für die Umsatzsteuer nachträglich, so ist eine Korrektur gemäss § 17 UStG erforderlich.

Hat sich die Bemessungsgrundlage für einen steuerpflichtigen Umsatz geändert, so haben

- der Unternehmer, der diesen Umsatz ausgeführt hat, den dafür geschuldeten Steuerbetrag und

- der Unternehmer, an den dieser Umsatz ausgeführt worden ist, den dafür in Anspruch genommenen Steuerbetrag entsprechend zu berichtigen.

Diese Vorschrift gilt sinngemäss auch dann, wenn das vereinbarte Entgelt für eine steuerpflichtige Lieferung oder sonstige Leistung **uneinbringlich** geworden ist. Uneinbringlichkeit liegt insbesondere vor, wenn der Schuldner zahlungsunfähig ist.

Das bedeutet, dass die Umsatzsteuer erst dann korrigiert werden darf, wenn die Uneinbringlichkeit tatsächlich endgültig ist. Die Abschreibung wird also stets vom Netto-Forderungsbetrag vorgenommen. Das gilt auch für eine Teilabschreibung.

Mit der Wertberichtigung kann **die Umsatzsteuer berichtigt/korrigiert werden**, wenn

- eine Forderung verjährt ist.
- eine eidesstattliche Versicherung vorliegt, dass der Kunde zahlungsunfähig ist.
- es sich um eine Bagatellforderung handelt.
- die Vergleichsquote bekannt ist.
- der Konkurs über das Vermögen des Schuldners eröffnet wurde.
- der Konkurs mangels Masse abgelehnt wurde.

Abschnitt 224 UStR:

Wird über das Vermögen eines Unternehmers das Konkursverfahren eröffnet, kann davon ausgegangen werden, dass die gegen ihn gerichteten Forderungen im Regelfall spätestens in diesem Zeitpunkt unbeschadet einer möglichen Konkursquote in voller Höhe uneinbringlich im Sinne des § 17 Abs. 2 Satz 1 UStG geworden sind (vgl. BFH-Urteil vom 13.11.1986).

13.6.4 Einzelbewertung von Forderungen

Die Forderungen sind am Jahresende einzeln zu bewerten. Sie sind mit dem wahrscheinlichen Wert anzusetzen. Wird eine einzelne Forderung zweifelhaft, von der der Unternehmer nicht weiss, in welcher Höhe diese ausfallen wird, muss diese zum Jahresende wertberichtigt werden. Dabei sind nicht nur Umstände zu berücksichtigen, die sich aus der Person des Schuldners bzw. aus der Eigenschaft der Forderung ergeben, sondern alle Gegebenheiten, die den Zahlungseingang der Forderung zweifelhaft erscheinen lassen.

Die Einzelwertberichtigung ist vom **Nettowert der zweifelhaften Forderungen** zu berechnen, das heisst, vom Forderungsbetrag ohne Umsatzsteuer. Erst bei **tatsächlicher Uneinbringlichkeit darf die Umsatzsteuer korrigiert** werden.

Beispiel:

Unternehmer Maier hat eine zweifelhafte Forderung in Höhe von 11 600,00 DM zum Jahresabschluss zu bewerten. Er schätzt den Forderungsausfall auf 30 %. Da das Prinzip der wirtschaftlichen Zugehörigkeit zum Abschlussjahr beachtet werden muss, sind 30 % der Nettoforderung (3 000,00 DM) abzuschreiben. Es wird eine Einzelwertberichtigung (EWB) durchgeführt.

Buchung **Wertberichtigung der Forderung** am Jahresende bei Maier:

Konto Soll			Konto Haben			Betrag DM
2451	*6921*	Einstellung in EWB zu Forderungen				
			0998	*1246*	Einzelwertberichtigungen zu Forderungen	3 000,00 3 000,00

Bei der Bilanzierung an Jahresende sind die Forderungen aus L/L um den Betrag von 3 000,00 DM zu kürzen. Das kann durch die Zuordnung von Bilanzkennziffern oder durch eine Umbuchung erfolgen.

Umbuchung **EWB zu Forderungen** auf das Forderungskonto (= **aktivischer Ausweis**):

Konto Soll			Konto Haben			Betrag DM
0998	*1246*	Einzelwertberichtigungen zu Forderungen				
			1400	*1200*	Forderungen L/L	3 000,00 3 000,00

Im Folgejahr steht fest, dass die zweifelhafte Forderung uneinbringlich ist.

Buchung, **Forderungsausfall mit Umsatzsteuerkorrektur** bei Maier:

Konto Soll			Konto Haben			Betrag DM
2405	*6935*	Forderungsverluste				10 000,00
1775	*3805*	USt				1 600,00
			1460	*1240*	Zweifelhafte Forderungen	
		oder	1400	*1200*	Forderungen L/L	11 600,00

Die Einzelwertberichtigung ist aufzulösen (= Saldovortrag aus dem letzten Jahr).

Auflösung Wertberichtigungskonto bei Maier:

Konto Soll			Konto Haben			Betrag DM
0998	*1246*	Einzelwertberichtigungen zu Forderungen				3 000,00
			2731	*4921*	Ertr.a.d. Herabsetzung der EWB zu Forderungen	3 000,00

Die Bemessungsgrundlage hat sich für Maier nachträglich von 10 000,00 DM auf 0,00 DM geändert. Daher ist die Umsatzsteuer beim Leistenden um 1 600,00 DM zu korrigieren. Der Verlust stellt sich in Höhe des Netto-Warenwertes von 10 000,00 DM dar. Von diesem Verlust wurden 3 000,00 DM bereits im Vorjahr erfolgswirksam, so dass für das Abschlussjahr 7 000,00 DM erfolgsmindernd (noch im üblichen Rahmen) berücksichtigt werden müssen.

Berechnung:

Forderungsverluste (Aufwand)	10 000,00 DM
./. Erträge aus der Herabsetzung der Einzelwertberichtigung zu Forderungen	3 000,00 DM
Verlust (Erfolgsminderung)	**7 000,00 DM**

13.6.5 Pauschalwertberichtigung auf Forderungen

Neben der Einzelwertberichtigung einer bestimmten zweifelhaften Forderung muss oder kann der Unternehmer auf seinen übrigen Forderungsbestand am Jahresende einen bestimmten Prozentsatz (Erfahrungswert aus früheren Jahren) pauschal abschreiben.

Die **Pauschalwertberichtigung (PWB)** ist nur für die **Restforderungen** möglich, auf die keine Einzelwertberichtigung durchgeführt wurde. Es ist also möglich, Forderungen einzeln wertzuberichtigen (Grundsatz!) und den Rest mittels einer Pauschalwertberichtigung zu korrigieren. Dies gilt vor allem für Forderungen, die am Bilanzstichtag noch nicht fällig sind und deren Ausfallrisiko nur geschätzt werden kann.

Steuerlich bedeutet der Ansatz einer Pauschalwertberichtigung die **Bewertung einer Forderung zum Teilwert** im Rahmen einer Sammelbewertung.

Das **pauschale Ausfallrisiko** wird von der Finanzverwaltung **mit 1 % der Forderungen** anerkannt (Nichtbeanstandungsgrenze). Bei der Umsatzversteuerung nach vereinbarten Entgelten (Regelversteuerung) werden lediglich die **Nettoentgelte** (ohne Umsatzsteuer) als Bemessungsgrundlage für die Pauschalwertberichtigung anerkannt.

Soll ein höherer Pauschalsatz als 1 % angesetzt werden, ist **nachzuweisen,** in welcher Höhe in der **Vergangenheit** Forderungsausfälle eingetreten sind. Danach wird eine Pauschalwertberichtigung aus dem Durchschnittssatz der Forderungsausfälle der letzten 5 Jahre gebildet.

Beispiel:

Unternehmer Mey hat zum Ende des Wirtschaftsjahres einen Forderungsbestand von 71 920,00 DM. Aus vergangenen Jahren ergibt sich ein Erfahrungswert, wieviel der vorhandenen Forderungen zum Schluss des Wirtschaftsjahres im Folgejahr uneinbringlich werden. Bei Mey sind dies 3 %.

Die Pauschalwertberichtigung (PWB) berechnet sich wie folgt:

Forderungsbestand am 31.12..	71 920,00 DM
darin enthaltene Umsatzsteuer	9 920,00 DM
Forderungen netto	62 000,00 DM
Pauschalwertberichtigung: 3 % von 62 000,00 DM =	1 860,00 DM

Unternehmer Mey hatte bisher wurde keine Pauschalwertberichtigung gebildet.

Buchung **Pauschalwertberichtigung der Forderungen** am Jahresende bei Mey:

Konto Soll			Konto Haben			Betrag DM
2450	*6920*	Einstellung in PWB zu Forderungen				1 860,00
			0996	*1248*	PWB zu Forderungen	1 860,00

Bei der Bilanzierung am Jahresende sind die Forderungen aus L/L um den Betrag von 1 860,00 DM zu kürzen. Das kann durch die **Zuordnung von Bilanzkennziffern** oder durch eine Umbuchung erfolgen.

Umbuchung **Pauschalwertberichtigung** auf das Forderungskonto (= **aktivischer Ausweis**):

Konto Soll			Konto Haben			Betrag DM
0996	*1248*	PWB zu Forderungen				1 860,00
			1400	*1200*	Forderungen L/L	1 860,00

Wurde bereits im **Vorjahr** eine **Pauschalwertberichtigung zu Forderungen gebildet**, so ist dieser **Bestand** entsprechend zu **korrigieren**.

Beispiel:

Die PWB zu Forderungen im Vorjahr betrug bei Mey 1 860,00 DM, für das laufenden Jahr erhöht sich nachweislich das pauschale Ausfallrisiko um 490,00 DM auf 2 350,00 DM.

In diesem Fall besteht die Möglichkeit, die PWB zu Forderungen um 490,00 DM anzupassen oder die PWB zu Forderungen des Vorjahres in Höhe von 1 860,00 DM aufzulösen und die PWB des Abschlussjahres über 2 350,00 DM neu einzustellen.

Buchung **Anpassung der PWB zu Forderungen** am Jahresende bei Mey:

Konto Soll			Konto Haben			Betrag DM
2450	*6920*	Einstellung in PWB zu Forderungen				490,00
			0996	*1248*	PWB zu Forderungen	490,00

Wird nicht mit Bilanzkennziffern gearbeitet, so ist der aktivische Ausweis manuell durchzuführen.

Umbuchung **Pauschalwertberichtigung** auf das Forderungskonto (= **aktivischer Ausweis**):

Konto Soll			Konto Haben			Betrag DM
0996	*1248*	PWB zu Forderungen				2 350,00
			1400	*1200*	Forderungen L/L	2 350,00

Beispiel:

Die Pauschalwertberichtigung im Vorjahr betrug 2 350,00 DM. Für das laufenden Jahr vermindert sich nachweislich das pauschale Ausfallrisiko um 620,00 DM auf 1 730,00 DM.

Buchung **Anpassung der PWB zu Forderungen** am Jahresende bei Mey:

Konto Soll			Konto Haben			Betrag DM
0996	*1248*	PWB zu Forderungen				620,00
			2730	*4920*	Erträge aus Herabsetzung PWB zu Forderungen	620,00

Wird nicht mit Bilanzkennziffern gearbeitet, so ist der aktivische Ausweis manuell durchzuführen.

Umbuchung **Pauschalwertberichtigung** auf das Forderungskonto (= aktivischer Ausweis):

Konto Soll			Konto Haben			Betrag DM
0996	*1248*	PWB zu Forderungen				1 730,00
			1400	*1200*	Forderungen L/L	1 730,00

Merke:

- **Forderungen können einwandfrei, zweifelhaft oder uneinbringlich sein.**

- **Zweifelhafte Forderungen werden von den einwandfreien Forderungen getrennt bewertet (Grundsatz der Einzelbewertung).**

- **Uneinbringliche Forderungen werden abgeschrieben, sie dürfen in der Bilanz nicht ausgewiesen werden (Grundsatz der Wahrheit, der Kaufmann darf sich nicht reicher darstellen als er ist). Dabei ist die Umsatzsteuer zu korrigieren, wenn der tatsächliche Ausfall feststeht, weil**

   1. **bei vereinbarten Entgelten die Umsatzsteuer mit der Lieferung entsteht,**
   2. **nachträglich sich die Bemessungsgrundlage geändert hat und**
   3. **sich damit die Umsatzsteuerschuld verändert hat.**

- **Das Ausfallrisiko bei Forderungen (voraussichtlicher Verlust) wird durch**

   - **eine Einzelwertberichtigung und/oder**
   - **eine Pauschalwertberichtigung**

   berücksichtigt. Die Berechnung erfolgt mit dem Wert der Forderungen ohne Umsatzsteuer. Die Wertberichtigung erfolgt aktivisch, also direkt auf der Aktivseite.

13.6.6 Bewertung von Vorräten

Vorräte können sein:	
Rohstoffe	Güter, die unmittelbar als Hauptbestandteil in ein Fertigprodukt eingehen.
Hilfsstoffe	Güter, die unmittelbar in ein Fertigprodukt eingehen, aber nicht den Hauptbestandteil eines Fertigproduktes bilden (Leim, Lacke, Nägel, und dgl.).
Betriebsstoffe	Alle mittelbar und unmittelbar bei der Produktion verbrauchten Güter, die im Gegensatz zu den Roh- und Hilfsstoffen keine Bestandteile des fertigen Erzeugnisses darstellen (Schmiermittel, Brennstoffe und dgl.).
Unfertige Erzeugnisse	Alle Produkte, für deren Be- oder Verarbeitung einem Unternehmen Kosten (z. B. Löhne) entstanden sind (daher keine Roh-, Hilfs- oder Betriebsstoffe mehr), die aber aus Sicht der Unternehmung noch keine Fertigprodukte sind.
Fertige Erzeugnisse und Waren	Erzeugnisse, die im Unternehmen hergestellt und verkaufsfähig sind.
	Handelsartikel fremder Herkunft, die ohne nennenswerte Be- oder Verarbeitung weiterveräussert werden.
Geleistete Anzahlungen auf Vorräte	Anzahlungen, die im Rahmen von Bestellungen für Roh-, Hilfs- und Betriebsstoffe sowie für Waren geleistet worden sind.

Im Gross- und Einzelhandel bestehen die Vorräte aus Waren. Sie sind unverändert für den Absatz bestimmt.

Die Waren sind mit den Anschaffungskosten zu bewerten; sie unterliegen keiner planmässigen Abschreibung. Bei eingetretenen Wertminderungen ist der **niedrigere Marktpreis zwingend anzusetzen**. Bei Wegfall der Gründe für die Wertminderung besteht handelsrechtlich ein Wahlrecht hinsichtlich der Beibehaltung des niedrigeren Werts, steuerrechtlich eine Zuschreibungspflicht.

Prinzip der Einzelbewertung:

Die Wirtschaftsgüter des Vorratsvermögens sind grundsätzlich einzeln zu bewerten. Sowohl in der Handelsbilanz als auch in der Steuerbilanz gilt dieser Grundsatz.

Gruppenbewertung

Zur Erleichterung der Inventur und der Bewertung können gleichartige Wirtschaftsgüter des Vorratsvermögens jeweils zu einer **Gruppe** zusammengefasst und mit dem gewogenen Durchschnittswert angesetzt werden (§ 240 Abs. 4 und § 256 Satz 2 HGB).

Die Gruppenbildung und Gruppenbewertung darf nicht gegen die Grundsätze ordnungsmässiger Buchführung verstossen. Gleichartige Wirtschaftsgüter brauchen für die Zusammenfassung zu einer Gruppe nicht gleichwertig zu sein. Es muss jedoch für sie ein Durchschnittswert bekannt sein. Das ist der Fall, wenn bei der Bewertung der gleichartigen Wirtschaftsgüter ein ohne weiteres feststellbarer, nach den Erfahrungen der betreffenden Branche sachgemässer Durchschnittswert verwendet wird.

- **Durchschnittsbewertung**

Enthält das Vorratsvermögen am Bilanzstichtag Wirtschaftsgüter, die im Verkehr nach Mass, Zahl oder Gewicht bestimmt werden (vertretbare Wirtschaftsgüter) und bei denen die Anschaffungs- oder Herstellungskosten wegen Schwankungen der Einstandspreise im Laufe des Wirtschaftsjahres im einzelnen nicht mehr einwandfrei feststellbar sind, so ist der Wert dieser Wirtschaftsgüter zu schätzen. In diesen Fällen stellt die **Durchschnittsbewertung** ein zweckentsprechendes Schätzungsverfahren dar.

Vermögensgegenstände des Vorratsvermögens, die gleichartig (gleiche Gütergattung) und annähernd wertgleich sind, können jeweils zu einer Gruppe zusammengefasst werden. Nach R 36 EStG muss bei gleichartigen Vorräten der durchschnittliche Preis bekannt sein. Ausserdem muss es sich um vertretbare Wirtschaftsgüter handeln. Es ist der gewogene Durchschnitt anzusetzen.

Ermittelt wird entweder der **gewogene Durchschnittswert** oder der **gleitende Durchschnittswert**. Beide Methoden sind sowohl steuerrechtlich (R 36 Abs. 2 EStG) als auch handelsrechtlich (§ 240 Abs. 4 HGB) für gleichartige Gegenstände zulässig.

Besonders **wertvolle Gegenstände** müssen **einzeln bewertet** werden.

Berechnung gewogener Durchschnitt:

$$\frac{\text{Anfangsbestand + wertmässiger Zugang}}{\text{Gesamtmenge}} = \text{gewogener Durchschnittswert/Stück}$$

$$\text{gewogener Durchschnittswert/Stück x Inventurmenge} = \text{Endbestand für die Bilanz}$$

Beispiel: Die Inventurmenge beträgt 1500 Stück

	Datum	Menge	Einzelpreis	Gesamtpreis
Anfangsbestand	01.01.	3000	7,50	22 500,00 DM
+ Zugang	15.01.	500	7,00	3 500,00 DM
+ Zugang	15.05.	820	7,30	5 986,00 DM
+ Zugang	18.12.	230	7,60	1 748,00 DM
		4550		33 734,00 DM

$$\frac{33\,734,00}{4550} = 7,41 \text{ DM/Stück x 1500 Stück} = 11\,115,00 \text{ DM}$$

Der Bilanzansatz (gewogener Durchschnitt) beträgt   11 115,00 DM

Der gleitende Durchschnitt wird laufend ermittelt.

Beispiel: Die Inventurmenge beträgt 1500 Stück

	Datum	Menge	Einzelpreis	Gesamtpreis	Durchschnitts-preis
Anfangsbestand	01.01.	3000	7,50	22 500,00 DM	
+ Zugang	15.01.	500	7,00	3 500,00 DM	
Bestand		3500		26 000,00 DM	7,43
- Abgang	18.02	1200	7,43	8 916,00 DM	
Bestand		2300		17 084,00 DM	7,43
+ Zugang	15.05.	820	7,30	5 986,00 DM	
Bestand		3120		23 070,00 DM	7,39
- Abgang	03.10.	1850	7,39	13 671,50 DM	
Bestand		1270		9 398,50 DM	7,40
+ Zugang	18.12.	230	7,60	1 748,00 DM	
Endbestand	**31.12.**	**1500**		**11 146,50 DM**	**7,43**

Der Bilanzansatz (gleitender Durchschnitt) beträgt   11 146,50 DM

- Festwert

Massengüter des Sachanlagevermögens, die kaum einzeln bewertbar sind, sowie Roh-, Hilfs- und Betriebsstoffe können handels- und steuerrechtlich mit einem Festwert angesetzt werden (§ 256 Satz 2 in Verbindung mit § 240 Abs. 3 HGB, R 36 Abs. 5 EStG).

Eine körperliche Bestandsaufnahme ist zumindest alle drei Jahre (vor jedem Hauptfeststellungszeitpunkt) notwendig. Eine Korrektur wird vorgenommen, wenn der ermittelte Bestand mehr als 110 % des alten bzw. weniger als 100 % des alten Bestands beträgt.

Die Festbewertung wird insbesondere bei Werkzeugen, Gerüst- und Schalungsteilen angewendet.

- Verbrauchsfolgeverfahren

sind nur für gleichartige Gegenstände des Vorratsvermögens sowie gleichartige bewegliche Vermögensgegenstände (§ 256 HGB) zulässig. Darunter versteht man insbesondere das **Lifo-Verfahren** (last in - first out), das **Fifo-Verfahren** (first in - first out), das **Hifo-Verfahren** (highest in - first out) und das **Lofo-Verfahren** (lowest in - first out).

Diese Verfahren unterstellen, dass gleichartige Vermögensgegenstände des Vorratsvermögens beim

- **Lifo-Verfahren** die **zuletzt** angeschafften Güter zuerst wieder verkauft werden.
- **Fifo-Verfahren** die **zuerst** angeschafften Güter zuerst wieder verkauft werden.
- **Hifo-Verfahren** die **teuersten** angeschafften Güter zuerst wieder verkauft werden.
- **Lofo-Verfahren** die **billigsten** angeschafften Güter zuerst wieder verkauft werden.

Steuerrechtlich sind Verbrauchsfolgeverfahren grundsätzlich **nicht** zugelassen.

Eine **Ausnahme** enthält R 36 Abs. 2 EStG (= Lifo-Methode):

> " Macht ein Steuerpflichtiger glaubhaft, dass in seinem Betrieb in der Regel die zuletzt beschafften Wirtschaftsgüter zuerst verbraucht oder veräussert werden - das kann sich z. B. aus der Art der Lagerung ergeben -, so kann diese Tatsache bei der Ermittlung der Anschaffungs- und Herstellungskosten berücksichtigt werden. "

Jeder so ermittelte Wert ist mit dem **Tageswert** zu vergleichen; es gilt dann das **strenge Niederstwertprinzip.**

Merke:

- **Das Umlaufvermögen besteht aus den Bilanzpositionen:**
    - **Vorräte (Roh-, Hilfs- und Betriebsstoffe, unfertige Erzeugnisse und Leistungen, fertige Erzeugnisse und Waren sowie geleistete Anzahlungen hierauf);**
    - **Forderungen und sonstige Vermögensgegenstände;**
    - **Wertpapiere des Umlaufvermögens;**
    - **Schecks, Kassenbestand, Bankguthaben;**
    - **aktive Rechnungsabgrenzungsposten.**

- **Für das Umlaufvermögen gilt für alle Kaufleute, dass**
    - **es höchstens mit den Anschaffungs- oder Herstellungskosten bewertet wird,**
    - **bei eingetretenen Wertminderungen zwingend das Niederstwertprinzip gilt (hierdurch kommt der niedrigere Börsenwert oder Marktpreis oder der niedrigere beizulegende Wert zum Ansatz),**
    - **bei Wegfall der Gründe für die Wertminderung für den Ansatz handelsrechtlich ein Wahlrecht besteht. Bei Beibehaltung des niedrigeren Werts hat der Kaufmann eine stille Reserve gebildet. Für Kapitalgesellschaften gelten aber Sondervorschriften hinsichtlich der Wertaufholung. Steuerrechtlich besteht grundsätzlich ein Wertaufholungsgebot.**

- **Grundsätzlich müssen alle Wirtschaftsgüter einzeln bewertet werden.**

- **Als Erleichterungsvorschriften kann bei vertretbaren, nicht besonders wertvollen Gütern des Umlaufvermögens die Gruppenbewertung bzw. Durchschnittsbewertung angewandt werden, die Festbewertung für Roh-, Hilfs- und Betriebsstoffe, eine Sammelbewertung nach Verbrauchsfolgeverfahren für gleichartige Vermögensgegenstände des Vorratsmögens. Steuerrechtlich wird aber nur die Lifo-Methode anerkannt!**

Aufgaben zur Sicherung des Lernerfolges:

1. Erläutern Sie die Begriffe

   a) Umlaufvermögen

   b) Rohstoffe

   c) Hilfsstoffe

   d) Betriebsstoffe

   e) unfertige Erzeugnisse

   f) fertige Erzeugnisse

   g) Waren

   h) Niederstwertprinzip

   i) Börsenpreis

   j) Marktpreis

   k) niedrigerer beizulegender Wert

   l) Teilwert

2. Erläutern Sie

   a) den Grundsatz der Einzelbewertung,

   b) den Begriff der Gruppenbewertung,

   c) den Begriff des Festwerts!

   d) Was versteht man unter Verbrauchsfolgeverfahren?

3. Unternehmer Schiller lieferte an einen Kunden Waren im Werte von 2 320,00 DM (2 000,00 DM + 16 % USt = 320,00 DM) auf Ziel. Einige Zeit später erkennt Schiller, dass die Erfüllung des Kaufvertrages seitens des Kunden fragwürdig ist. Die unter Eigentumsvorbehalt gelieferten Waren sind jedoch bereits verkauft. Der Kunde leistet eine Zahlung in Höhe von 580,00 DM. Am 30.11. des Wirtschaftsjahres steht fest, dass kein Zahlungseingang mehr erfolgen wird.

   Nennen Sie die Buchungssätze:

   a) bei Lieferung der Waren,

   b) bei Erkennen der mangelnden Bonität des Kunden,

   c) bei Eingang der Teilzahlung,

   d) bei Vorliegen der Uneinbringlichkeit!

   e) Erläutern Sie in dem Zusammenhang den umsatzsteuerlichen Sachverhalt der nachträglichen Änderung der Bemessungsgrundlage!

   f) Wie würde der Buchungssatz lauten, wenn im nächsten Jahr unverhofft eine Zahlung des Kunden in Höhe von 348,00 DM eingge?

4. Unternehmer Weber weist bei den Forderungen ein Ausfallrisiko in Höhe von 3 % nach. Zum Schluss des Wirtschaftsjahres hat er einen Forderungsbestand von 104 400,00 DM.

   a) Weber hatte bisher keine Pauschalwertberichtigung gebildet. In welcher Höhe wird die Wertberichtigung erfolgswirksam? Nennen Sie den Buchungssatz und den Bilanzansatz der Forderungen aus L/L zum 31.12.!

b) Zu Beginn des laufenden Wirtschaftsjahres wird auf dem Konto "**Pauschalwertberichtigung zu Forderungen**" ein Anfangsbestand in Höhe von 2 400,00 DM ausgewiesen (= Unterkonto des Kontos Forderungen aus L/L). In den letzten 5 Jahren fielen Forderungen von durchschnittlich 3 % aus. Der Bestand an Forderungen beträgt brutto 140 012,00 DM. Darin ist eine uneinbringliche Forderung in Höhe von brutto 5 220,00 DM (netto 4 500,00 DM + 16 % USt = 720,00 DM) und eine zweifelhafte Forderung in Höhe von brutto 7 192,00 DM (netto 6 200,00 DM + 16 % USt = 992,00 DM) enthalten. Bei der zweifelhaften Forderung wird mit einem Ausfall von 65 % gerechnet.

Berichtigen Sie die uneinbringliche und zweifelhafte Forderung! In welcher Höhe muss die Pauschalwertberichtigung den neuen Gegebenheiten angepasst werden? Nennen Sie die Buchungssätze und den Bilanzansatz der Forderungen aus L/L zum 31.12.!

c) Zu Beginn des laufenden Wirtschaftsjahres wird auf dem Konto "Pauschalwertberichtigung zu Forderungen" ein Anfangsbestand in Höhe von 5 000,00 DM ausgewiesen (= Unterkonto des Kontos Forderungen aus L/L). Die Forderungsausfälle der letzten 5 Jahre betragen durchschnittlich 3 %. Der Bestand an einwandfreien Forderungen ist brutto 174 000,00 DM.

In welcher Höhe muss die Pauschalwertberichtigung vermindert werden? Nennen Sie den Buchungssatz und den Bilanzansatz der Forderungen aus L/L zum 31.12.!

5. Zur Erleichterung der Inventur kann eine Gruppenbewertung durchgeführt werden.

   a) Nennen Sie verschiedene Arten der Gruppenbewertung.

   b) Bei welchen Vermögensgegenständen kann eine Gruppenbewertung durchgeführt werden?

   c) Für welche Vermögensgegenstände darf keine Gruppenbewertung durchgeführt werden?

   d) Welche Vermögensgegenstände können mit einem Festwert angesetzt werden?

   e) Welche Inventurerleichterung besteht bei der Festbewertung?

6. Das Handelsrecht lässt bei der Bewertung von bestimmten Vermögensgegenständen Verbrauchsfolgeverfahren zu.

   a) Welche Verbrauchsfolgeverfahren kennen Sie?

   b) Welches dieser Verfahren würde dem handelsrechtlichen Niederstwertprinzip entsprechen?

   c) Welches dieser Verbrauchsfolgeverfahren ist auch steuerrechtlich zulässig?

   d) Welche Vermögensgegenstände können nach dem Lifo-Verfahren bewertet werden?

7. Nennen Sie Bestandteile des Anschaffungswertes eines unbebauten Grundstücks!

8. Wie verhält sich ein Unternehmer, wenn der Wert des unbebauten Betriebsgrundstücks über den Anschaffungswert steigt?

9. Wie verhält sich ein Unternehmer, wenn der Wert des unbebauten Betriebsgrundstücks infolge verkehrspolitischer Gegebenheiten auf Dauer unter den Anschaffungspreis fällt?

10. Welche Möglichkeiten hat ein Unternehmer, wenn der Wert dieses Grundstücks wieder steigt?

14 Jahresabgrenzung

Gewinnermittlungszeitraum ist das Kalenderjahr oder ein abweichendes Wirtschaftsjahr, das grundsätzlich zwölf Kalendermonate umfasst.

Gewinn nach § 4 Abs. 1 EStG: **Betriebsvermögen zum Schluss des Wirtschaftsjahres**
- **Betriebsvermögen zu Beginn der Wirtschaftsjahres**
+ **Privatentnahmen**
- **Privateinlagen**

Man könnte daraus folgern, dass Ausgaben, die im laufenden Wirtschafts-/Kalenderjahr erfolgen, das Kassen- bzw. Bankguthaben mindern bzw. die Bankverbindlichkeiten erhöhen und damit den Gewinn des laufenden Jahres mindern. Dadurch wäre die Möglichkeit gegeben, durch den Kauf von Wirtschaftsgütern, durch Vorauszahlungen von Versicherungsprämien und betrieblichen Steuern oder durch Verzögerung von betrieblichen Einnahmen den Gewinn zu steuern.

Einnahmen und Ausgaben werden wie folgt differenziert:

Eine Ausgabe kann	
- **Aufwand sein**	z. B. Barzahlung einer betrieblichen Tankrechnung
- **kein Aufwand (neutral) sein**	z. B. Barentnahme für private Zwecke Kauf eines unbebauten Grundstücks
- **teilweise Aufwand sein**	z. B. Jahresprämie für betriebliche Kfz-Versicherung, die teilweise das laufende Wirtschaftsjahr und teilweise das kommende Wirtschaftsjahr betrifft.

Eine Einnahme kann	
- **Ertrag sein**	z. B. Zinsgutschrift für das betriebliche Bankkonto
- **kein Ertrag (neutral) sein**	z. B. Privateinlage in bar erhaltene Mietvorauszahlungen für Lagerräume, die das nachfolgende Wirtschaftsjahr betreffen
- **teilweise Ertrag sein**	z. B. Mieteinnahmen für Lagerräume, die teilweise das laufende und teilweise das kommende Wirtschaftsjahr betreffen.

Die **periodengerechte Gewinnermittlung** führt dazu, dass vollzogene Zahlungen (Einnahmen oder Ausgaben) des abzuschliessenden Wirtschaftsjahres entsprechend ihrer Zugehörigkeit zum abzuschliessenden Wirtschaftsjahr oder Folgejahr in der Bilanz ausgewiesen werden.

BEWERTUNGSGRUNDSATZ	BEWERTUNGSGRUNDSATZ
Stichtagsbezogenheit	Periodenabgrenzung
Die Vermögensgegenstände und Schulden sind zum Abschlussstichtag zu bewerten!	Aufwendungen und Erträge des Geschäftsjahres sind unabhängig von den Zeitpunkten der entsprechenden Zahlungen im Jahresabschluss zu berücksichtigen.

Massgebend für die **sachliche Abgrenzung** von Aufwendungen und Erträgen ist das **Verursachungsprinzip. Zeitlich** sind Einnahmen und Ausgaben periodengerecht zuzuordnen, die für einen **bestimmten Zeitraum** anfallen.

Abgrenzungskonten:	- aktive Rechnungsabgrenzung
	- passive Rechnungsabgrenzung
	- sonstige Forderungen
	- sonstige Verbindlichkeiten
	- Rückstellungen

14.1 Aktive Rechnungsabgrenzung

Aktive Rechnungsabgrenzungsposten sind **Ausgaben vor dem Abschlussstichtag**, die **Aufwand für eine bestimmte Zeit nach diesem Tag sind.** Lt. § 250 Abs. 1 HGB sind auf der Aktivseite Ausgaben vor dem Abschlussstichtag auszuweisen, soweit sie Aufwand für eine bestimmte Zeit nach diesem Tag darstellen. Dies entspricht auch dem § 5 Abs. 5 Nr. 1 EStG.

Eine bestimmte Zeit nach dem Abschlussstichtag

- **liegt vor**, wenn die abzugrenzenden Ausgaben für einen **bestimmten nach dem Kalenderjahr bemessenen Zeitraum** bezahlt werden wie z. B. monatliche, vierteljährliche, halbjährliche Mietvorauszahlung oder Zahlung der Miete im voraus für einen Messestand für eine zeitlich feststehende Messe.

- **liegt nicht vor**, wenn sich der Zeitraum nur durch Schätzung ermitteln lässt.

Beispiel:

Am 01.09. des laufenden Jahres wird die Kfz-Versicherungsprämie für das betriebliche Fahrzeug durch Banküberweisung für ein Jahr im voraus bezahlt. Die Jahresprämie beträgt 1 560,00 DM

Buchung **Banküberweisung der Versicherungsprämie** ohne Jahresabgrenzung:

Konto Soll			Konto Haben			Betrag DM
4520	*6520*	Kfz-Versicherungen				1 560,00
			1200	*1800*	Bank	1 560,00

vorläufige Auswirkung	
▪ **BILANZ**	▪ **GuV-RECHNUNG**
Ausgabe 1 560,00 DM	Aufwand 1 560,00 DM
Vermögensänderung - 1 560,00 DM	Erfolg - 1 560,00 DM
Eigenkapitaländerung - 1 560,00 DM	← Abschluss über Konto Eigenkapital

Bewertungsgrundsatz zur Periodenabgrenzung:

Aufwendungen und Erträge des Geschäftsjahrs sind unabhängig von den Zeitpunkten der entsprechenden Zahlungen im Jahresabschluss zu berücksichtigen.

Berechnung der aktiven Jahresabgrenzung:

1 560,00 DM	=	Versicherung für 12 Monate	
130,00 DM	=	Versicherung für 1 Monat	
520,00 DM	=	Versicherung für 4 Monate	(September - Dezember laufendes Jahr)
1 040,00 DM	=	Versicherung für 9 Monate	(Januar - August im Folgejahr)

Buchung **Jahresabgrenzung**, Aktiver Rechnungsabgrenzungsposten (**ARAP**):

Konto Soll			Konto Haben			Betrag DM
0980	*1900*	Aktiver RAP				1 040,00
			4520	*6520*	Kfz-Versicherungen	1 040,00

endgültige Auswirkung	
▪ **BILANZ**	▪ **GuV-RECHNUNG**
Ausgabe 1 560,00 DM	Aufwand 1 560,00 DM
Vermögensänderung - 1 560,00 DM	Erfolg - 1 560,00 DM
Aktiver RAP **+ 1 040,00 DM**	**Kfz-Kosten** **- 1 040,00 DM**
Vermögensänderung insgesamt - 520,00 DM	Erfolg insgesamt - 520,00 DM
Eigenkapitaländerung - 520,00 DM	← Abschluss über Konto Eigenkapital

Damit wurde der Aufwand für das Abschlussjahr periodengerecht berücksichtigt. Da die Ausgabe am 01.09. des Abschlussjahres den Bankbestand endgültig gemindert hatte, musste ein neuer Aktivposten zur Korrektur des Vermögens in die Bilanz eingestellt werden (Betriebsvermögensvergleich), nämlich der **Posten der aktiven Rechnungsabgrenzung (ARAP)**.

Nach Übernahme der Anfangsbestände aus der Eröffnungsbilanz in die Konten ist die aktive Rechnungsabgrenzung aufzulösen. Somit werden die zeitlich abgegrenzten Aufwendungen im neuen Jahr erfolgswirksam. Die Bildung von aktiven Rechnungsabgrenzungsposten wirkt also gewinnerhöhend im Abschlussjahr.

Bei Rechnungsabgrenzungsposten ist es jedoch sinnvoll, die Abgrenzungsbuchung sofort bei Zahlungsfluss vorzunehmen. Damit wird bereits während des Jahres ein genaueres Ergebnis ermittelt. Es erspart auch die Korrekturbuchungen am Jahresende.

Buchung **Überweisung** der **Versicherungsprämie** mit **Jahresabgrenzung** (praxisgerecht):

Konto Soll			Konto Haben			Betrag DM
4520	*6520*	Kfz-Versicherungen				520,00
0980	*1900*	Aktiver RAP				1 040,00
			1200	*1800*	Bank	1 560,00

14.2 Passive Rechnungsabgrenzung

Passive Rechnungsabgrenzungsposten sind **Einnahmen vor dem Abschlussstichtag**, die Ertrag **für eine bestimmte Zeit nach diesem Tag sind**. Lt. § 250 Abs. 2 HGB sind auf der Passivseite Einnahmen vor dem Abschlussstichtag auszuweisen, soweit sie Ertrag für eine bestimmte Zeit nach diesem Tag darstellen. Dies entspricht auch dem § 5 Abs. 5 Nr. 2 EStG.

Zahlungseingänge im Abschlussjahr für wirtschaftliche Leistungen, die nach dem Abschlussstichtag für einen bestimmten Zeitraum zu erbringen sind, dürfen keinen Ertrag im Abschlussjahr bewirken. Der Ertragsteil, der die neue Abrechnungsperiode betrifft, ist abzugrenzen. Da hier eine Leistungsverpflichtung besteht, handelt es sich um einen **passiven Rechnungsabgrenzungsposten (PRAP)**.

Analog hierzu bildet **ein bilanzierungspflichtiger Zahlender** für den Aufwandsteil, der die neue Abrechnungsperiode betrifft, einen **aktiven Rechnungsabgrenzungsposten**, weil er einen Leistungsanspruch hat.

Beispiel:

Teile des Geschäftsgrundstücks werden zu betrieblichen Zwecken fremdvermietet. Am 01.12. des Abschlussjahres überweist der gewerbliche Mieter die Miete für die Zeitraum 01.12. des Abschlussjahres bis 31.03. des Folgejahres in Höhe von brutto 13 920,00 DM (netto 12 000,00 DM + 16 % USt = 1 920,00 DM)

Buchung **Bankgutschrift** der **Mieteinnahme ohne Jahresabgrenzung**:

Konto Soll			Konto Haben			Betrag DM
1200	*1800*	Bank				13 920,00
			2750	*4860*	Grundstückserträge	12 000,00
			1775	*3805*	USt	1 920,00

vorläufige Auswirkung	
■ **BILANZ**	■ **GuV-RECHNUNG**
Einnahme 13 920,00 DM	
Ausgabe (USt) - 1 920,00 DM	Ertrag 12 000,00 DM
Vermögensänderung + 12 000,00 DM	Erfolg + 12 000,00 DM
Eigenkapitaländerung + 12 000,00 DM	← Abschluss über Konto Eigenkapital

Bewertungsgrundsatz zur Periodenabgrenzung:
Aufwendungen und Erträge des Geschäftsjahrs sind unabhängig von den Zeitpunkten der entsprechenden Zahlungen im Jahresabschluss zu berücksichtigen.

Berechnung der passiven Jahresabgrenzung:

12 000,00 DM = Miete für 4 Monate
3 000,00 DM = Miete für 1 Monat (Dezember laufendes Jahr)
9 000,00 DM = Miete für 3 Monate (Januar - März im Folgejahr)

Buchung Jahresabgrenzung, **Passiver Rechnungsabgrenzungsposten (PRAP)**:

Konto Soll			Konto Haben			Betrag DM
2750	*4860*	Grundstückserträge				9 000,00
			0990	*3900*	Passiver RAP	9 000,00

endgültige Auswirkung	
■ **BILANZ**	■ **GuV-RECHNUNG**
Einnahme 13 920,00 DM	Ertrag 12 000,00 DM
Ausgabe (USt) 1 920,00 DM	
Vermögensänderung + 12 000,00 DM	Erfolg + 12 000,00 DM
Passiver RAP + 9 000,00 DM	Grundstückserträge - 9 000,00 DM
Vermögensänderung insgesamt + 3 000,00 DM	Erfolg insgesamt - 3 000,00 DM
Eigenkapitaländerung + 3 000,00 DM	← Abschluss über Konto Eigenkapital

Damit wurde der Ertrag für das Abschlussjahr periodengerecht berücksichtigt. Da die Einnahme am 01.12. des Abschlussjahres den Bankbestand endgültig erhöht hat, musste ein neuer Passivposten zur Korrektur des Vermögens in die Bilanz eingestellt werden (Betriebsvermögensvergleich), nämlich der **Posten der passiven Rechnungsabgrenzung (PRAP)**.

Nach Übernahme der Anfangsbestände aus der Eröffnungsbilanz in die Konten ist die passive Rechnungsabgrenzung aufzulösen. Somit werden die zeitlich abgegrenzten Erträge im neuen Wirtschaftsjahr erfolgswirksam. Die Bildung von passiven Rechnungsabgrenzungsposten wirkt also gewinnmindernd im Abschlussjahr. Die angefallene **Umsatzsteuer ist nicht abzugrenzen**!

Auch der Passive Rechnungsabgrenzungsposten sollte sofort bei Zahlungsfluss richtig abgegrenzt werden.

Buchung **Bankgutschrift** der **Mieteinnahme mit Jahresabgrenzung** (praxisgerecht):

Konto Soll			Konto Haben			Betrag DM
1200	*1800*	Bank				13 920,00
			2750	*4860*	Grundstückserträge	3 000,00
			0990	*3900*	Passiver RAP	9 000,00
			1775	*3805*	USt	1 920,00

Merke:

Merkmale einer aktiven Rechnungsabgrenzung	Merkmale einer passiven Rechnungsabgrenzung
• **Ausgabe vor dem Abschlussstichtag (Zahlungsausgang),** - **für eine wirtschaftliche Leistung,** - **die erst nach dem Abschlussstichtag erbracht wird** - **und daher Aufwand für einen bestimmten Zeitraum nach dem Bilanzstichtag darstellt.**	• **Einnahme vor dem Abschlussstichtag (Zahlungseingang),** - **für eine wirtschaftliche Leistung,** - **die erst nach dem Abschlussstichtag erbracht wird** - **und daher Ertrag für einen bestimmten Zeitraum nach Bilanzstichtag darstellt.**
• **Als aktive Rechnungsabgrenzung ist der Teil der Ausgabe abzugrenzen, der auf den Leistungsanspruch späterer Perioden entfällt.**	• **Als passive Rechnungsabgrenzung ist der Teil der Einnahme abzugrenzen, der auf die Leistungsverpflichtung späterer Perioden entfällt**
• **Für die aktive Rechnungsabgrenzung besteht grundsätzlich Aktivierungspflicht.**	• **Für die passive Rechnungsabgrenzung besteht grundsätzlich Passivierungspflicht.**

Bei kleineren, regelmässig wiederkehrenden Beträgen kann auf eine Bilanzierung verzichtet werden, da die Einzelerfassung und Abgrenzung derartig kleiner Beträge mit einem unzumutbaren Arbeitsaufwand verbunden wäre und dadurch der sichere Einblick in die Vermögens- und Ertragslage nicht beeinträchtigt wird.

Aufgaben zur Sicherung des Lernerfolges:

1. Am 01.09. des Abschlussjahres wurde für ein betriebliches Fahrzeug die Leasing-Sondervorauszahlung in Höhe von 10 440,00 DM (netto 9 000,00 DM + 16 % USt = 1 440,00 DM) überwiesen. Die Leasingdauer beträgt 3 Jahre.

   a) praxisgerechte Buchung zum Überweisungszeitpunkt am 01.09. des Abschlussjahres.

   b) Buchung zum Abschlussstichtag des darauffolgenden Wirtschaftsjahres.

   c) Buchung im darauffolgenden Jahr, wenn die Kosten monatlich erfasst werden.

2. Ein Unternehmen richtet einen Ausbildungsplatz neu ein und erhält dafür vom Arbeitsamt einen Zuschuss in Höhe von 6 970,00 DM für die zusätzlichen Kosten während der Ausbildungszeit (Lohn- und Materialkosten). Diese begann am 01.09. des abzuschliessenden Jahres und endet in drei Jahren zum 30.06. (= 34 Monate) Der Betrag ist durch Banküberweisung am 29.09. des Abschlussjahres eingegangen.

   a) Buchung bei Bankgutschrift am 29.09. mit praxisgerechter Abgrenzung für das abzuschliessende Jahr.

   b) Buchung zu Beginn des darauffolgenden Wirtschaftsjahres bei monatlicher Erfassung.

3. Am 01.10. des Abschlussjahres wird vom betrieblichen Bankkonto die Kfz-Haftpflichtversicherungsprämie von 900,00 DM (Jahresprämie) für ein betriebliches Fahrzeug bezahlt.

   a) Buchung am 01.10. des Abschlussjahres bei praxisgerechter Erfassung.

   b) Buchung zu Beginn des darauffolgenden Wirtschaftsjahres.

4. Für öffentliche Plakatwerbung wird Werbefläche angemietet. Vertraglich wird vereinbart, dass die Miete bereits im voraus bezahlt wird. Dadurch vermindert sich der Aufwand für die Dauer der Mietzeit von 90 000,00 DM auf 81 000,00 DM. Am 3.11. des laufenden Jahres werden 93 960,00 DM (netto 81 000,00 DM + 16 % USt 12 960,00 DM) überwiesen, Mietdauer vom 01.11. des laufenden Jahres bis 30.04. des Folgejahres.

5. Für eine grossangelegte Werbeaktion zur Einführung eines neuen Produktes wird eine Werbefirma beauftragt, die Aktion von September des Anschlussjahres bis zur Markteinführung im Folgejahr durchzuführen. Der genaue Zeitpunkt liegt noch nicht fest. Bei der Auftragsverhandlung wurde mit der Werbefirma ein Festpreis in Höhe von 522 000,00 DM (netto 450 000,00 DM +16 % USt = 72 000,00 DM) vereinbart, zahlbar am 15.11. des Abschlussjahres.

   a) Ist in diesem Fall ein Rechnungsabgrenzungsposten beim Auftraggeber zu bilden? (Begründung!)

   b) Buchen Sie den Vorgang im Abschlussjahr!

6. Am 01.10. des Abschlussjahres werden vom betrieblichen Bankkonto weitere Versicherungsbeiträge (Jahresbeiträge) überwiesen:

   a) Lebensversicherung für den Geschäftsinhaber, 2 400,00 DM.

   b) Privathaftpflicht für den Geschäftsinhaber, 265,00 DM.

14.3 Sonstige Vermögensgegenstände und sonstige Verbindlichkeiten

In der Bilanzposition „**Sonstige Vermögensgegenstände**" werden alle Posten gesammelt, die nicht gesondert ausgewiesen werden. Dazu gehören sonstige Forderungen und andere Vermögensgegenstände, die nicht zum Anlagevermögen oder zum Vorratsvermögen gehören.

In der Bilanzposition „**Sonstige Verbindlichkeiten**" werden alle Verbindlichkeiten gesammelt, die nicht unter anderen Bilanzpositionen gesondert auszuweisen sind. Verbindlichkeiten aus Steuern und Verbindlichkeiten im Rahmen der sozialen Sicherheit sind gesondert zu vermerken.

Bilanzausschnitt nach § 266 HGB
(für grosse und mittelgrosse Kapitalgesellschaften)

.	.
.	.
B. Umlaufvermögen	C. Verbindlichkeiten
I. Vorräte	1. Anleihen
	2. Verbindlichkeiten gegenüber Kreditinstituten
.	3. Erhaltene Anzahlungen auf Bestellungen
II. **Forderungen und sonstige Vermögensgegenstände**	4. Verbindlichkeiten aus Lieferungen und Leistungen
1. Forderungen aus Lieferungen	5. Verbindlichkeiten aus der Annahme gezogener Wechsel und der Ausstellung eigener Wechsel
2. Forderungen gg. verbundene Unternehmen	6. Verbindlichkeiten gegenüber verbundenen Unternehmen
3. Forderungen gg. Unternehmen, mit denen ein Beteiligungsverhältnis besteht	7. Verbindlichkeiten gegenüber Unternehmen, mit denen ein Beteiligungsverhältnis besteht
6. **Sonstige Vermögensgegenstände**	8. **Sonstige Verbindlichkeiten**
	- **davon aus Steuern**
	- **davon im Rahmen der sozialen Sicherheit**

Bewertungsgrundsatz Stichtagsbezogenheit

Die Vermögensgegenstände und Schulden sind zum Abschlussstichtag zu bewerten.

Bewertungsgrundsatz Periodenabgrenzung

Aufwendungen und Erträge des Geschäftsjahrs sind unabhängig von den Zeitpunkten der entsprechenden Zahlungen im Jahresabschluss zu berücksichtigen.

Im Abschlussjahr können Aufwendungen und Erträge zu berücksichtigen sein, ohne dass Zahlungsvorgänge stattgefunden haben.

Handelt es sich bei den Vorgängen um solche, die echten Forderungscharakter oder Verbindlichkeitscharakter haben bzw. um echte Verpflichtungen, so werden diese unter der Bilanzposition **sonstige Vermögensgegenstände** bzw. **sonstige andere Verbindlichkeiten** ausgewiesen.

Mittelgrosse und grosse Kapitalgesellschaften müssen die in den sonstigen Verbindlichkeiten enthaltenen Verbindlichkeiten aus Steuern und Verbindlichkeiten im Rahmen der sozialen Sicherheit in der Bilanz gesondert vermerken.

● | Sonstige Vermögensgegenstände |

Beispiel:

Im Januar werden Festgeldzinsen in Höhe von 750,00 DM für die Zeit vom 15.10. des Abschlussjahres bis 15. Januar des Folgejahres gutgeschrieben. Der Anteil für das Abschlussjahr beträgt 625,00 DM.

Buchung **Jahresabgrenzung, sonstige Vermögensgegenstände**:

Konto Soll			Konto Haben			Betrag DM
1500	*1300*	Sonstige Vermögens-gegenstände				625,00
			2650	*7100*	Sonstige Zinsen und ähnliche Erträge	625,00

Werden die sonstigen Forderungen im darauffolgenden Wirtschaftsjahr ausgeglichen, so sind diese Buchungen **erfolgsunwirksam**.

Buchung **Bankgutschrift der Festgeldzinsen** im Folgejahr:

Konto Soll			Konto Haben			Betrag DM
1200	1800	Bank				750,00
			1500	*1300*	Sonstige Vermögens-gegenstände	625,00
			2650	*7100*	Sonstige Zinsen und ähnliche Erträge	125,00

● **Beispiele für sonstige Vermögensgegenstände**:
- Steuererstattungsansprüche
- Gehaltsvorschüsse, Reisekostenvorschüsse
- Darlehen an Arbeitnehmer
- ausstehende Zinsen
- Forderungen an das Arbeitsamt aus Kurzarbeit und dgl.
- Forderungen an die Pflichtkrankenkasse aus dem Umlageverfahren für erkrankte Arbeiter und Auszubildende
- geleistete Kautionen
- Ansprüche aus Schadenersatz, soweit hinreichend konkretisiert oder rechtskräftig festgestellt
- Rückkaufswerte aus Rückdeckungsversicherungen für Pensionsverpflichtungen
- Forderungen aus dem Verkauf von Gegenständen des Anlagevermögens
- Ansprüche auf Umsatzbonus
- Ansprüche auf Warenrückvergütungen
- Forderungen aus Bürgschaftsübernahmen

174

- **Sonstige Verbindlichkeiten**

Beispiel:

Für ein betriebliches Darlehen sind jeweils am 01.07. des Kalenderjahres Zinsen für das abgelaufene Halbjahr in Höhe von 6 200,00 DM zur Zahlung fällig. Dasselbe gilt für den 31.12. jeden Kalenderjahres. Mangels Liquidität wurde die zum 31.12. des Abschlussjahres fällige Rate von 6 200,00 DM nicht geleistet.

Buchung **Jahresabgrenzung, sonstige Verbindlichkeiten**:

Konto Soll			Konto Haben			Betrag DM
2120	*7320*	Zinsaufwendungen für lang-fristige Verbindlichkeiten				6 200,00
			1700	*3500*	Sonstige Verbindlichkeiten	6 200,00

Werden die sonstigen Verbindlichkeiten im darauffolgenden Wirtschaftsjahr ausgeglichen, so sind diese Buchungen erfolgsunwirksam.

Buchung **Banklastschrift der Zinsen** im Folgejahr:

Konto Soll			Konto Haben			Betrag DM
1700	*3500*	Sonstige Verbindlichkeiten				6 200,00
			1200	*1800*	Bank	6 200,00

- **Beispiele für sonstige Verbindlichkeiten:**
  - rückständige Löhne, Gehälter, Tantiemen, Gratifikationen, Auslagenerstattungen und dgl.
  - fällige Bankzinsen
  - Darlehensverbindlichkeiten (soweit nicht gegenüber Kreditinstituten)
  - Zinsen aus sonstigen Darlehen
  - Einlagen stiller Gesellschafter
  - geschuldete Miet- und Pachtzinsen
  - fällige Provisionen
  - **davon aus Steuern**
    - Steuerschulden des Unternehmens (Umsatzsteuer, Gewerbesteuer, Zölle)
    - einbehaltene und noch abzuführende Steuern (Lohnsteuer, Kirchensteuer, Kapitalertragsteuer und dgl.)
  - **davon im Rahmen der sozialen Sicherheit**
    - einbehaltene und noch abzuführende sowie vom Unternehmen selbst zu tragende Sozialabgaben und Versicherungsbeiträge (Renten-, Kranken-, Pflege- und Arbeitslosenversicherung, Berufsgenossenschafts- und Gewerkschaftsbeiträge)
    - Verbindlichkeiten aus Zusagen im Rahmen der betrieblichen Altersversorgung
    - Beiträge zur Insolvenzversicherung
    - Verpflichtungen aus einem Sozialplan

> **Merke:**
>
> - Aufwendungen und Erträge sind im Abschlussjahr zu erfassen, sofern eine tatsächliche Leistungsverpflichtung bzw. ein tatsächlicher Leistungsanspruch besteht,
>   - die Ausgabe/Einnahme im Abschlusszeitpunkt nicht erfolgt ist,
>   - der wirtschaftliche Grund im abzuschliessenden Wirtschaftsjahr liegt.
> - Wertaufhellende Tatsachen, die nach dem Bilanzstichtag bis zur Bilanzaufstellung bekannt werden und die bereits im abzuschliessenden Geschäftsjahr objektiv vorlagen, sind zum Bilanzstichtag zu berücksichtigen.

Aufgaben zur Sicherung des Lernerfolges:

Für nachfolgende Fälle gilt, dass das Kalenderjahr = Wirtschaftsjahr ist:

1. Darlehenszinsen für ein in Anspruch genommenes betriebliches Darlehen, die bereits fällig sind, wurden bis zum 31.12. des Abschlussjahres nicht beglichen, 4 800,00 DM.

2. Aus der Lohnabrechnung geht hervor, dass im Dezember ein Betrag über 2 750,00 DM an Lohnfortzahlung für Arbeit abgerechnet wurde. Der Betrieb ist umlagepflichtig und erhält aus diesem Betrag 80 % von der Pflichtkrankenkasse erstattet.

3. Die Provisionsabrechnung unseres Handelsvertreters ist am Jahresende noch nicht gebucht und ausbezahlt. Sie lautet über 3 850,00 DM + 16 % USt (616,00 DM) = 4 466,00 DM.

4. Lt. versicherungsmathematischem Gutachten betragen die Rückkaufswerte aus der Rückdeckungsversicherung für Pensionsverpflichtungen 125 600,00 DM. In der Schlussbilanz des Vorjahres war ein Betrag von 117 850,00 DM ausgewiesen.

5. Der Gewerbesteuerbescheid für das vorangegangene Jahr geht am 18.12. des Abschlussjahres ein, aus dem ein Forderungsanspruch in Höhe von 4 000,00 DM hervorgeht. In der Bilanz des Vorjahres wurde eine sonstige Forderung in Höhe von 4 800,00 DM ausgewiesen. Der Betrag geht im Januar des Folgejahres ein.

6. Die Betriebsprüfung des Arbeitsamtes am 08.12. des Abschlussjahres ergibt, dass das Kurzarbeitergeld für den Monat Oktober falsch berechnet wurde. Lt. Bescheid vom 14.12. sind bis zum 10.01. des Folgejahres 395,00 DM an das Arbeitsamt zurückzuerstatten. Die Überweisung erfolgt am 05.01. des Folgejahres.

7. Im Februar des neuen Jahres geht die Beitragsrechnung der Berufsgenossenschaft für das Abschlussjahr in Höhe von 7 891,00 DM ein.

8. Die Kontoabrechnung der Bank für das 4. Quartal wird erst im Januar des Folgejahres abgebucht: Kontoführungsgebühren, 142,80 DM, Sollzins 681,75 DM, Habenzins 33,21 DM, Bankabbuchung 791,34 DM.

14.4 Rückstellungen

Rückstellungen sind Passivposten. Sie dienen der Erfassung von möglichen Aufwendungen und drohenden Verlusten, die

- am Bilanzstichtag dem Grunde nach bereits verursacht waren,
- deren Höhe aber noch unbekannt ist oder

von Verbindlichkeiten und Lasten, die

- am Bilanzstichtag bereits bestehen, sich aber
- nach Betrag oder Fälligkeit nicht genau bestimmen lassen oder
- deren Rechtsgrundlage noch zweifelhaft ist.

Handelsrechtlich besteht nach § 249 HGB Passivierungspflicht!

Kleine Kapitalgesellschaften müssen die Rückstellungen nicht aufgliedern. Mittlere und grosse Kapitalgesellschaften haben lt. § 266 Abs. 3 HGB die Rückstellungen wie folgt auszuweisen:

B. Rückstellungen

1. Rückstellungen für Pensionen und ähnliche Verpflichtungen

- für Zusagen, die nach dem 31.12.1986 gemacht werden

2. Steuerrückstellungen

- für Steuern und Abgaben

3. sonstige Rückstellungen

- **ungewisse Verbindlichkeiten**
  - für Abschlusskosten,
  - für Prozesskosten,
  - für gesetzliche und vertragliche Garantieverpflichtungen,
  - für die Inanspruchnahme von Bürgschaften und anderen Eventualverbindlichkeiten,
  - für Rabatte und Boni des abgelaufenen Geschäftsjahres,
  - für Urlaubsansprüche des abgelaufenen Geschäftsjahres.

- **drohende Verluste aus schwebenden Geschäften für**
  - Verluste aus schwebenden Einkaufsgeschäften
  - Verluste aus schwebenden Absatzgeschäften
  - Verluste aus Dauerschuldverhältnissen

- **für im Geschäftsjahr unterlassene Aufwendungen für**
  - Instandhaltung, die im folgenden Geschäftsjahr innerhalb von 3 Monaten und
  - Abraumbeseitigung, die im folgenden Geschäftsjahr nachgeholt werden.

- **für Gewährleistungen, die ohne rechtliche Verpflichtungen erbracht werden für**
  - Kulanzleistungen ohne rechtliche Verpflichtung (nach Ablauf der Garantiezeit) aufgrund von Fehlern oder Mängeln früherer Lieferungen oder sonstiger Leistungen.

Handelsrechtlich besteht nach § 249 HGB Passivierungswahlrecht für:

1. im Geschäftsjahr unterlassene Aufwendungen für Instandhaltung, die im folgenden Geschäftsjahr nachgeholt werden.

2. Aufwandsrückstellungen, die
   - ihrer Eigenart nach genau umschrieben,
   - diesem oder einem früheren Geschäftsjahr zuordenbar,
   - am Abschlussstichtag wahrscheinlich oder sicher,
   - hinsichtlich ihrer Höhe oder des Zeitpunkts des Eintritts unbestimmt sind.

Beispiel:

Rückstellung für Erhaltung der Betriebsfähigkeit des Anlagevermögens, z. B. für Grossreparaturen, die in bestimmten Zeitabständen oder nach Leistungsabschnitten anfallen, wie z. B. Ausmauerung von Hochöfen, Ausbaggerung von Häfen und Kanälen, Wartung von Flugzeugen etc.

Rückstellungen nach Steuerrecht (EStG)

§ 6 Abs. 3a EStG schränkt die Bildung von Rückstellungen stark ein. Rückstellungen sind höchstens insbesondere unter Berücksichtigung folgender Grundsätze anzusetzen:

a) bei Rückstellungen für gleichartige Verpflichtungen ist auf der Grundlage der Erfahrungen in der Vergangenheit aus der Abwicklung solcher Verpflichtungen die Wahrscheinlichkeit zu berücksichtigen, dass der Steuerpflichtige **nur zu einem Teil** der Summe dieser Verpflichtungen **in Anspruch genommen wird**;

b) Rückstellungen für **Sachleistungsverpflichtungen sind mit den Einzelkosten** und den angemessenen Teilen der notwendigen Gemeinkosten **zu bewerten**;

c) **künftige Vorteile**, die mit der Erfüllung der Verpflichtung voraussichtlich verbunden sein werden, **sind,** soweit sie nicht als Forderung zu aktivieren sind, bei ihrer Bewertung wertmindernd **zu berücksichtigen**;

d) Rückstellungen für Verpflichtungen, für deren Entstehen im wirtschaftlichen Sinne der laufende Betrieb ursächlich ist, sind zeitanteilig in gleichen Raten anzusammeln. Rückstellungen für die Verpflichtung, ein Kernkraftwerk stillzulegen, sind ab dem Zeitpunkt der erstmaligen Nutzung bis zum Zeitpunkt, in dem mit der Stillegung begonnen werden muss, zeitanteilig in gleichen Raten anzusammeln; steht der Zeitpunkt der Stillegung nicht fest, beträgt der Zeitraum für die Ansammlung 25 Jahre; und

e) **Rückstellungen für Verpflichtungen sind** mit einem Zinssatz von 5,5 vom Hundert **abzuzinsen**; Für die Abzinsung von Rückstellungen für Sachleistungsverpflichtungen ist der Zeitraum bis zum Beginn der Erfüllung massgebend.

Bilanzierung von Rückstellungen nach Handels- und Steuerrecht

In vielen Fällen weicht das Steuerrecht vom Handelsrecht so weit ab, dass eine Einheitsbilanz nach Handels- und Steuerrecht nicht mehr aufgestellt werden kann. Vielmehr sind tatsächlich zwei Bilanzen zu erstellen. Das Vorsichtsprinzip nach Handelsrecht wird steuerlich fast nicht mehr berücksichtigt. Bei einer Kreditinanspruchnahme von einer Bank wäre z. B. eine Handelsbilanz vorzulegen, die aufgrund der Bewertungsvorschriften den tatsächlichen Verhältnissen des Unternehmens entspricht.

Auflösung von Rückstellungen (§ 249 Abs. 3 Satz 2 HGB, § 5 EStG)

Rückstellungen aus früheren Bilanzen dürfen nur dann aufgelöst werden, soweit die Gründe für die Rückstellung entfallen sind und mit einer Inanspruchnahme nicht mehr gerechnet werden muss. Auch hier weicht das Steuerrecht vom Handelsrecht ab, z. B. bei Rückstellungen für Kernkraftwerke.

Beispiele für Rückstellungen:

Gewerbesteuerrückstellung: Die endgültige Gewerbesteuerschuld für das abgelaufene Geschäftsjahr wird erst im Folgejahr exakt ermittelt, daher erfolgt eine Berechnung der voraussichtlichen Gewerbesteuerschuld und eine entsprechende Rückstellung für erwartete Nachzahlungen.

Rückstellung für Prozesskosten: Für rechtshängig gewordene Streitsachen muss eine Rückstellung gebildet werden. Jeder Prozessbeteiligte muss damit rechnen, den Rechtsstreit zu verlieren.

Rückstellung für Garantieleistungen: Die Verpflichtung kann sich aus dem BGB (wegen Sachmängeln), aus vertraglichen Verpflichtungen oder aus dauernder Übung (regelmässige Kulanzleistung in der Vergangenheit) ergeben.

Rückstellung für die Erstellung des Jahresabschlusses: Dabei handelt es sich um Aufwendungen für die Aufstellung des Jahresabschlusses, Prüfung des Jahresabschlusses *), Veröffentlichung im Bundesanzeiger *), Erstellung des Geschäftsberichts *), Erstellung von Steuererklärungen zu Betriebssteuern des abgelaufenen Geschäftsjahres, interne Kosten, z. B. Löhne und Gehälter der Personen, die mit dem Jahresabschluss befasst sind.

*) = falls gesetzlich gefordert

Beiträge zur Berufsgenossenschaft: Eine Rückstellung ist zu bilden für bereits am Bilanzstichtag entstandene Schulden aus Beiträgen des Abschlussjahres oder früheren Jahren.

Urlaubsverpflichtungen: Eine Rückstellung ist zu bilden, wenn am Bilanzstichtag noch Ansprüche auf Urlaub. bzw. Barabgeltung bestehen. Bemessungsgrundlage für die Rückstellung ist die Anzahl der rückständigen Urlaubstage und dem betreffenden Bruttoarbeitsentgelt, dem Arbeitgeberanteil zur Sozialversicherung, dem Urlaubsgeld sowie den weiteren lohnabhängigen Kosten. Ausgleichsansprüche gegen Urlaubskassen mindern die Rückstellung.

Modeartikel: Es ist bereits im Jahr der Bestellung von Modeartikeln eine Rückstellung für drohende Verluste bilden, wenn am Bilanzstichtag für die noch nicht gelieferten Waren die Gefahr besteht, dass der künftige Absatz dieser Artikel bereits mit einem besonderen Risiko behaftet ist und bei Aufstellung der Bilanz schon erkennbar ist, daß Verkaufsverluste eintreten werden.

Beispiel: Gewerbesteuerrückstellung: (handels- und steuerrechtlich zwingende Rückstellung)

Gewerbesteuerrückstellung nach der 5/6-Methode (Einzelfirma/Personengesellschaft)	
Gewinn vor Gewerbesteuerrückstellung	**186 800,00 DM**
+ Gewerbesteuervorauszahlungen **(4 x 4 000,00 DM)**	**16 000,00 DM**
+ Hinzurechnungen ($\S$ 8 GewStG)	
./. Kürzungen ($\S$ 9 GewStG)	
Vorläufiger Gewerbeertrag	**202 800,00 DM**
./. Freibetrag ($\S$ 11 Abs. 1 Satz 2 GewStG)	**48 000,00 DM**
Maßgebender Gewerbeertrag	**154 800,00 DM**

Steuermessbetrag nach dem Gewerbeertrag:

1 % von	24 000,00 DM	240,00 DM	
2 % von	24 000,00 DM	480,00 DM	
3 % von	24 000,00 DM	720,00 DM	
4 % von	24 000,00 DM	960,00 DM	
5 % von	58 800,00 DM	2 940,00 DM	
	154 800,00 DM	5 340,00 DM	

Einheitlicher Steuermessbetrag (Einzelfirma / Personengesellschaft)	**5 340,00 DM**
Vorläufige Gewerbesteuer bei einem Hebesatz von 450 %	**24 030,00 DM**
davon 5/6 (R 20 Abs. 2 EStR)	**20 025,00 DM**
./. Vorauszahlungen	**16 000,00 DM**
Gewerbesteuerrückstellung nach der 5/6 Methode	**4 025,00 DM**

Gewerbesteuerrückstellung nach der Divisormethode (Einzelfirma/Personengesellschaft)

$$\text{Divisor} = 1 + \frac{\text{Hebesatz}}{2000} = 1{,}225$$

Steuerschuld = 24 030,00 DM : 1,225 =	**19 616,00 DM *)**
./. Vorauszahlungen	**16 000,00 DM**
Gewerbesteuerrückstellung nach der Divisormethode	**3 616,00 DM**

Die Divisormethode führt zu einem genaueren Ergebnis.

*) = gerundet

Für gewerbebetreibende natürliche Personen und für Personengesellschaften ist die Steuermesszahl für den Gewerbeertrag nach Abzug eines Freibetrags von 48 000,00 DM gestaffelt:

für die ersten	**24 000,00 DM**	**1 %**
für die weiteren	**24 000,00 DM**	**2 %**
für die weiteren	**24 000,00 DM**	**3 %**
für die weiteren	**24 000,00 DM**	**4 %**
für alle weiteren Beträge		**5 %**

Für Kapitalgesellschaften gelten diese Beträge nicht, weil dort die Gehälter der Geschäftsführer als Betriebsausgaben geltend gemacht werden können.

Der vorläufige Gewerbeertrag basiert auf dem vorläufigen Gewinn des Einzelunternehmens. Durch die Gewerbesteuerrückstellung wird der Steueraufwand unabhängig vom Zeitpunkt der Zahlung in dem Geschäftsjahr berücksichtigt, in dem er wirtschaftlich entstanden ist (Grundsatz der Periodenabgrenzung). Im vorstehenden Beispiel verringert sich der vorläufige Gewinn nach der Divisormethode um 3 616,00 DM.

Buchung **Gewerbesteuerrückstellung**:

Konto Soll			Konto Haben			Betrag DM
4320	*7610*	Gewerbesteuer				3 616,00
			0955	*3070*	Steuerrückstellungen	3 616,00

Im nächsten Wirtschaftsjahr erstellt das Finanzamt einen **Gewerbesteuermessbescheid**, in dem der einheitliche Gewerbesteuermessbetrag festgestellt wird. Die Gemeinde wendet auf diesen einheitlichen Gewerbesteuermessbetrag ihren Hebesatz an und ermittelt in dem Gewerbesteuerbescheid die Gewerbesteuerschuld. Diese kann von der im Vorgriff ermittelten Rückstellung abweichen. Der Mehr- oder Minderbetrag korrigiert jedoch nicht die bezahlte Gewerbesteuer des laufenden Wirtschaftsjahrs, sondern wird als periodenfremde Steuernachzahlung oder -erstattung erfasst. Bei der GuV-Rechnung wird der Steueraufwand in der Position **"Steuern vom Einkommen und vom Ertrag"** ausgewiesen.

Beispiel:

Es ergeht der Gewerbesteuerbescheid für das Vorjahr über eine Steuerschuld in Höhe von 3 750,00 DM. Die dafür gebildete Rückstellung betrug 3 616,00 DM. Der Betrag wird von der Bank abgebucht.

Buchung **Bankbeleg im neuen Wirtschaftsjahr**:

Konto Soll			Konto Haben			Betrag DM
0955	*3070*	Steuerrückstellungen				3 616,00
2280	*7640*	Steuernachzahlungen für Steuern vom Einkommen und vom Ertrag				134,00
			1200	*1800*	Bank	3 750,00

Wird bei der Berechnung der Gewerbesteuerschuld festgestellt, dass die Steuerrückstellung zu hoch ausgewiesen war, ist die Rückstellung gewinnerhöhend aufzulösen.

Beispiel:

Es ergeht der Gewerbesteuerbescheid für das Vorjahr über eine Steuerschuld in Höhe von 3 295,00 DM. Die dafür gebildete Rückstellung betrug 3 616,00 DM. Der Betrag wird vom Bankkonto abgebucht.

Buchung **Bankbeleg im neuen Wirtschaftsjahr**:

Konto Soll			Konto Haben			Betrag DM
0955	3070	Steuerrückstellungen				3 616,00
			2284	7644	Erträge aus Auflösung von Rückstellungen für Steuern vom Einkommen und vom Ertrag	321,00
			1200	1800	Bank	3 295,00

Der Ertrag ist in der **GuV-Rechnung mit der Steuer des laufenden Jahres zu saldieren**. Der Ausweis erfolgt in der GuV-Position "**Steuern vom Einkommen und vom Ertrag**".

Merke:

- **Rückstellungen**

  - **sind Passivposten der Bilanz.**

  - **erfassen mögliche Aufwendungen und drohende Verluste,**

    » **die am Bilanzstichtag dem Grunde nach bereits verursacht waren,**
    » **deren Höhe noch unbekannt ist.**

  - **sind Verbindlichkeiten und Lasten, die**

    » **am Bilanzstichtag bereits bestehen, sich aber**
    » **nach Betrag oder Fälligkeit nicht genau bestimmen lassen oder**
    » **deren Rechtsgrundlage noch zweifelhaft ist.**

  - **müssen handels- und steuerrechtlich gebildet werden für**

    » **ungewisse Verbindlichkeiten** (steuerrechtlich eingeschränkt)
    » **im Geschäftsjahr unterlassene Aufwendungen für Instandhaltung, die im folgenden Geschäftsjahr innerhalb von 3 Monaten nachgeholt werden und für unterlassene Aufwendungen für Abraumbeseitigung, die im folgenden Geschäftsjahr nachgeholt werden,**
    » **Gewährleistungen, die ohne rechtliche Verpflichtung erbracht werden,**
    » **Pensionen und ähnliche Verpflichtungen (Zusagen nach dem 31.12.1986).**

- **Rückstellungen für drohende Verluste aus schwebenden Geschäften sind nur noch für die Handelsbilanz zu bilden.**

Aufgaben zur Sicherung des Lernerfolges:

1. Nennen Sie Beispiele für Rückstellungen, die handels- und steuerrechtlich zwingend passiviert werden müssen!

2. Nennen Sie Beispiele für Rückstellungen, die handelsrechtlich gebildet werden dürfen! Wie ist in der Steuerbilanz zu verfahren?

3. Unternehmer Buck leistete für das abzuschliessende Wirtschaftsjahr Gewerbesteuer-Vorauszahlungen in Höhe von 14 000,00 DM. Er errechnet eine Gewerbesteuerrückstellung in Höhe von 3 500,00 DM. Nennen Sie die Buchungssätze für nachfolgende Tatbestände:

   a) Abschlussbuchung (Einstellung der Gewerbesteuerrückstellung).

   b) Im darauffolgenden Wirtschaftsjahr ergeht der Gewerbesteuerbescheid. Es wird eine Gewerbesteuer-Abschlusszahlung von 2 000,00 DM festgesetzt.

   c) Wie Fall b), jedoch lautet die Abschlusszahlung über 5 000,00 DM.

   d) Wie wäre im Abschluss zu buchen, wenn der Unternehmer zum Schluss des Wirtschaftsjahres eine Überzahlung von voraussichtlich 3 000,00 DM errechnet hätte.

4. Im Dezember des Wirtschaftsjahres wurde die Heizungsanlage des Betriebsgebäudes zu einem Festpreis von 2 400,00 DM + 16 % USt (384,00 DM) = 2 784,00 DM repariert. Die Rechnung war bis zum Zeitpunkt der Bilanzerstellung noch nicht erteilt.

5. Wir erwarten, dass wir einen Prozess vor dem Arbeitsgericht wegen Gehaltsnachzahlung an einen fristlos entlassenen Angestellten verlieren werden, wofür folgende Zahlungen im neuen Jahr zu erwarten sind:

Gehaltsnachzahlung	4 000,00 DM
Sozialversicherungsanteil	840,00 DM
Rechtsanwaltskosten, Prozesskosten	650,00 DM
+ 16 % USt auf Rechtsanwaltskosten	104,00 DM
insgesamt	5 594,00 DM

6. Im Februar geht der Beitragsbescheid für die Berufsgenossenschaft ein. Die Belastung aufgrund der gemeldeten Lohnsummen beträgt für das Vorjahr 7 631,00 DM und wird mit Banküberweisung beglichen (ein geleisteter Abschlag wurde dabei berücksichtigt).

   Erfassen Sie die Vorgänge im Abschlussjahr und im Folgejahr.

7. Die Abrechnung der Urlaubstage im Personalbüro per 31.12. ergibt, dass für die Gesamtbelegschaft 130 Urlaubstage zum durchschnittliche Tagesarbeitsverdienst von 204,00 DM brutto zuzüglich 21 % Arbeitgeberanteil zur Sozialversicherung auf das kommende Jahr zu übertragen sind.

8. Aufgrund der schlechten Konjunkturlage schätzt Unternehmer Maag, dass im kommenden Jahr der Umsatz um ca. 5 % (27 800,00 DM) zurückgehen wird. Er möchte aus Vorsichtsgründen eine Rückstellung bilden. Ist das möglich? Begründung!

15 Verbindlichkeiten

Jeder Kaufmann muss seine Schulden in der Bilanz gesondert ausweisen und vorschrifts-mässig aufgliedern. Sie umfassen alle gegenwärtigen und zukünftigen Belastungen eines Unternehmens, die dem Grunde nach bereits bestehen oder mit Sicherheit erwartet werden. Eine gewisse Verbindlichkeit einem Dritten gegenüber liegt vor, wenn

- sie nach ihrer Höhe und
- nach ihrem Zeitpunkt des Eintritts bestimmt ist.

Bilanzausweis nach § 266 HGB

C. Verbindlichkeiten
1. Anleihen, davon konvertibel
2. Verbindlichkeiten gegenüber Kreditinstituten
3. erhaltene Anzahlungen auf Bestellungen
4. Verbindlichkeiten aus Lieferungen und Leistungen
5. Verbindlichkeiten aus der Annahme gezogener Wechsel und der Ausstellung eigener Wechsel
6. Verbindlichkeiten gegenüber verbundenen Unternehmen
7. Verbindlichkeiten gegenüber Unternehmen, mit denen ein Beteiligungsverhält-nis besteht
8. sonstige Verbindlichkeiten,
   davon aus Steuern,
   davon im Rahmen der sozialen Sicherheit

Eine Passivierungspflicht besteht, wenn der Gläubiger seinen Anspruch durchsetzen kann und dem Kaufmann dadurch eine wirtschaftliche Belastung entstehen wird, die dem Geschäftsjahr nach dem Grundsatz der Periodenabgrenzung zuzurechnen ist.

Verbindlichkeiten sind nicht mit den Anschaffungskosten, sondern mit ihrem **Rückzahlungsbetrag** anzusetzen. Sie dürfen nicht abgezinst werden.

Ein Disagio/Damnum ist in die Passivierung einzubeziehen. Handelsrechtlich **darf** das Disagio, steuerrechtlich **muss** das Disagio in den Rechnungsabgrenzungsposten der Aktivseite eingestellt und planmässig (und zeitanteilig) auf die Jahre der Laufzeit verteilt werden. Bei der Verteilung des aktiven Rechnungsabgrenzungspostens besteht ein Wahlrecht, ob die Zinsen in gleichen Beträgen oder nach dem Verlauf der Tilgung in fallenden Beträgen verteilt werden.

Das Disagio/Damnum ist vorweggenommener Zins, zählt zum langfristigen Zins und ist bei der Berechnung der Gewerbeertragsteuer zu berücksichtigen.

Bei Aktivdarlehen (hingegebene Darlehen) ist ein mögliches Disagio/Damnum zu passivieren. Dieses ist nach dem Tilgungsverlauf in fallende Beträge zu verteilen.

Beispiel:

Unternehmer Riedel nimmt am 01.10. des Wirtschaftsjahres ein Darlehen zur Anschaffung betrieblicher Anlagen auf. Die Konditionen: Rückzahlungsbetrag 100 000,00 DM, Auszahlung 94 %, Zins 8 %, Laufzeit 10 Jahre.

Buchung bei **Darlehensauszahlung**:

Konto Soll			Konto Haben			Betrag DM
1200	*1800*	Bank				94 000,00
0986	*1940*	Damnum/Disagio				6 000,00
			0630	*3150*	Verbindlichkeiten gegen- über Kreditinstituten	100 000,00

Anteiliges Disagio für 1 Jahr = 600,00 DM
Anteiliges Disagio für 3 Monate = 150,00 DM

Abschlussbuchung **Abschreibung Disagio**:

Konto Soll			Konto Haben			Betrag DM
2120	*7320*	Zinsaufwendungen für langfristige Darlehen				150,00
			0986	*1940*	Damnum/Disagio	150,00

Wenn der Zins (8 % von 100 000,00 DM für 3 Monate) zum Schluss des Wirtschaftsjahr nicht bezahlt wurde, ist eine weitere Periodenabgrenzung notwendig. Es handelt sich dann um eine **"sonstige Verbindlichkeit"**.

Abschlussbuchung **Zins Darlehen**:

Konto Soll			Konto Haben			Betrag DM
2120	*7320*	Zinsaufwendungen für langfristige Darlehen				2 000,00
			1700	*3500*	Sonst. Verbindlichkeiten	2 000,00

Merke:

- **Verbindlichkeiten eines Unternehmens**

  - sind feststehende Verpflichtungen, deren Höhe und deren Fälligkeit bekannt ist.
  - sind mit dem Rückzahlungsbetrag zu passivieren.
  - dürfen nicht ungewiss sein.

- **Disagio/Damnum, das bei einem aufgenommenen Darlehen anfällt, ist als aktiver Rechnungsabgrenzungsposten in der Bilanz auszuweisen und entsprechend der Laufzeit des Darlehens erfolgswirksam aufzulösen. Die Abschreibung ist zeitanteilig vorzunehmen und in der GuV-Rechnung unter Position "Zinsen und ähnliche Aufwendungen" auszuweisen.**

Aufgaben zur Sicherung des Lernerfolges:

1. Unternehmer Maier erhält am 03.01. eine Lieferung frei Haus. Der Hersteller hat die Ware am 30.12 des Vorjahres einem Spediteur übergeben. Die Rechnung wurde auf den 30.12. datiert und lautet über 7 250,00 DM (netto 6 250,00 DM + 16 % USt = 1 000,00 DM).

   Muss Maier zum 31.12. eine Verbindlichkeit passivieren? Buchen sie gegebenenfalls den Vorgang!

2. Unternehmer Maier erhält am 03.01. eine andere Lieferung frei Haus. Dieser Hersteller lieferte die Ware am 29.12 des Vorjahres durch den firmeneigenen LKW aus. Durch einen Defekt am Fahrzeug musste unterwegs eine Reparaturwerkstätte aufgesucht werden. Daher konnte die Ware nicht mehr im alten Jahr angeliefert werden. Die Rechnung wurde auf den 29.12. datiert und lautet über 3 056,60 DM (netto 2 635,00 DM + 16 % USt = 421,60 DM).

   Muss Maier zum 31.12. eine Verbindlichkeit passivieren? Buchen sie gegebenenfalls den Vorgang!

3. Unternehmer Albert nimmt am 01.04. des laufenden Jahres ein Darlehen über 150 000,00 DM auf, Laufzeit 5 Jahre, Auszahlung 95 %. Ausserdem berechnet die Bank eine einmalige Bearbeitungsgebühr in Höhe von 920,00 DM. Auf dem Bankkonto werden 141 580,00 DM gutgeschrieben.

   Die Bank berechnet 5 % Zins, jeweils vierteljährlich nachträglich. Am 31.12. des Abschlussjahres waren die Zinsen noch nicht belastet.

   Erfassen Sie alle Vorgänge!

4. Am 21.12. des Abschlussjahres wurde eine gebrauchte Maschine zum Wert von 13 920,00 DM (netto 12 000,00 DM + 16 % USt = 1 920,00 DM) veräussert.

   Der Restwert der Maschine betrug zum 01.01. des Abschlussjahres 19 800,00 DM, die Restnutzungsdauer 1,5 Jahre.

   Der Käufer überweist den Betrag am 10.01. des Folgejahres.

5. Unternehmer Fries erhält für die Anschaffung einer maschinellen Anlage vom befreundeten Unternehmer Krug im September des Abschlussjahres ein Darlehen in Höhe von 200 000,00 DM, das mit 6,5 % verzinst wird, Laufzeit 3 Jahre. Die Auszahlung erfolgt auf dem Bankkonto in voller Höhe. Die anteiligen Zinsen für das Abschlussjahr in Höhe von 434,00 DM werden im Januar des Folgejahres überwiesen.

   a) In welcher Bilanzposition ist dieses Darlehen auszuweisen?

   b) Unternehmer Fries hat seinerseits an Krug Forderungen aus Warenlieferungen in Höhe von 17 356,00 DM. Dürfen in der Bilanz dieses Darlehen und die Forderungen saldiert werden?

   c) Unter welchen Voraussetzungen können Forderungen und Verbindlichkeiten saldiert werden?

   d) Buchen Sie alle Vorgänge!

16 Grundzüge der Industriebuchführung

In diesem Abschnitt sollen die Besonderheiten der Bilanzposition "**Vorräte**" eines Industriebetriebes oder Handwerksbetriebes dargestellt werden. Ein Industriebetrieb oder Handwerksbetrieb zeichnet sich dadurch aus, dass er, bedingt durch die Herstellung von Produkten, folgende Vorräte aufweist:

- **Rohstoffe**
- **Hilfsstoffe**
- **Betriebsstoffe**
- **bezogene Leistungen, bezogene Fertigteile**
- **unfertige Erzeugnisse**
- **fertige Erzeugnisse und Waren**

Rohstoffe sind die unmittelbar als Hauptbestandteil in ein Fertigprodukt eingehenden Güter (z. B. Holz bei der Möbelfertigung).

Hilfsstoffe sind alle unmittelbar in ein Produkt eingehenden Güter, die aber im Gegensatz zu den Rohstoffen nicht den Hauptbestandteil eines Fertigproduktes bilden, sondern nur eine untergeordnete Bedeutung für ein Fertigprodukt haben (z. B. Leim, Lacke, Faden).

Betriebsstoffe sind alle unmittelbar oder mittelbar bei der Produktion verbrauchten Güter, die im Gegensatz zu den Roh- und Hilfsstoffen keinen Bestandteil des fertigen Erzeugnisses darstellen (z. B. Schmiermittel, Verpackungsmaterial).

Unfertige Erzeugnisse sind die in der Produktion befindlichen Materialien, für deren Bearbeitung oder Verarbeitung einem Unternehmen Kosten (z. B. Löhne, Gemeinkosten und dgl.) entstanden sind, aber deren Fertigungsprozess noch nicht abgeschlossen ist.

Fertige Erzeugnisse sind die in einem Betrieb hergestellten Erzeugnisse, deren Fertigungsprozess abgeschlossen ist und die versandfertig sind.

Waren sind Fertigerzeugnisse, die nicht selbst hergestellt, be- oder verarbeitet werden, d. h., Handelsartikel aus fremden Unternehmen, die zur Weiterveräußerung beschafft worden sind.

16.1 Rohstoffe, Hilfsstoffe und Betriebsstoffe

- Erfassung des Einkaufs über Bestandskonten

Die beschafften Roh-, Hilfs- und Betriebsstoffe werden zunächst auf **Bestandskonten** gebucht. Werden bei der Produktion diese Stoffe verwendet, dann wird der **Verbrauch auf Materialentnahmescheinen** erfasst und als Aufwand gebucht.

- Erfassung des Einkaufs über Aufwandskonten:

Wird die **Inventurmethode** angewandt, dann wird der Einkauf sofort als Aufwand erfasst. Die bei der Inventur aufgenommenen Bestände werden dann unter Berücksichtigung der Anfangsbestände entweder als Verminderung der Anschaffungskosten oder als Mehrung der Anschaffungskosten für Roh-, Hilfs- und Betriebsstoffe erfasst.

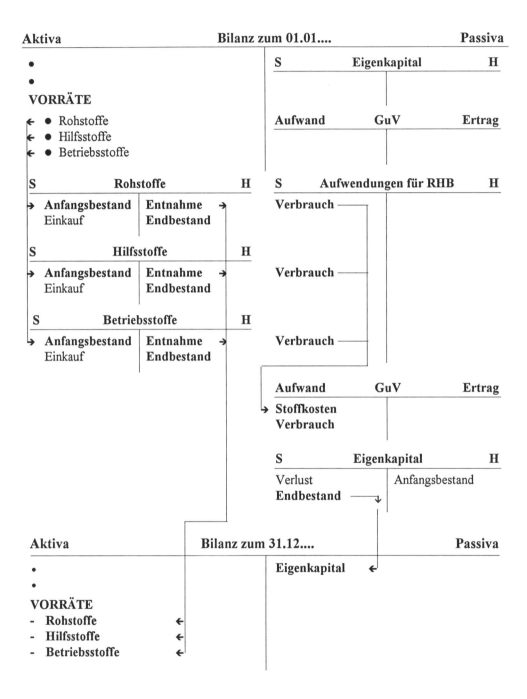

Aktiva   **Bilanz zum 01.01....**   **Passiva**

•
•
VORRÄTE

← • Rohstoffe
← • Hilfsstoffe
← • Betriebsstoffe

S	Rohstoffe	H
→ Anfangsbestand	Entnahme →	
Einkauf	Endbestand	

S	Hilfsstoffe	H
→ Anfangsbestand	Entnahme →	
Einkauf	Endbestand	

S	Betriebsstoffe	H
→ Anfangsbestand	Entnahme →	
Einkauf	Endbestand	

S   **Eigenkapital**   **H**

Aufwand   **GuV**   **Ertrag**

S	Aufwendungen für RHB	H
Verbrauch		
Verbrauch		
Verbrauch		

Aufwand   **GuV**   **Ertrag**

→ **Stoffkosten**
Verbrauch

S	Eigenkapital	H
Verlust	Anfangsbestand
Endbestand →	

Aktiva   **Bilanz zum 31.12....**   **Passiva**

•
•
VORRÄTE

- **Rohstoffe**   ←
- **Hilfsstoffe**   ←
- **Betriebsstoffe**   ←

Eigenkapital   ←

188

16.2 Unfertige und fertige Erzeugnisse sowie Bestandsveränderungen

Unfertige Erzeugnisse sind Vorräte, bei denen durch Be- oder Verarbeitung schon Aufwendungen (Fertigungslöhne, Roh-, Hilfs- und Betriebsstoffe) entstanden sind, sie sind jedoch noch nicht verkaufsfähig.

Fertige Erzeugnisse sind Vorräte, bei denen der Herstellungsprozess abgeschlossen ist. Sie sind sowohl verkaufsbereit als auch versandfertig.

Im Leistungsprozess entstehen während des Wirtschaftsjahres immer wieder unfertige Erzeugnisse (Halberzeugnisse) und fertige Erzeugnisse. Ebenso werden auch immer wieder fertige Erzeugnisse verkauft. Während die Materialeinsätze und die Erlöse regelmässig gebucht werden, **ermittelt** man bei den unfertigen und fertigen Erzeugnissen **nur die Bestandsveränderung als Differenz der Anfangs- und Schlussbestände**. Der Ausweis erfolgt in der GuV-Rechnung unter der Position **"Erhöhung oder Verminderung des Bestands an fertigen und unfertigen Erzeugnissen"**. Bestandsmehrungen und Bestandsminderungen werden miteinander **saldiert**.

Es werden also am Schluss einer jeden Rechnungsperiode (monatlich oder jährlich) die Endbestände ermittelt. Danach sind die Bestandsmehrungen bzw. Bestandsminderungen zu buchen. Laufende Veränderungen werden bei grossen Firmen durch moderne Computertechnik über eine Datenschnittstelle zwischen Verwaltung und Fertigung erfasst.

Unfertige Erzeugnisse

Beispiel: Anfangsbestand unfertige Erzeugnisse   60 000,00 DM
Endbestand unfertige Erzeugnisse   40 000,00 DM

Bestandsminderung   **20 000,00 DM = Gewinnminderung**

Buchung **Bestandsminderung unfertige Erzeugnisse**:

Konto Soll			Konto Haben			Betrag DM
8960	*4810*	Bestandsveränderungen unfertige Erzeugnisse				20 000,00
			7050	*1050*	unfertige Erzeugnisse	20 000,00

Beispiel: Anfangsbestand unfertige Erzeugnisse   60 000,00 DM
Endbestand unfertige Erzeugnisse   70 000,00 DM

Bestandsmehrung   **10 000,00 DM = Gewinnmehrung**

Buchung **Bestandsmehrung unfertige Erzeugnisse**:

Konto Soll			Konto Haben			Betrag DM
7050	*1050*	unfertige Erzeugnisse				10 000,00
			8960	*4810*	Bestandsveränderungen unfertige Erzeugnisse	10 000,00

Fertige Erzeugnisse

Beispiel: Anfangsbestand fertige Erzeugnisse   85 000,00 DM
          Endbestand fertige Erzeugnisse   <u>68 000,00 DM</u>

          Bestandsminderung   **17 000,00 DM = Gewinnminderung**

Buchung **Bestandsminderung fertige Erzeugnisse**:

Konto Soll			Konto Haben			Betrag DM
8980	*4800*	Bestandsveränderungen fertige Erzeugnisse				
			7110	*1110*	fertige Erzeugnisse	17 000,00
						17 000,00

Beispiel: Anfangsbestand fertige Erzeugnisse   85 000,00 DM
          Endbestand fertige Erzeugnisse   <u>97 000,00 DM</u>

          Bestandsmehrung   **12 000,00 DM = Gewinnmehrung**

Buchung **Bestandsmehrung fertige Erzeugnisse**:

Konto Soll			Konto Haben			Betrag DM
7110	*1110*	fertige Erzeugnisse				12 000,00
			8980	*4800*	Bestandsveränderungen fertige Erzeugnisse	
						12 000,00

Eine **Bestandsminderung** bedeutet, dass zu den ausgewiesenen Erlösen ein Abbau von Halb- bzw. Fertigerzeugnissen notwendig war, der noch nicht berücksichtigt wurde. Die Erlöse sind zu hoch ausgewiesen und müssen daher korrigiert werden. Umgekehrt bedeutet eine **Bestandserhöhung**, dass die Erlöse zu niedrig ausgewiesen wurden.

In beiden Fällen ist das Realisationsprinzip anzuwenden, d. h. Erträge sind der Periode zuzurechnen, in der sie realisiert (Zeitpunkt der Veräußerung) werden. Daher sind auch die Aufwendungen, die mit den Erträgen wirtschaftlich zusammenhängen, erst zum Zeitpunkt der Realisierung abzugsfähig.

Durch die Bewertung der halbfertigen und fertigen Erzeugnissen zu Herstellkosten und die Buchung der Bestandsveränderung werden die angefallenen Kosten neutralisiert.

> **Merke:**
>
> - **Unfertige und fertige Erzeugnisse werden zum Bilanzstichtag bewertet**
>
> - **Bestandserhöhungen von unfertigen und fertigen Erzeugnissen wirken sich gewinnerhöhend aus (Bestandsmehrung = Eigenkapitalmehrung)**
>
> - **Bestandsminderungen von unfertigen und fertigen Erzeugnissen wirken sich gewinnmindernd aus (Bestandsminderung = Eigenkapitalminderung)**

17 Inhalt des Jahresabschlusses bei Kapitalgesellschaften

Handelsgesetzbuch nach Inkrafttreten des BiRiLiG		
Erstes Buch:	Handelsstand §§ 1 - 104	
Zweites Buch:	Handelsgesellschaften und Stille Gesellschaft §§ 105 - 237	
Drittes Buch:	Handelsbücher §§ 238 - 339	
Viertes Buch:	Handelsgeschäfte §§ 343 - 460	
Fünftes Buch:	Seehandel §§ 476 - 985	
Drittes Buch:	Handelsbücher §§ 238 - 339	

1. Abschnitt	**§§ 238 - 263**	**Vorschriften für alle Kaufleute**
1. Unterabschnitt:	§§ 238 - 241	**Buchführung, Inventar**
2. Unterabschnitt:	§§ 242 - 256	**Eröffnungbilanz, Jahresabschluss**
1. Titel:	§§ 242 - 245	**Allgemeine Vorschriften**
2. Titel:	§§ 246 - 251	**Ansatzvorschriften**
	§ 246	Vollständigkeit, Verrechnungsverbot
	§ 247	Inhalt der Bilanz
	§ 248	Bilanzierungsverbote
	§ 249	Rückstellungen
	§ 250	Rechnungsabgrenzungsposten
	§ 251	Haftungsverhältnisse
3. Titel:	§§ 252 - 256	**Bewertungsvorschriften**
	§ 252	Allgemeine Bewertungsvorschriften
	§ 253	Wertansätze der Vermögensgegenstände und Schulden
	§ 254	Steuerrechtliche Abschreibungen
	§ 255	Anschaffungs- und Herstellungskosten
	§ 256	Bewertungsvereinfachungsverfahren
3. Unterabschnitt:	§§ 257 - 261	**Aufbewahrung und Vorlage**
4. Unterabschnitt:	§ 263	**Landesrecht**
2. Abschnitt:	**§§ 264 - 335**	**Ergänzende Vorschriften für Kapitalgesellschaften**
1. Unterabschnitt:	§§ 264 - 289	**Jahresabschluss, Lagebericht**
1. Titel:	§§ 264 - 265	Allgemeine Vorschriften
2. Titel:	§§ 266 - 274 a	Bilanz
3. Titel:	§§ 275 - 278	Gewinn und Verlustrechnung
4. Titel:	§§ 279 - 283	Bewertungsvorschriften
5. Titel:	§§ 284 - 288	Anhang
6. Titel:	§ 289	Lagebericht
2. Unterabschnitt:	§§ 290 - 315	**Konzernabschluss und Konzernlagebericht**
3. Unterabschnitt	§§ 316 - 324	**Prüfung**
4. Unterabschnitt	§§ 325 - 329	**Offenlegung**

Während der 1. Abschnitt die Vorschriften enthält, die für alle Kaufleute gelten, nimmt der 2. Abschnitt Vorschriften auf, die nur für Kapitalgesellschaften gelten.

§ 242 HGB **Jahresabschluss für alle Kaufleute**	§ 264 Abs. 1 HGB **Jahresabschluss für Kapitalgesellschaften**
Bilanz **Gewinn- und Verlustrechnung**	**Bilanz** **Gewinn- und Verlustrechnung** **Anhang**
	+ Lagebericht
In der Bilanz sind das Anlage- und Umlaufvermögen, das Eigenkapital, die Schulden und die Rechnungsabgrenzungsposten gesondert auszuweisen und hinreichend aufzugliedern.	Die Gliederung der Bilanz hat nach § 266 HGB zu erfolgen. In der Bilanz oder im **Anhang** (§ 284 HGB) ist die Entwicklung der einzelnen Posten des Anlagevermögens darzustellen (Anlagenspiegel).
Für den Schluss eines jeden Geschäftsjahrs hat eine Gegenüberstellung der Aufwendungen und Erträge des Geschäftsjahres (GuV-Rechnung) zu erfolgen.	Die Gliederung der Gewinn- und Verlustrechnung hat nach §§ 275 - 278 HGB zu erfolgen.
Der Jahresabschluss ist nach den Grundsätzen ordnungsmässiger Buchführung aufzustellen, hat klar und übersichtlich zu sein und ist innerhalb der einem ordnungsmässigen Geschäftsgang entsprechenden Zeit aufzustellen.	Der Jahresabschluss hat unter Beachtung der Grundsätze ordnungsmässiger Buchführung ein den tatsächlichen Verhältnissen entsprechendes Bild der Vermögens-, Finanz- und Ertragslage zu vermitteln.

17.1 Offenlegungspflichten der Kapitalgesellschaften

Grosse Kapitalgesellschaften haben nach § 267 Abs. 3 HGB Bilanz, GuV-Rechnung, Anhang, Lagebericht, Prüfungsvermerk und den Bericht des Aufsichtsrats sowohl im Handelsregister als auch im Bundesanzeiger bekanntzumachen.

Mittelgrosse Kapitalgesellschaften haben nach § 327 Nr. 1 HGB eine eingeschränkte Offenlegungspflicht. Im Bundesanzeiger ist lediglich bekanntzumachen, bei welchem Handelsregister und unter welcher Nummer die Unterlagen eingereicht worden sind. Beim Handelsregister bestehen ebenfalls Erleichterungen.

Kleine Kapitalgesellschaften brauchen im Bundesanzeiger lediglich bekanntzumachen, bei welchem Handelsregister und unter welcher Nummer die Unterlagen eingereicht worden sind. Beim Handelsregister sind lediglich die Bilanz und der Anhang einzureichen, ohne Erläuterungen zur GuV-Rechnung. Des weiteren ist der Vorschlag für die Verwendung des Ergebnisses und der Beschluss über seine Verwendung einzureichen, soweit sich diese Angaben nicht aus der Bilanz und dem Anhang ergeben.

17.2 Anhang

Der Anhang übernimmt die Funktion des Erläuterungsberichts. Für ihn gilt das Gebot der Klarheit und Übersichtlichkeit ebenso, um ein den tatsächlichen Verhältnissen entsprechendes Bild der Vermögens-, Finanz- und Ertragslage der Kapitalgesellschaft zu vermitteln.

Im Anhang können daher Angaben gemacht werden, die wahlweise auch in der Bilanz oder in der GuV-Rechnung enthalten sein können. Hieraus ergeben sich hinsichtlich der Offenlegungspflicht mittlerer und insbesondere kleiner Kapitalgesellschaften Gestaltungsmöglichkeiten.

Angabepflichten im Anhang	
Angaben zur Erläuterung der Bilanz und der GuV-Rechnung	Angaben zur Erläuterung nach § 284 Abs. 2 HGB - angewandte Bilanzierungs- und Bewertungsmethoden auf die Posten der Bilanz und der GuV-Rechnung - Abweichungen von Bilanzierungs- und Bewertungsmethoden
Fakultative Angaben	Auskünfte über nicht bilanzierungsfähige Sachverhalte
Ergänzende Pflichtangaben	- Angaben zur Darstellung in Bilanz und GuV-Rechnung - Angaben zu einzelnen Positionen der Bilanz und GuV-Rechnung, - Haftungsverhältnisse, sonstige finanzielle Verpflichtungen, - durchschnittliche Arbeitnehmerzahl, Fluktuation
Pflichtangaben nach § 285 HGB	zum Beispiel - Gesamtbetrag der Verbindlichkeiten mit einer Restlaufzeit von mehr als 5 Jahren - Gesamtbetrag der Verbindlichkeiten, die durch Pfandrechte oder ähnliche Rechte abgesichert sind.
Rechtsformspezifische Einzelangaben	nach AktG, GmbHG u.a.

17.3 Anlagespiegel

Vor Inkrafttreten des Bilanzrichtliniengesetzes wurde das Anlagevermögen in einem **Nettoanlagespiegel** dargestellt. Nunmehr ist der **Bruttoanlagespiegel obligatorisch**. Dieser kann in die Bilanz integriert werden, kann aber auch im Anhang ausgewiesen werden.

Der **Bruttoanlagespiegel** zeigt nach § 268 Abs. 2 HGB die Entwicklung des Anlagevermögens auf der Basis historischer Anschaffungs- und Herstellungskosten. Ausgehend von den Anschaffungs- und Herstellungskosten sind die Zugänge, Abgänge, Umbuchungen und Zuschreibungen des Geschäftsjahres sowie die kumulierten Abschreibungen gesondert aufzuführen. Desgleichen sind die Abschreibungen des Geschäftsjahres ersichtlich.

Der Bruttoanlagespiegel lässt Informationen über die Altersstruktur des Anlagevermögens und den Investitionsbedarf erkennen.

17.4 Lagebericht

Im Lagebericht sind der Geschäftsverlauf und die Lage der Kapitalgesellschaft so darzustellen, dass ein den tatsächlichen Verhältnissen entsprechendes Bild ermittelt wird. Es ist ein subjektiver Bericht der Geschäftsführung, da hier auch auf Vorgänge von besonderer Bedeutung, die nach dem Schluss des Geschäftsjahres eingetreten sind, auf die voraussichtliche Entwicklung der Kapitalgesellschaft (z. B. Auftragsbestand) und auf den Bereich der Forschung und Entwicklung eingegangen werden soll.

17.5 Jahresabschlussprüfung

Die Prüfung grosser und mittelgrosser Kapitalgesellschaften erstreckt sich auf Buchführung, Bilanz, GuV-Rechnung und Anhang, ob gesetzliche Vorschriften und ergänzende Bestimmungen im Gesellschaftsvertrag oder Satzung beachtet wurden.

Der Abschlussprüfer (Wirtschaftsprüfer, bei mittelgrossen Kapitalgesellschaften auch vereidigte Buchprüfer) wird von den Gesellschaftern gewählt. Der Prüfungsauftrag wird vom gesetzlichen Vertreter des prüfungspflichtigen Unternehmens erteilt.

Der Lagebericht wird daraufhin geprüft, ob er mit dem Jahresabschluss in Einklang steht und ob er falsche Vorstellungen von der Lage des Unternehmens erweckt.

Kleine Kapitalgesellschaften sind nicht prüfungspflichtig.

Über das Ergebnis der Prüfung fasst der Abschlussprüfer einen schriftlichen Bericht ab und erteilt aufgrund seiner Feststellungen bei Ordnungsmässigkeit den uneingeschränkten Bestätigungsvermerk.

17.6 Grössenklassen der Kapitalgesellschaften

Merkmale:	Kleine Kapitalgesellschaft	Mittlere Kapitalgesellschaft	Grosse Kapitalgesellschaft
Bilanzsumme	bis 5,31 Mio.	> 5,31 Mio. < 21,24 Mio.	> 21,24 Mio.
Umsatzerlöse	bis 10,62 Mio.	>10,62 Mio. < 42,48 Mio.	> 42,48 Mio.
Arbeitnehmer	bis 50 Beschäftigte	> 50 Besch. < 250 Besch.	> 250 Beschäftigte
	(Jahresdurchschnitt)		
Bei der Zuordnung müssen zwei der drei Merkmale zutreffen.			

17.7 Offenlegung und Prüfungspflicht der Kapitalgesellschaften

Merkmale:	Kleine Kapitalgesellschaft	Mittlere Kapitalgesellschaft	Grosse Kapitalgesellschaft
Prüfungspflicht	nein	ja	ja
Abschlussprüfer		Wirtschaftsprüfer vereidigte Buchprüfer	Wirtschaftsprüfer
Prüfungsumfang		Jahresabschluss - Bilanz - GuV-Rechnung - Anhang Lagebericht	Jahresabschluss - Bilanz - GuV-Rechnung - Anhang Lagebericht
Umfang der Offenlegung im Handelsregister	Bilanz	Bilanz GuV-Rechnung Anhang Lagebericht	Bilanz GuV-Rechnung Anhang Lagebericht
Veröffentlichung im Bundesanzeiger			ja
Frist zur Erstellung des Jahresabschlusses	6 Monate nach Ende des Geschäftsjahrs	3 Monate nach Ende des Geschäftsjahrs	3 Monate nach Ende des Geschäftsjahrs
Frist zur Offenlegung	12 Monate nach Ende des Geschäftsjahrs	9 Monate nach Ende des Geschäftsjahrs	9 Monate nach Ende des Geschäftsjahrs

Für Aktiengesellschaften gilt die Prüfungs- und Offenlegungspflicht grundsätzlich immer.

18   Hauptabschlussübersicht

---

§ 240 HGB

Bei der Aufstellung des Inventars und der Bilanz sind sämtliche Vermögensgegenstände nach dem Wert anzusetzen, der ihnen in dem Zeitpunkt beizulegen ist, für welchen die Aufstellung stattfindet.

§ 4 EStG

Gewinn ist der Unterschiedsbetrag zwischen dem Betriebsvermögen am Schluss des Wirtschaftsjahres und dem Betriebsvermögen am Schluss des vorangegangenen Wirtschaftsjahres, vermehrt um den Wert der Entnahmen und vermindert um den Wert der Einlagen.

§§ 6, 7 EStG

geben Auskunft über die steuerliche Bewertung des Betriebsvermögens bzw. die Absetzung für Abnutzung.

- **Das Betriebsvermögen muss zum Schluss des Wirtschaftsjahres nach handels- und steuerrechtlichen Vorschriften bewertet werden.**

- **Eine periodengerechte Gewinnermittlung setzt voraus, dass nur Aufwendungen und Erträge, die den Zeitraum des abzuschliessenden Wirtschaftsjahres betreffen, erfolgswirksam werden dürfen.**

Ausgangssituationen für die Hauptabschlussübersicht ist die Saldenbilanz I, in der Regel die Sachkontensaldenliste, deren Werte folgendermassen errechnet werden:

	Anfangsbestand Aktiva		Anfangsbestand Passiva
+	Verkehrszahlen Soll	-	Verkehrszahlen Soll
-	Verkehrszahlen Haben	+	Verkehrszahlen Haben
=	**Wert in Saldenbilanz I**	=	**Wert in Saldenbilanz I**

Die Zahlen der Saldenbilanz stellen die vorläufigen Ergebnisse dar. Allerdings sind mit Sicherheit während des Jahres Fehler gemacht worden, die jetzt bei der Erstellung des Jahresabschlusses noch korrigiert werden müssen. Des weiteren kann es sein, dass verschiedene Buchungen noch nicht vorgenommen wurden, so zum Beispiel Leistungsentnahmen des Inhabers, Abschreibungen, Jahresabgrenzungen und Rückstellungen.

Die Hauptabschlussübersicht ist ein Hilfsmittel, die Zahlen für den Jahresabschluss zu ermitteln, wobei sämtliche Berichtigungen und Umbuchungen vorgenommen werden. Vielfach werden diese Berichtigungen und Umbuchungen aber auch erst in einer Umbuchungsliste eingetragen und dann in der EDV-Buchführung über einen "13. Lauf" erfasst. Durch die Zuordnung von Bilanzkennziffern bei den Sachkonten entfallen dann bestimmte Buchungen, z. B. die Passivierung der Mehrwertsteuer, Abschluss der Privatkonten, Umbuchung der Anschaffungsnebenkosten und Anschaffungskostenminderungen auf das Warenkonto bzw. Erlösschmälerungen, Boni und Skonti auf das dazugehörige Erlöskonto und dgl.

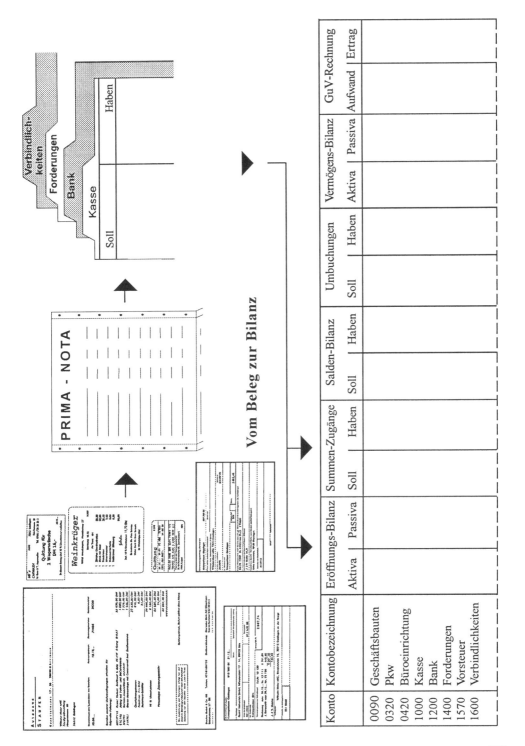

Vom Beleg zur Bilanz

Konto	Kontobezeichnung	Eröffnungs-Bilanz		Summen-Zugänge		Salden-Bilanz		Umbuchungen		Vermögens-Bilanz		GuV-Rechnung	
		Aktiva	Passiva	Soll	Haben	Soll	Haben	Soll	Haben	Aktiva	Passiva	Aufwand	Ertrag
0090	Geschäftsbauten												
0320	Pkw												
0420	Büroeinrichtung												
1000	Kasse												
1200	Bank												
1400	Forderungen												
1570	Vorsteuer												
1600	Verbindlichkeiten												

Beispiel:

Im Konto Ladeneinrichtung sind folgende Werte enthalten:

- Anfangsbestand einer Ladentheke, 8 640,00 DM, Abschreibung lt. Plan, 2 170,00 DM
- Zugang eines Regals im November, 5 000,00 DM, Nutzungsdauer 8 Jahre
- Gutschrift für das Regal im Dezember, 200,00 DM,

Berechnung Abschreibung für das Regal:

5 000,00 DM ./. 200,00 DM = 4 800,00 DM : 8 = Abschreibung/Jahr = 600,00 DM
Abschreibung bei Ansatz der **Vereinfachungsregelung** = 600,00 DM : 2 = 300,00 DM
Abschreibungen insgesamt: 2 170,00 DM + 300,00 DM = **2 470,00 DM**

Buchungssatz **Abschreibung**:

Konto Soll			Konto Haben			Betrag DM
4830	6220	Abschreibungen auf Sachanlagen				2 470,00
			0430	0640	Ladeneinrichtung	2 470,00

Erfassung in der Hauptabschlussübersicht:

Konten-bezeichnung	Eröffnungs-bilanz		Verkehrs-zahlen		Salden-bilanz I		Berichti-gungen		Bilanz		GuV	
●												
Ladeneinrichtung	8640		5000	200	13440			2470	10970			
●												
Abschreibungen auf Sachanlagen							2470				2470	
●												

▼ Anfangsbestand (1)
▼ Anfangsbestand (2)
▼ Summenzugang (3)
▼ Summenzugang (4)
▼ Saldo (1) + (3) - (4)
▼ Saldo (2) - (3) + (4)
▼ Abschlussbuchungen
▼ Abschlussbuchungen
▼ Bilanzwerte neu
▼ Bilanzwerte neu
▼ GuV-Werte neu
▼ GuV-Werte neu

Merke:

- Die Hauptabschlussübersicht (Betriebsübersicht)

  - dient der Vorbereitung des Jahresabschlusses,

  - verbindet die Endbestände der Bestandskonten des vorangegangenen Wirtschafts-
    jahres mit den Summen des abzuschliessenden Wirtschaftsjahres,

  - nimmt die Summen der Erfolgskonten des laufenden Wirtschaftsjahres auf,

  - ermittelt die Saldenbilanz,

  - nimmt die Berichtigungen und Umbuchungen (Abschlussbuchungen) auf,

  - ermittelt die endgültigen Bestände und Erfolge der einzelnen Konten,

  - ermöglicht damit die Erstellung von Bilanz und GuV.

- Die Vorträge in der Hauptabschlussübersicht müssen mit den ermittelten Endsalden
  des Vorjahres übereinstimmen.

- Die Um- und Nachbuchungen in der Betriebsübersicht müssen detailliert in einer Umbuchungsliste erfasst und in den Konten verbucht werden.

- Nach den Umbuchungen müssen die Endsalden der Betriebsübersicht in die Bilanz
  und die GuV-Rechnung eingestellt und dann abgestimmt werden.

- Kapitalgesellschaften haben Gliederungsvorschriften für die Bilanz und GuV-Rechnung, an die sich in der Regel auch die Einzelfirmen bzw. Personengesellschaften rich-
  ten.

- Kapitalgesellschaften werden in verschiedene Grössenklassen eingeteilt.

- Für Kapitalgesellschaften besteht Offenlegungspflicht.

- Für grosse und mittlere Kapitalgesellschaften besteht Prüfungspflicht.

Aufgaben zur Sicherung des Lernerfolges:

Die Hauptabschlussübersicht weist einen vorläufigen Gewinn laut vorläufiger Saldenbilanz von 35 000,00 DM aus. Bilden Sie zu nachstehenden Abschlussfällen die Buchungssätze! Ermitteln Sie anschliessend fortlaufend die Veränderung des Gewinns!

1. Abschreibung auf Gebäude, nach § 7 Abs. 4 EStG; 4 % der Herstellungskosten von 350 000,00 DM.

2. Die Inventur der unfertigen Erzeugnisse zum Schluss des Wirtschaftsjahres ergibt eine Bestandsmehrung in Höhe von 6 000,00 DM.

3. Die im Umlaufvermögen der Bilanz ausgewiesenen Aktien, die zu 5 000,00 DM angeschafft wurden, haben am 31.12. einen Bilanzwert von 4 800,00 DM.

4. Das unbebaute Grundstück, Anschaffungs- und Bilanzwert 60 000,00 DM, hat zum 31.12. einen Verkehrswert von 70 000,00 DM.

5. Abschreibung auf Fahrzeuge, 25 % vom Anschaffungswert 20 000,00 DM, Restwert vor Abschreibung 10 000,00 DM.

6. Der Unternehmer hat eine private Warenentnahme versehentlich noch nicht gebucht, Verkaufspreis 450,00 DM, Wiederbeschaffungskosten zum Entnahmezeitpunkt 250,00 DM. Die Umsatzsteuer ist gegebenenfalls zu berücksichtigen.

7. Die Darlehenszinsen für das betriebliche Bankdarlehen von 350,00 DM wurden erst im neuen Jahr abgebucht.

8. Am 31.12. steht noch die Miete von 580,00 DM (netto 500,00 DM + 16 % USt 80,00 DM) aus, die am 01.12. zur Zahlung fällig war. Der Unternehmer hat in seinem Betriebsgebäude 2 Lagerräume an einen anderen Unternehmer fremdvermietet. Er hat zur Umsatzsteuer optiert.

9. Die Einkommensteuer-Vorauszahlung wurde am 10.12. versehentlich nicht überwiesen. Sie war auch am 31.12. vom Unternehmer noch nicht entrichtet worden.

10. Für eine Kundenforderung in Höhe von 116,00 DM (incl. 16 % USt) liegt eine eidesstattliche Versicherung vor, dass der Kunde zahlungsunfähig ist. Die Forderung muss als uneinbringlich behandelt werden.

11. Die Jahresabschlusskosten des Steuerberaters werden voraussichtlich netto 6 000,00 DM betragen.

12. Eine Rechnung für ein kurzlebiges Wirtschaftsgut, das am 08.12. angeschafft wurde, ist noch nicht gebucht. Anschaffungskosten 4 466,00 DM (netto 3850,00 DM + 16 % USt = 616,00 DM).

Bilanz-Übersicht   der Firma Albert Bürger   zum 31.12....   (SKR 03)

Konto	Kontenbezeichnung	Eröffnungsbilanz		Verkehrszahlen	
		Aktiva	Passiva	Soll	Haben
0085	Grundstückswert eig. bb. Grundstücke	55 000,00			
0090	Geschäftsbauten	45 000,00			
0320	Pkw	19 600,00		25 600,00	
0420	Büroeinrichtung	8 456,00		4 600,00	1,00
0480	Geringwertige Wirtschaftsgüter			600,00	
0630	Verbindlichkeiten geg. Kreditinstituten				96 000,00
0760	Darlehensverbindlichkeiten		62 000,00	12 000,00	
0800	Kapital		35 949,80		
0955	Steuerrückstellungen		500,00		
0970	Sonstige Rückstellungen				
0980	Aktive Rechnungsabgrenzungsposten	1 533,00			1 533,00
0986	Damnum/Disagio				
0990	Passive Rechnungsabgrenzungsposten				
0996	Pauschalwertberichtigung zu Forderungen		1 125,00		
0998	Einzelwertberichtigung zu Forderungen		800,00		
1000	Kasse	1 500,00		147 748,16	147 363,92
1100	Postbank	3 271,80		40 105,97	39 955,94
1200	Bank	10 474,20		290 741,83	262 928,71
1348	Sonstige Wertpapiere	5 000,00			
1401	Forderungen aus L/L	38 200,00		403 644,48	371 349,67
1460	Zweifelhafte Forderungen	2 900,00			
1500	Sonstige Vermögensgegenstände				
1570	Abziehbare Vorsteuer			73 748,91	509,00
1600	Verbindlichkeiten aus L/L		118 500,00	349 142,09	268 295,86
1700	Sonstige Verbindlichkeiten		3 550,00	4 845,00	8 948,36
1736	Verbindlichkeiten aus Betriebssteuern				
1740	Verbindlichkeiten aus Lohn und Gehalt			31 903,07	35 600,80
1741	Verbindlichkeiten aus Lohn-/KiSt			10 089,00	11 006,00
1742	Verbindlichkeiten aus Sozialversicherung			8 773,00	9 571,00
1770	Umsatzsteuer			218,57	93 895,20
1780	Umsatzsteuervorauszahlungen			10 669,49	
1789	Umsatzsteuer laufendes Jahr				
1790	Umsatzsteuer Vorjahr		2 010,20	2 010,20	
1800	Privatentnahmen allgemein			12 552,83	
1880	Eigenverbrauch				
1890	Privateinlagen				
3980	Bestände an Handelswaren	33 500,00			
		224 435,00	224 435,00	1 428 992,60	1 346 958,46

Konto	Kontenbezeichnung	Eröffnungsbilanz		Verkehrszahlen	
		Soll	Haben	Soll	Haben
2110	Zinsaufwendungen für kurzfr. Verbindl.			2 850,35	
2120	Zinsaufwendungen für langfr. Verbindl.			3 410,00	
2150	Aufwendungen für Kursdifferenzen				
2280	periodenfremde Steuernachzahlungen				
2405	Forderungsverluste				
2450	Einstellung in PWB				
2650	sonstige Zinsen und ähnliche Erträge				365,00
2720	Erträge aus dem Abgang von AV				2 188,50
2730	Erträge aus der Herabsetzung PWB				
2731	Erträge aus der Herabsetzung EWB				
2750	Grundstückserträge				5 500,00
3200	Einkauf Spielwaren			195 894,10	4 726,59
3201	Einkauf Sportartikel			157 902,26	368,27
3202	Einkauf Heimwerkerartikel			128 025,55	1 433,54
3760	Erhaltene Skonti				9 405,86
4100	Löhne und Gehälter			49 763,45	
4130	gesetzliche soziale Aufwendungen			8 328,68	
4138	Beiträge zur Berufsgenossenschaft				
4200	Raumkosten			3 246,00	
4300	Gewerbesteuer				
4360	Versicherungen			2 293,90	22,60
4500	Kfz.-Kosten			12 648,68	
4610	Werbekosten			5 659,80	
4700	Kosten der Warenabgabe			1 773,00	
4760	Verkaufsprovisionen			3 693,76	
4830	Abschreibungen auf Sachanlagen				
4855	Sofortabschreibung GWG				
4875	Abschreibungen auf WP des UV				
4900	Sonstige betriebliche Aufwendungen			8 809,15	
4957	Abschlusskosten				
4970	Nebenkosten Geldverkehr				
8400	Erlöse Spielwaren			381,44	254 934,69
8401	Erlöse Sportartikel			1 986,87	215 828,07
8402	Erlöse Heimwerkerartikel			426,91	181 768,28
8730	Gewährte Skonti			7 455,57	42,21
8910	Entnahme von Gegenständen				
				594 549,47	676 583,61
	Übertrag:	224 435,00	224 435,00	1 428 992,60	1 346 958,46
		224 435,00	224 435,00	2 023 542,07	2 023 542,07

| Konto | Vorläufige Saldenbilanz | | Umbuchungen | | Inventurbilanz | | GuV-Rechnung | |
	Soll	Haben	Soll	Haben	Aktiva	Passiva	Aufwand	Ertrag
0085	55 000,00							
0090	45 000,00							
0320	45 200,00							
0420	13 055,00							
0480	600,00							
0630		96 000,00						
0760		50 000,00						
0800		35 949,80						
0955		500,00						
0970								
0980								
0986								
0990								
0996		1 125,00						
0998		800,00						
1000	1 884,24							
1100	3 421,83							
1200	38 287,32							
1348	5 000,00							
1401	70 494,81							
1460	2 900,00							
1500								
1570	73 239,91							
1600		37 653,77						
1700		7 653,36						
1736								
1740		3 697,73						
1741		917,00						
1742		798,00						
1770		93 676,63						
1780	10 669,49							
1790								
1789								
1800	12 552,83							
1880								
1890								
3980	33 500,00							
	410 805,43	328 771,29						
		82 034,14						
	410 805,43	410 805,43						

| Konto | Vorläufige Saldenbilanz | | Umbuchungen | | Inventurbilanz | | GuV-Rechnung | |
	Soll	Haben	Soll	Haben	Aktiva	Passiva	Aufwand	Ertrag
2110	2 850,35							
2120	3 410,00							
2150								
2280								
2405								
2450								
2650		365,00						
2720		2 188,50						
2730								
2731								
2750		5 500,00						
3200	191 167,51							
3201	157 533,99							
3202	126 592,01							
3760		9 405,86						
4100	49 763,45							
4130	8 328,68							
4138								
4200	3 246,00							
4300								
4360	2 271,30							
4500	12 648,68							
4610	5 659,80							
4700	1 773,00							
4760	3 693,76							
4830								
4855								
4875								
4900	8 809,15							
4957								
4970								
8400		254 553,25						
8401		213 841,20						
8402		181 341,37						
8730	7 413,36							
8910								
Über-trag:	585 161,04	667 195,18						
	410 805,43	328 771,29						
	995 966,47	995 966,47						

Bilanz-Übersicht   der Firma Albert Bürger   zum 31.12....   (SKR 04)

Konto	Kontenbezeichnung	Eröffnungsbilanz Aktiva	Eröffnungsbilanz Passiva	Verkehrszahlen Soll	Verkehrszahlen Haben
0235	Grundstückswert eig. bb. Grundstücke	55 000,00			
0240	Geschäftsbauten	45 000,00			
0520	Pkw	19 600,00		25 600,00	
0650	Büroeinrichtung	8 456,00		4 600,00	1,00
0670	Geringwertige Wirtschaftsgüter			600,00	
1140	Warenbestand	33 500,00			
1200	Forderungen aus L/L	38 200,00		403 644,48	371 349,67
1240	Zweifelhafte Forderungen	2 900,00			
1246	Einzelwertberichtigung zu Forderungen		800,00		
1248	Pauschalwertberichtigung zu Forderungen		1 125,00		
1300	Sonstige Vermögensgegenstände				
1400	Abziehbare Vorsteuer			73 748,91	509,00
1510	Sonstige Wertpapiere	5 000,00			
1600	Kasse	1 500,00		147 748,16	147 363,92
1700	Postbank	3 271,80		40 105,97	39 955,94
1800	Bank	10 474,20		290 741,83	262 928,71
1900	Aktive Rechnungsabgrenzungsposten	1 533,00			1 533,00
1940	Damnum/Disagio				
2015	Kapital		35 949,80		
2100	Privatentnahmen allgemein			12 552,83	
2130	Eigenverbrauch				
2180	Privateinlagen				
3020	Steuerrückstellungen		500,00		
3070	Sonstige Rückstellungen				
3150	Verbindlichkeiten geg. Kreditinstituten				96 000,00
3300	Verbindlichkeiten aus L/L		118 500,00	349 142,09	268 295,86
3500	Sonstige Verbindlichkeiten		3 550,00	4 845,00	8 948,36
3560	Darlehensverbindlichkeiten		62 000,00	12 000,00	
3700	Verbindlichkeiten aus Betriebssteuern				
3720	Verbindlichkeiten aus Lohn und Gehalt			31 903,07	35 600,80
3730	Verbindlichkeiten aus Lohn-/KiSt			10 089,00	11 006,00
3740	Verbindlichkeiten aus Sozialversicherung			8 773,00	9 571,00
3800	Umsatzsteuer			218,57	93 895,20
3820	Umsatzsteuervorauszahlungen			10 669,49	
3840	Umsatzsteuer laufendes Jahr				
3841	Umsatzsteuer Vorjahr		2 010,20	2 010,20	
3900	Passive Rechnungsabgrenzungsposten				
		224 435,00	224 435,00	1 428 992,60	1 346 958,46

Konto	Kontenbezeichnung	Eröffnungsbilanz		Verkehrszahlen	
		Soll	Haben	Soll	Haben
4400	Erlöse Spielwaren			381,44	254 934,69
4401	Erlöse Sportartikel			1 986,87	215 828,07
4402	Erlöse Heimwerkerartikel			426,91	181 768,28
4620	Entnahme von Gegenständen				
4730	Gewährte Skonti			7 455,57	42,21
4860	Grundstückserträge				5 500,00
4900	Erträge aus dem Abgang von AV				2 188,50
4920	Erträge aus der Herabsetzung PWB				
4921	Erträge aus der Herabsetzung EWB				
5400	Einkauf Spielwaren			195 894,10	4 726,59
5401	Einkauf Sportartikel			157 902,26	368,27
5402	Einkauf Heimwerkerartikel			128 025,55	1 433,54
5730	Erhaltene Skonti				9 405,86
6000	Löhne und Gehälter			49 763,45	
6110	gesetzliche soziale Aufwendungen			8 328,68	
6120	Beiträge zur Berufsgenossenschaft				
6220	Abschreibungen auf Sachanlagen				
6260	Sofortabschreibung GWG				
6300	Sonstige betriebliche Aufwendungen			8 809,15	
6305	Raumkosten			3 246,00	
6400	Versicherungen			2 293,90	22,60
6530	Kfz.-Kosten			12 648,68	
6600	Werbekosten			5 659,80	
6700	Kosten der Warenabgabe			1 773,00	
6770	Verkaufsprovisionen			3 693,76	
6827	Abschlusskosten				
6855	Nebenkosten Geldverkehr				
6880	Aufwendungen für Kursdifferenzen				
6920	Einstellung in PWB				
6935	Forderungsverluste				
7100	sonstige Zinsen und ähnliche Erträge				365,00
7210	Abschreibungen auf WP des UV				
7310	Zinsaufwendungen für kurzfr. Verbindl.			2 850,35	
7320	Zinsaufwendungen für langfr. Verbindl.			3 410,00	
7610	Gewerbesteuer				
7640	periodenfremde Steuernachzahlungen				
				594 549,47	676 583,61
	Übertrag:	224 435,00	224 435,00	1 428 992,60	1 346 958,46
		224 435,00	224 435,00	2 023 542,07	2 023 542,07

| Konto | Vorläufige Saldenbilanz | | Umbuchungen | | Inventurbilanz | | GuV-Rechnung | |
	Soll	Haben	Soll	Haben	Aktiva	Passiva	Aufwand	Ertrag
0235	55 000,00							
0240	45 000,00							
0520	45 200,00							
0650	13 055,00							
0670	600,00							
1140	33 500,00							
1200	70 494,81							
1240	2 900,00							
1246		800,00						
1248		1 125,00						
1300								
1400	73 239,91							
1510	5 000,00							
1600	1 884,24							
1700	3 421,83							
1800	38 287,32							
1900								
1940								
2015		35 949,80						
2100	12 552,83							
2130								
2180								
3020		500,00						
3070								
3150		96 000,00						
3300		37 653,77						
3500		7 653,36						
3560		50 000,00						
3700								
3720		3 697,73						
3730		917,00						
3740		798,00						
3800		93 676,63						
3820	10 669,49							
3840								
3841								
3900								
	410 805,43	328 771,29						
		82 034,14						
	410 805,43	410 805,43						

| Konto | Vorläufige Saldenbilanz | | Umbuchungen | | Inventurbilanz | | GuV-Rechnung | |
	Soll	Haben	Soll	Haben	Aktiva	Passiva	Aufwand	Ertrag
4400		254 553,25						
4401		213 841,20						
4402		181 341,37						
4620								
4730	7 413,36							
4860		5 500,00						
4900		2 188,50						
4920								
4921								
5400	191 167,51							
5401	157 533,99							
5402	126 592,01							
5730		9 405,86						
6000	49 763,45							
6110	8 328,68							
6120								
6220								
6260								
6300	8 809,15							
6305	3 246,00							
6400	2 271,30							
6530	12 648,68							
6600	5 659,80							
6700	1 773,00							
6770	3 693,76							
6827								
6855								
6880								
6920								
6935								
7100		365,00						
7210								
7310	2 850,35							
7320	3 410,00							
7610								
7640								
Über-trag:	585 161,04	667 195,18						
	410 805,43	328 771,29						
	995 966,47	995 966,47						

Aufgaben zur Sicherung des Lernerfolges:

> Eröffnen Sie die Betriebsübersicht der Firma Albert Bürger auf einem Betriebsübersichtsformular (Hauptabschlussübersicht) mit den Salden der vorläufigen Saldenbilanz!
>
> 1. Bilden Sie zu nachstehenden, noch zu berücksichtigen Sachverhalten die Buchungssätze!
>
> 2. Tragen Sie die Kontierungen in die Spalte Berichtigungen und Umbuchungen ein!
>
> 3. Stellen Sie die Hauptabschlussübersicht fertig!
>
> 4. Schreiben Sie, ausgehend von den Zahlen der endgültigen Saldenbilanz, eine Bilanz nach dem Bilanzgliederungsschema (HGB)!
>
> 5. Schreiben Sie, ausgehend von den Zahlen der endgültigen Saldenbilanz, eine GuV-Rechnung nach dem GuV-Schema (HGB)!

1. Der Gewerbesteuerbescheid des Vorjahres ging am 10.12. des abzuschliessenden Wirtschaftsjahres ein und lautet über 800,00 DM, siehe Konto Steuerrückstellungen. Es ist noch nichts bezahlt und gebucht.

2. Am 01.09. wurde ein ausschliesslich betrieblich genutztes Fahrzeug neu geleast. Es wurde dafür eine Sondervorauszahlung in Höhe von 9 000,00 DM + 16 % USt (1 440,00 DM) = 10 440,00 DM geleistet und wie folgt gebucht: S Kfz-Kosten 9 000,00 DM, S Vorsteuer 1 440,00 DM, H Bank 10 440,00 DM. Die Leasingdauer beträgt 30 Monate.

3. a) Am 01.11. des Abschlussjahres wurde ein Computer zum Preis von 3 480,00 DM (3 000,00 DM + 16 % USt = 480,00 DM) angeschafft, aber aufgrund einer Reklamation erst am 15.01. des Folgejahres überwiesen. Der Vorgang wurde noch nicht gebucht. Die betriebliche Nutzungsdauer beträgt 4 Jahre.

   b) Eine Spedition lieferte den Computer, die dafür Fracht in Höhe von 232,00 DM (200,00 DM + 16 % USt = 32,00DM) in Rechnung stellte. Diese Rechnung wurde bar bezahlt. Der Betrag wurde unter Berücksichtigung der Vorsteuer auf dem Konto "Sonstige betriebliche Aufwendungen" gebucht.

4. Während des Wirtschaftsjahres wurden dem Warenlager für private Zwecke Waren entnommen, die mit insgesamt 2 000,00 DM netto zu bewerten sind (Wiederbeschaffungswert zum Entnahmezeitpunkt). Beim Kauf der Ware wurde Vorsteuer in Abzug gebracht. Der Vorgang ist noch zu buchen.

5. Am 01.07. des Abschlussjahres wurde ein betriebliches Darlehen in Höhe von 100 000,00 DM aufgenommen, Auszahlung 96 %. Das Darlehen ist nach 10 Jahren in einem Betrag zurückzuzahlen. Auf dem Konto Verbindlichkeiten gegenüber Kreditinstituten wurde lediglich der Auszahlungsbetrag in Höhe von 96 000,00 DM gebucht.

   Erfassen Sie das Damnum/Disagio und verteilen Sie es linear auf die Laufzeit des Darlehens.

   Der Zins, der halbjährlich nachträglich fällig ist, beträgt 8 % und ist noch zu berücksichtigen.

6. Die Kosten des Steuerberaters für den Jahresabschluss werden voraussichtlich 6 000,00 DM netto betragen.

7. Die Kontoabrechnung der Bank für das letzte Quartal wird erst im Januar abgebucht:

Sollzins	146,21 DM	
Habenzins		22,72 DM
Kontoführungsgebühren	136,00 DM	
Auslagen	28,00 DM	
Abbuchung am 03.01.		**287,49 DM**

8. Eine als zweifelhaft gebuchte Forderung aus dem Vorjahr, die bereits mit 800,00 DM abgeschrieben (wertberichtigt) worden ist, wurde endgültig uneinbringlich (siehe Konto "zweifelhafte Forderungen" und Konto „Einzelwertberichtigung zu Forderungen".

9. Auf den übrigen Forderungsbestand zum Schluss des Wirtschaftsjahres ist eine Pauschalwertberichtigung in Höhe von 3 % zu bilden, der Nachweis wurde erbracht.

   Der Bestand der Pauschalwertberichtigung ist zu berücksichtigen!

10. Im Dezember des Wirtschaftsjahres wurde ein betriebliches Grundstück angeschafft, Kaufvertrag und Rechnungen sind auf das Unternehmen ausgestellt, die Bezahlung erfolgte aus privaten Mitteln des Unternehmers für

Grund und Boden		40 000,00 DM
Gebäude		160 000,00 DM
Grunderwerbsteuer		7 000,00 DM
Notariatskosten, netto	2 000,00 DM	
+ 16 % USt	320,00 DM	2 320,00 DM
Grundbuchkosten		1 000,00 DM
Privateinlage		210 320,00 DM

   Die Vorgänge sind noch zu buchen.

11. Die Zinsen in Höhe von 4 200,00 DM für ein erhaltenes Darlehen, Stand am Bilanzstichtag = 50 000,00 DM) sind am Jahresende noch offen.

12. Die Kfz-Versicherung für das Betriebsfahrzeug wurde am 01.04. des Wirtschaftsjahres für ein Jahr im voraus bezahlt 1 380,00 DM und auf das Konto Kfz-Kosten gebucht. Der Anteil für das kommende Jahr ist noch abzugrenzen.

13. An rückständigen Urlaubsansprüchen wurden ermittelt:

Für Arbeitnehmer A	12 Tage zu 230,00 DM/Tag
Für Arbeitnehmer B	16 Tage zu 225,00 DM/Tag

   Der durchschnittliche Arbeitgeberanteil zur Sozialversicherung beträgt 20 %.

14. Im Konto "Verbindlichkeiten aus Lieferungen und Leistungen" ist eine offene Rechnung in Höhe von 25 000,00 US-$ eines chinesischen Lieferanten enthalten, Kurswert des US-$ bei Lieferung 1,78 DM. Am Bilanzstichtag betrug der Kurswert 1,89 DM, der dann auch bei der Bezahlung Ende Januar des Folgejahres zum Ansatz kam.

15. Abschreibungen auf Gebäude

Alt-Gebäude Restwert:	45 000,00 DM
Anschaffungswert:	150 000,00 DM
Abschreibungssatz:	2 %

Neuanschaffung (siehe Fall 10), 4 % des Anschaffungswertes direkt, linear und zeitanteilig.

16. Abschreibung auf Fahrzeuge: lt. AfA-Liste 4 000,00 DM, linear, direkt für den Altbestand

Im Mai wurde ein ausschliesslich betrieblich genutztes Fahrzeug neu angeschafft, Nutzungsdauer 5 Jahre. Es soll linear und direkt abgeschrieben werden. Dabei ist von der Vereinfachungsregelung lt. R 44 EStG Gebrauch zu machen.

17. Abschreibung auf Betriebs- und Geschäftsausstattung

lt. AfA-Liste 3 400,00 DM (ohne Fall 3, der zusätzlich zu erfassen ist).

18. Abschreibung auf geringwertige Wirtschaftsgüter bis zu einem Restwert von 1,00 DM.

19. Im November des Abschlussjahres wurde vom Solzialversicherungsträger noch eine Betriebsprüfung durchgeführt, in der festgestellt wurde, dass im März des laufenden Jahres eine Lohnabrechnung falsch durchgeführt wurde. Es ist insgesamt ein Betrag von 680,00 DM nachzuentrichten, den aus gesetzlichen Gründen der Arbeitgeber zu tragen hat. Der Nachforderungsbescheid ergeht aber erst im Januar des Folgejahres und wird dann auch umgehend beglichen.

20. Die Gewerbesteuer-Rückstellung für das abzuschliessende Wirtschaftsjahr ist mit 950,00 DM einzustellen.

21. Die Konten Vorsteuer, Umsatzsteuer und Umsatzsteuerzahlungen an das Finanzamt sind auf das Konto "Umsatzsteuer laufendes Jahr" abzuschliessen.

22. Die Privatkonten sind auf das Eigenkapital abzuschliessen.

23. Die Warenbestände haben sich wie folgt geändert:

Spielwaren Bestandsmehrung	8 000,00 DM
Sportartikel Bestandsmehrung	3 000,00 DM
Heimwerker-Erzeugnisse Bestandsminderung	5 000,00 DM

24. Die erhaltenden Skonti sind im Verhältnis zu den getätigten Wareneinkäufen zu verteilen.

25. Das Konto gewährte Skonti ist im Verhältnis zu den Erlösen zu verteilen.

1. Abschreibung auf Gebäude, 2 % linear, Anschaffungswert 150 000,00 DM.

2. Abschreibung auf Kfz und sonstige Transportmittel, 30 % geometrisch-degressiv, Anfangsbestand 40 000,00 DM, Restwert am 01.01. des Abschlussjahres 19 600,00 DM, Restnutzungsdauer 3 Jahre.

   Die Neuanschaffung von 25 600,00 DM soll linear auf 5 Jahre abgeschrieben werden. Das Kfz wurde am 28.06. des Geschäftsjahres in Betrieb genommen, die Rechnung wurde am 05.07. erteilt.

3. Abschreibung auf Betriebs- und Geschäftsausstattung laut AfA-Liste, 1 200,00 DM.

4. Abschreibung auf geringwertige Wirtschaftsgüter in voller Höhe der Neuanschaffungen.

5. Die Wertpapiere des Umlaufvermögens, die mit 5 000,00 DM zu Buche stehen, werden am 31.12. des Abschlussjahres mit 4 500,00 DM bewertet.

6. Eine Forderung in Höhe von 2 320,00 DM ist endgültig uneinbringlich; der Vorgang wurde noch nicht gebucht und ist daher jetzt vorzunehmen.

7. Die Berufsgenossenschaftsbeiträge für das abzuschliessende Geschäftsjahr werden voraussichtlich 2 392,00 DM betragen.

8. Die Warenbestände haben sich wie folgt verändert: Sportartikel haben sich um 7 000,00 DM erhöht, Spielwaren haben sich um 2 000,00 DM erhöht, Heimwerkererzeugnisse haben sich um 3 000,00 DM gegenüber dem Bestand am 31.12. des Vorjahres gemindert. Die Veränderungen sind zu buchen.

9. Die Konten Vorsteuer, Umsatzsteuer und Umsatzsteuerzahlungen an das Finanzamt sind auf das Konto Umsatzsteuer laufendes Jahr umzubuchen.

10. Das Konto Privat ist auf das Konto Eigenkapital abzuschliessen.

11. Die Anschaffungsnebenkosten sind im Verhältnis zu den getätigten Wareneinkäufen zu verteilen.

12. Das Konto Skonti und Boni ist im Verhältnis zu den Erlösen zu verteilen.

Eröffnen Sie die Betriebsübersicht der Dreherei Müller auf einer Hauptabschlussübersicht mit den Salden der vorläufigen Saldenbilanz!

1. Bilden Sie zu nachstehenden Sachverhalten die Buchungssätze!
2. Tragen Sie die Kontierungen in die Spalte Berichtigungen und Umbuchungen ein!
3. Stellen Sie die Hauptabschlussübersicht fertig!
4. Erstellen sie aus der endgültigen Saldenbilanz, eine Bilanz nach HGB!
5. Erstellen sie aus der endgültigen Saldenbilanz, eine GuV-Rechnung nach HGB!

Sachkonten-Saldenliste am 31.12....   (SKR 03)

| Konto | Bezeichnung | Saldenbilanz I | |
		Soll	Haben
0065	Unbebaute Grundstücke	120.000,00	
0085	Grundstückswerte eigener unbebauter Grundstücke	175.000,00	
0090	Geschäftsbauten	205.000,00	
0200	Technische Anlagen und Maschinen	129.600,00	
0320	Pkw	40.000,00	
0420	Büroeinrichtung	80.000,00	
0630	Verbindlichkeiten gegenüber Kreditinstituten		400.000,00
0800	Kapital		220.000,00
0930	Sonderposten mit Rücklagenanteil		
0931	Rücklage für Ersatzbeschaffung		
0955	Steuerrückstellungen		
0970	Sonstige Rückstellungen		
0986	Damnum/Disagio	11.100,00	
0996	Pauschalwertberichtigung zu Forderungen		3.000,00
1000	Kasse	2.434,00	
1200	Bank		26.381,00
1210	Festgeld	120.000,00	
1348	Sonstige Wertpapiere	18.198,00	
1401	Forderungen aus L/L	284.970,00	
1500	Sonstige Vermögensgegenstände		
1570	Abziehbare Vorsteuer	108.835,00	
1590	Durchlaufende Posten		150.000,00
1600	Verbindlichkeiten aus L/L		298.750,00
1700	Sonstige Verbindlichkeiten		20.043,00
1741	Verbindlichkeiten aus Lohn-/KiSt		9.848,00
1742	Verbindlichkeiten im Rahmen der sozialen Sicherheit		17.250,00
1770	Umsatzsteuer		179.550,00
1780	Umsatzsteuervorauszahlungen	62.160,00	
1789	Umsatzsteuer laufendes Jahr		
1791	Umsatzsteuer frühere Jahre		
3970	Bestand Roh-, Hilfs- und Betriebsstoffe	92.000,00	
7050	Unfertige Erzeugnisse	107.540,00	
	Übertrag:	1.556.837,00	1.324.822,00

Konto	Bezeichnung	Saldenbilanz I	
		Soll	Haben
	Übertrag:	1.556.837,00	1.324.822,00
2010	Periodenfremde Aufwendungen	5.300,00	
2110	Zinsaufwendungen für kurzfristige Verbindlichkeiten	12.000,00	
2120	Zinsaufwendungen für langfristige Verbindlichkeiten	19.250,00	
2285	Periodenfremde Steuernachzahlungen		
2340	Einstellung in SoPo mit Rücklagenanteil		
2350	Grundstücksaufwendungen	14.200,00	
2405	Forderungsverluste		
2450	Einstellung in PWB zu Forderungen		
2650	Sonstige Zinsen und ähnliche Erträge		350,00
2650	Ausserordentliche Erträge		94.300,00
2700	Ausserplanmässige Abschreibungen auf Sachanlagen		
2700	Sonstige Erträge		
2730	Erträge aus der Auflösung PWB		
2750	Grundstückserträge		10.850,00
4000	Aufwendungen für Roh-/Hilfs- und Betriebsstoffe	495.000,00	
4100	Löhne und Gehälter	293.025,00	
4130	Arbeitgeberanteile zur Sozialversicherung	64.191,00	
4165	Aufwendungen für Altersversorgung	7.928,00	
4210	Miete	40.000,00	
4240	Gas, Strom, Wasser	28.600,00	
4320	Gewerbesteuer	1.200,00	
4360	Versicherungen	18.000,00	
4510	Kfz-Steuer	2.400,00	
4530	Fahrzeugkosten	28.000,00	
4610	Werbekosten	28.500,00	
4830	Abschreibungen auf Sachanlagen		
4875	Abschreibung auf Wertpapiere des UV		
4900	Sonstige betriebliche Aufwendungen	151.400,00	
4950	Rechts- und Beratungskosten	7.500,00	
8400	Erlöse		1.343.009,00
8720	Erlösschmälerungen		
8960	Bestandsveränderungen unfertige Erzeugnisse		
		1.216.494,00	1.448.509,00
	Übertrag:	1.556.837,00	1.324.822,00
		2.773.331,00	2.773.331,00

Sachkonten-Saldenliste am 31.12.....   (SKR 04)

| Konto | Bezeichnung | Saldenbilanz I | |
		Soll	Haben
0215	Unbebaute Grundstücke	120.000,00	
0235	Grundstückswerte eigener unbebauter Grundstücke	175.000,00	
0240	Geschäftsbauten	205.000,00	
0400	Technische Anlagen und Maschinen	129.600,00	
0520	Pkw	40.000,00	
0650	Büroeinrichtung	80.000,00	
1000	Bestand Roh-, Hilfs- und Betriebsstoffe	92.000,00	
1050	Unfertige Erzeugnisse	107.540,00	
1200	Forderungen aus L/L	284.970,00	
1248	Pauschalwertberichtigung zu Forderungen		3.000,00
1300	Sonstige Vermögensgegenstände		
1370	Durchlaufende Posten		150.000,00
1400	Abziehbare Vorsteuer	108.835,00	
1510	Sonstige Wertpapiere	18.198,00	
1600	Kasse	2.434,00	
1800	Bank		26.381,00
1810	Festgeld	120.000,00	
1940	Damnum/Disagio	11.100,00	
2015	Kapital		220.000,00
2980	Sonderposten mit Rücklagenanteil		
2981	Rücklage für Ersatzbeschaffung		
3020	Steuerrückstellungen		
3070	Sonstige Rückstellungen		
3150	Verbindlichkeiten gegenüber Kreditinstituten		400.000,00
3300	Verbindlichkeiten aus L/L		298.750,00
3500	Sonstige Verbindlichkeiten		20.043,00
3730	Verbindlichkeiten aus Lohn-/KiSt		9.848,00
3740	Verbindlichkeiten im Rahmen der soz. Sich.		17.250,00
3800	Umsatzsteuer		179.550,00
3820	Umsatzsteuervorauszahlungen	62.160,00	
3840	Umsatzsteuer laufendes Jahr		
3845	Umsatzsteuer frühere Jahre		
	Übertrag:	1.556.837,00	1.324.822,00

Konto	Bezeichnung	Saldenbilanz I	
		Soll	Haben
	Übertrag:	1.556.837,00	1.324.822,00
4400	Erlöse		1.343.009,00
4700	Erlösschmälerungen		
4810	Bestandsveränderungen unfertige Erzeugnisse		
4830	sonstige betriebliche Erträge		
4860	Grundstückserträge		10.850,00
4920	Erträge aus der Herabsetzung PWB		
5000	Aufwendungen für Roh-/Hilfs- und Betriebsstoffe	495.000,00	
6000	Löhne und Gehälter	293.025,00	
6110	Arbeitgeberanteile zur Sozialversicherung	64.191,00	
6140	Aufwendungen für Altersversorgung	7.928,00	
6220	Abschreibungen auf Sachanlagen		
6230	ausserplanmässige Abschr. auf Sachanlagen		
6300	Sonstige betriebliche Aufwendungen	151.400,00	
6310	Miete	40.000,00	
6325	Gas, Strom, Wasser	28.600,00	
6350	Sonstige Grundstücksaufwendungen	14.200,00	
6400	Versicherungen	18.000,00	
6530	Fahrzeugkosten	28.000,00	
6600	Werbekosten	28.500,00	
6825	Rechts- und Beratungskosten	7.500,00	
6920	Einstellung in PWB zu Forderungen		
6925	Einstellung in SoPo mit Rücklagenanteil		
6935	Forderungsverluste		
6960	Periodenfremde Aufwendungen	5.300,00	
7100	Sonstige Zinsen und ähnliche Erträge		350,00
7210	Abschreibung auf Wertpapiere des UV		
7310	Zinsaufwendungen für kurzfr. Verbindl.	12.000,00	
7320	Zinsaufwendungen für langfr. Verbindl.	19.250,00	
7400	Ausserordentliche Erträge		94.300,00
7610	Gewerbesteuer	1.200,00	
7685	Kfz-Steuer	2.400,00	
7690	Periodenfremde Steuernachzahlungen		
		1.216.494,00	**1.448.509,00**
	Übertrag:	1.556.837,00	1.324.822,00
		2.773.331,00	**2.773.331,00**

Claus-Günther Müller ist Alleininhaber der Dreherei "MÜLLER TECHNIK" in Göppingen. Der Gewinn wird nach § 5 EStG ermittelt, das Wirtschaftsjahr ist das Kalenderjahr. Die Umsatzsteuer wird nach vereinbarten Entgelten berechnet.

1. Das unbebaute Grundstück, das später als Lagerplatz dienen soll, wurde am 01.09. des abzuschliessenden Jahres angeschafft und mit 120 000,00 DM aktiviert. Zum Abschlussstichtag geht die Rechnung das Maklers ein:

   - für die Vermittlung des Grundstücks   4 000,00 DM
   - für die Vermittlung eines Darlehens zur Finanzierung des Grundstücks   1 000,00 DM
                                                                       5 000,00 DM
   + 16 % USt   800,00 DM
                                                                       5 800,00 DM

   Die Maklerabrechnung ist noch zu berücksichtigen!

2. Es stellt sich heraus, dass der Kauf des unbebauten Grundstücks eine gute Entscheidung war. Das Grundstück hat bereits zum Abschlussstichtag einen Wert von 150 000,00 DM.

3. Das bebaute Grundstück wird mit 4 % des Gebäude-Anschaffungswertes von 300 000,00 DM abgeschrieben.

4. Die AfA beträgt laut AfA-Liste 11 000,00 DM für Fahrzeuge.

5. Es ist geplant, im nächsten Wirtschaftsjahr einen Kleintransporter anzuschaffen. Die Anschaffungskosten betragen voraussichtlich netto 68 000,00 DM. Es soll dafür eine Ansparabschreibung in Höhe von 30 % gebildet werden.

6. a) Im August des abgelaufenen Wirtschaftsjahres entstand bei einer Maschine durch Brand (höhere Gewalt) ein Totalschaden. Der Buchwert dieser Maschine betrug zum 01.01. noch 129 600,00 DM, die Restnutzungsdauer 3 Jahre.

   b) Die Versicherung leistet eine Zahlung in Höhe von 150 000,00 DM, die erfolgsneutral behandelt werden soll, da eine neue Maschine bereits bestellt wurde, die aber erst im folgendem Geschäftsjahr geliefert wird (siehe Konto durchlaufende Posten).

7. Das Disagio betrifft das Darlehen über 300 000,00 DM. Dieses wurde am 31.03. des Vorjahres aufgenommen und hat eine Laufzeit von 10 Jahren. Im Vorjahr wurden bereits 900,00 DM erfolgswirksam geltend gemacht.

8. Die Abbuchung der Darlehenszinsen in Höhe von 1 750,00 für den Dezember erfolgt erst im Januar.

9. Die Wertpapiere des Umlaufvermögens wurden am 20.04. des laufenden Jahres angeschafft. Es handelt sich um 100 Aktien, Nennwert 100,00 DM, Kurswert je Aktie 180,00 DM. Die Ankaufspesen betrugen 198,00 DM. Zum Bilanzstichtag hatten die Wertpapiere einen Kurswert von 170,00 DM je Aktie zuzüglich 187,00 DM Spesen.

10. Der bewertete Bestand an unfertigen Erzeugnissen beträgt laut Inventurliste am Bilanzstichtag 76 740,00 DM.

11. Eine Forderung im Wert von 4802,40 DM (einschl. 16 % USt) ist uneinbringlich und muss ausgebucht werden.

12. Nach Berichtigung (Fall 11) ist für den restlichen Forderungsbestand eine Pauschalwertberichtigung in Höhe von 1 % der Nettoforderungen zu bilden. Zum 31.12. des Vorjahres wurde eine Pauschalwertberichtigung von 3 000,00 DM gebildet, die mit diesem Wert noch passiviert ist.

13. Für eine notwendige Gebäudeinstandhaltung wurde im November des Abschlussjahres ein Angebot eingeholt, das über 9 000,00 DM netto lautete. Mit den Arbeiten wurde jedoch erst im Januar des Folgejahres begonnen und im März abgeschlossen. Die Rechnung liegt noch nicht vor.

14. Die Inventurwerte von Roh-, Hilfs- und Betriebsstoffen betragen 89.500,00 DM

15. Ein Kunde hat in seiner Fertigung von uns erzeugte Teile eingesetzt, die Mängel aufwiesen. Er wird dafür voraussichtlich eine Gutschrift über 22 000,00 DM netto erhalten. Eine Einigung mit dem Kunden steht am Bilanzstichtag noch aus.

16. Die Festgeldzinsen für die Zeit vom 15.12. - 15.01. in Höhe von 250,00 DM werden mit dem Bankauszug vom 16.01. des neuen Jahres gutgeschrieben.

17. Aufgrund einer durchgeführten Betriebsprüfung erging im Dezember das Abschlussjahres für einen früheren Veranlagungszeitraum ein geänderter Umsatzsteuerbescheid mit einer Nachzahlung in Höhe von 3 000,00 DM. Der Vorgang ist im Abschluss noch zu berücksichtigen.

18. Die voraussichtliche Gewerbesteuerschuld für das Geschäftsjahr beträgt 2 278,00 DM.

19. Die Umsatzsteuerkonten sind abzuschliessen.

19 Gliederung der Bilanz nach § 266 HGB

Bilanzschema gemäss § 266 HGB für grosse und mittelgrosse Kapitalgesellschaften

A K T I V A

A. ANLAGEVERMÖGEN

I. Immaterielle Vermögensgegenstände

1. Konzessionen, gewerbliche Schutzrechte und ähnliche Rechte und Werte sowie Lizenzen an solchen Rechten und Werten
2. Geschäfts- oder Firmenwert
3. geleistete Anzahlungen

II. Sachanlagen

1. Grundstücke, grundstücksgleiche Rechte und Bauten einschliesslich der Bauten auf fremdem Grund und Boden
2. technische Anlagen und Maschinen
3. andere Anlagen, Betriebs- und Geschäftsausstattung
4. geleistete Anzahlungen und Anlagen im Bau

III. Finanzanlagen

1. Anteile an verbundenen Unternehmen
2. Ausleihungen an verbundene Unternehmen
3. Beteiligungen
4. Ausleihungen an Unternehmen, mit denen ein Beteiligungsverhältnis besteht
5. Wertpapiere des Anlagevermögens
6. sonstige Ausleihungen

B. UMLAUFVERMÖGEN

I. Vorräte

1. Roh-, Hilfs- und Betriebsstoffe
2. unfertige Erzeugnisse, unfertige Leistungen
3. fertige Erzeugnisse und Waren
4. geleistete Anzahlungen

II. Forderungen und sonstige Vermögensgegenstände

1. Forderungen aus Lieferungen und Leistungen
2. Forderungen gegenüber verbundenen Unternehmen
3. Forderungen gegenüber Unternehmen, mit denen ein Beteiligungsverhältnis besteht
4. sonstige Vermögensgegenstände

III. Wertpapiere

1. Anteile an verbundenen Unternehmen
2. eigene Anteile
3. sonstige Wertpapiere

IV. Schecks, Kassenbestand, Bundesbank- und Postbankguthaben, Guthaben bei Kreditinstituten

C. RECHNUNGSABGRENZUNGSPOSTEN

P A S S I V A

A. EIGENKAPITAL

    I.   Gezeichnetes Kapital

    II. Kapitalrücklage

    III. Gewinnrücklagen

        1. gesetzliche Rücklage

        2. Rücklage für eigene Anteile

        3. satzungsmässige Rücklagen

        4. andere Gewinnrücklagen

    IV. Gewinnvortrag/Verlustvortrag

    V. Jahresüberschuss/Jahresfehlbetrag

B. SONDERPOSTEN MIT RÜCKLAGENANTEIL

C. RÜCKSTELLUNGEN

    1. Rückstellungen für Pensionen und ähnliche Verpflichtungen

    2. Steuerrückstellungen

    3. sonstige Rückstellungen

D. VERBINDLICHKEITEN

    1. Anleihen, davon konvertibel

    2. Verbindlichkeiten gegenüber Kreditinstituten

    3. erhaltene Anzahlungen auf Bestellungen

    4. Verbindlichkeiten aus Lieferungen und Leistungen

    5. Verbindlichkeiten aus der Annahme gezogener Wechsel und der Ausstellung eigener Wechsel

    6. Verbindlichkeiten gegenüber verbundenen Unternehmen

    7. Verbindlichkeiten gegenüber Unternehmen, mit denen ein Beteiligungsverhältnis besteht

    8. sonstige Verbindlichkeiten,

        davon aus Steuern,
        davon im Rahmen der sozialen Sicherheit

E. RECHNUNGSABGRENZUNGSPOSTEN

20 Gliederung einer GuV-Rechnung gemäss § 275 HGB für grosse Kapitalgesellschaften

GuV-Rechnung nach dem Gesamtkostenverfahren

1. Umsatzerlöse
2. Erhöhung oder Verminderung des Bestands an fertigen und unfertigen Erzeugnissen
3. andere aktivierte Eigenleistungen
4. sonstige betriebliche Erträge
5. Materialaufwand:
    a) Aufwendungen für Roh-, Hilfs- und Betriebsstoffe und für bezogene Waren
    b) Aufwendungen für bezogene Leistungen
6. Personalaufwand:
    a) Löhne und Gehälter
    b) soziale Abgaben und Aufwendungen für Altersversorgung und für Unterstützung,
       davon für Altersversorgung
7. Abschreibungen:
    a) auf immaterielle Vermögensgegenstände des Anlagevermögens und Sachanlagen sowie auf aktivierte Aufwendungen für die Ingangsetzung und Erweiterung des Geschäftsbetriebes
    b) auf Vermögensgegenstände des Umlaufvermögens, soweit diese die in der Kapitalgesellschaft üblichen Abschreibungen überschreiten
8. sonstige betriebliche Aufwendungen
9. Erträge aus Beteiligungen,
   davon aus verbundenen Unternehmen
10. Erträge aus anderen Wertpapieren und Ausleihungen des Finanzanlagevermögens,
    davon aus verbundenen Unternehmen
11. sonstige Zinsen und ähnliche Erträge,
    davon aus verbundenen Unternehmen
12. Abschreibungen auf Finanzanlagen und auf Wertpapiere des Umlaufvermögens
13. Zinsen und ähnliche Aufwendungen,
    davon an verbundene Unternehmen
14. **Ergebnis der gewöhnlichen Geschäftstätigkeit**
15. ausserordentliche Erträge
16. ausserordentliche Aufwendungen
17. **ausserordentliches Ergebnis**
18. Steuern vom Einkommen und vom Ertrag
19. sonstige Steuern
20. **Jahresüberschuss/Jahresfehlbetrag**

Kleine und mittelgrosse Kapitalgesellschaften dürfen die Posten Nr. 1 bis 5 beim Gesamtkostenverfahren zusammenfassen.

21 ANHANG

21.1 Industrie-Kontenrahmen (nach BiRiLiG) - DATEV SKR 04

BILANZPOSTEN   **KONTENKLASSE 0**

Ausstehende Einlagen auf das gezeichnete Kapital

| Ausstehende Einlagen auf das gezeichnete Kapital | 0001 | Ausstehende Einlagen, nicht eingefordert |
| | 0040 | Ausstehende Einlagen, eingefordert |

Immaterielle Vermögensgegenstände

| Konzessionen, gew. Schutzrechte u. ähnl. Rechte und Werte sowie Lizenzen an solchen Rechten und Werten | **0100** | **Konzessionen, gewerbliche Schutzrechte und ähnliche Rechte und Werte sowie Lizenzen an solchen Rechten und Werten** |
| | 0135 | Software |

| Geschäfts- oder Firmenwert | 0150 | Geschäfts- oder Firmenwert |

| Geleistete Anzahlungen | 0170 | Geleistete Anzahlungen auf immaterielle Vermögensgegenstände |

Sachanlagen

Grundstücke, grundstücksgleiche Rechte und Bauten einschliesslich der Bauten auf fremden Grundstücken	**0200**	**Grundstücke, grundstücksgleiche Rechte und Bauten einschliesslich der Bauten auf fremden Grundstücken**
	0210	**Grundstücke und grundstücksgleiche Rechte ohne Bauten**
	0215	Unbebaute Grundstücke
	0220	Grundstücksgleiche Rechte (Erbbaurecht, Dauerwohnrecht)
	0230	**Bauten auf eigenen Grundstücken und grundstücksgl. Rechten**
	0235	Grundstückswerte eigener bebauter Grundstücke
	0240	Geschäftsbauten
	0250	Fabrikbauten
	0260	Andere Bauten
	0270	Garagen
	0280	Aussenanlagen für Geschäfts-, Fabrik- und andere Bauten
	0285	Hof- und Wegebefestigungen
	0290	Einrichtungen für Geschäfts-, Fabrik- und andere Bauten
	0300	Wohnbauten
	0330	**Bauten auf fremdem Grundstücken**
	0398	Einrichtungen für Geschäfts-, Fabrik- Wohn- und andere Bauten

Technische Anlagen und Maschinen	**0400**	**Technische Anlagen und Maschinen**
	0420	Technische Anlagen
	0440	Maschinen
	0460	Maschinengebundene Werkzeuge
	0470	Betriebsvorrichtungen

Andere Anlagen, Betriebs- und Geschäftsausstattung	**0500**	**Andere Anlagen, Betriebs- und Geschäftsausstattung**
	0510	Andere Anlagen
	0520	PKW
	0540	LKW
	0560	Sonstige Transportmittel
	0620	Werkzeuge
	0640	Ladeneinrichtung
	0650	Büroeinrichtung
	0660	Gerüst- und Schalungsmaterial
	0670	Geringwertige Wirtschaftsgüter bis 800,00 DM
	0680	Einbauten in fremde Grundstücke
	0690	Sonstige Betriebs- und Geschäftsausstattung

BILANZPOSTEN	KONTENKLASSE 0
Geleistete Anzahlungen und Anlagen im Bau	**0700** **Geleistete Anzahlungen und Anlagen im Bau**
	0710 Geschäfts-, Fabrik-, Wohnbauten **im Bau**
	0720 **Anzahlungen** auf Geschäfts-, Fabrik-, Wohnbauten
	0770 Technische Anlagen und Maschinen **im Bau**
	0780 **Anzahlungen** auf Technische Anlagen und Maschinen
	0785 Andere Anlagen, Betriebs- und Geschäftsausstattung **im Bau**
	0795 **Anzahlungen** auf and. Anlagen, Betriebs- und Geschäftsausstattung
	Finanzanlagen
Anteile an verb. Unternehmen	**0800** **Anteile an verbundenen Unternehmen**
Beteiligungen	**0820** **Beteiligungen**
Wertpapiere des Anlageverm.	**0900** **Wertpapiere des Anlagevermögens**
Sonstige Ausleihungen	**0930** **Sonstige Ausleihungen**
	0940 Darlehen
	0960 Ausleihungen an Gesellschafter
	0980 **Genossenschaftsanteile zum langfristigen Verbleib**
	0990 **Rückdeckungsansprüche aus Lebensversicherungen zum langfristigen Verbleib**
	KONTENKLASSE 1
	Vorräte
Roh-, Hilfs- und Betriebsstoffe	**1000** **Bestand Roh-, Hilfs- und Betriebsstoffe** (zusammengefasst)
	1010 **Rohstoffe (Bestand)**
	1020 **Hilfsstoffe (Bestand)**
	1030 **Betriebsstoffe (Bestand)**
Unfertige Erzeugnisse, unfertige Leistungen	**1050** **Unfertige Erzeugnisse (Bestand)**
	1080 **Unfertige Leistungen**
Fertige Erzeugnisse und Waren	**1100** **Fertige Erzeugnisse und Waren** (zusammengefasst)
	1110 Fertige Erzeugnisse (Bestand)
	1140 **Warenbestand**
geleistete Anzahlungen	**1180** **Geleistete Anzahlungen auf Vorräte**
	1185 Geleistete Anzahlungen auf Vorräte, Regelsteuersatz
	Forderungen und sonstige Vermögensgegenstände
Forderungen aus Lieferungen und Leistungen	**1200** **Forderungen aus Lieferungen und Leistungen**
	1210 Forderungen aus Lieferungen und Leistungen (ohne Kontokorrent)
	1230 Wechsel aus Lieferungen und Leistungen (Besitzwechsel)
	1240 Zweifelhafte Forderungen
	1246 Einzelwertberichtigungen zu Forderungen
	1248 Pauschalwertberichtigung zu Forderungen
Sonstige Vermögensgegenstände	**1300** **Sonstige Vermögensgegenstände**
	1330 Forderungen gegen Gesellschafter
	1340 Forderungen gegen Personal
	1350 Kautionen
	1360 Darlehen
	1370 Durchlaufende Posten
	1375 Agenturwarenabrechnungen
	1378 Ansprüche aus Rückdeckungsversicherungen

BILANZPOSTEN	KONTENKLASSE 1

KONTENKLASSE 1

Sonstige Vermögensgegenstände	**1400**	**Abziehbare Vorsteuer**
	1401	Abziehbare Vorsteuer 7 %
	1403	Abziehbare Vorsteuer aus innergemeinschaftlichem Erwerb 16 %
	1405	Abziehbare Vorsteuer 16 %
	1406	Abziehbare Vorsteuer 15 %
	1420	Umsatzsteuerforderungen
	1433	Entrichtete Einfuhrumsatzsteuer
	1435	Steuerüberzahlungen
	1450	Körperschaftsteuerrückforderungen
	1460	**Geldtransit**
	1465	Geldverkehr (EDV)
	1495	Verrechnungskto. erh. Anzahlg. bei Buchung über Debitoren-Konto

Wertpapiere

Anteile an verb. Unternehmen	1500	Anteile an verbundenen Unternehmen (Umlaufvermögen)
Sonstige Wertpapiere	1510	Sonstige Wertpapiere
	1520	Finanzwechsel

Schecks, Kassenbestand, Guthaben bei Kreditinstituten

Schecks, Kassenbestand, Bundesbank- und Postbankguthaben, Guthaben bei Kreditinstituten	**1550**	**Schecks**
	1600	**Kasse**
	1700	**Postbank**
	1800	**Bank**

Rechnungsabgrenzungsposten

Rechnungsabgrenzungsposten	1900	Aktive Rechnungsabgrenzung
	1930	Als Aufwand berücksichtigte Umsatzsteuer auf Anzahlungen
	1940	Damnum/Disagio
	1950	**Aktive latente Steuern**

KONTENKLASSE 2

Kapital Vollhafter/Einzelunternehmer

Kapital (Einzelunternehmen)	2000	Festkapital
	2010	Variables Kapital
	2015	**Eigenkapital** (Einzelunternehmer)
	2050	Kommandit-Kapital
	2070	Gesellschafter-Darlehen
	2100	**Privatentnahmen allgemein**
	2130	Eigenverbrauch
	2180	Privateinlagen

Gezeichnetes Kapital	**2900**	**Gezeichnetes Kapital** (Kapitalgesellschaften)
Kapitalrücklage	2920	Kapitalrücklage

Gewinnrücklagen

Gesetzliche Rücklage	2930	Gesetzliche Rücklage
Satzungsmässige Rücklagen	2950	Satzungsmässige Rücklagen

Gewinnvortrag/Verlustvortrag vor Verwendung

Gewinnvortrag oder Verlustvortrag	2970	Gewinnvortrag vor Verwendung
	2978	Verlustvortrag vor Verwendung
Gewinn-/Verlustvortrag a. n. R.	2979	Vorträge auf neue Rechnung
Sonderposten m. Rücklagenanteil	**2980**	**Sonderposten mit Rücklagenanteil**

BILANZPOSTEN	KONTENKLASSE 3
	Rückstellungen
Rückstellungen für Pensionen und ähnliche Verpflichtungen	3010 Rückstellungen für Pensionen und ähnliche Verpflichtungen
Steuerrückstellungen	3020 Steuerrückstellungen
Sonstige Rückstellungen	3070 Sonstige Rückstellungen
	Verbindlichkeiten
Anleihen	**3100 Anleihen**
Verbindl. gg. Kreditinstituten	**3150 Verbindlichkeiten gegenüber Kreditinstituten**
Erhaltene Anzahlungen auf Bestellungen	**3250 Erhaltene Anzahlungen auf Bestellungen**
	3271 Erhaltene Anzahlungen auf Bestellungen, Regelsteuersatz
Verbindlichkeiten aus Lieferungen und Leistungen	**3300 Verbindlichkeiten aus Lieferungen und Leistungen**
	3310 Verbindlichkeiten aus L/L (ohne Kontokorrent)
Verbindlichkeiten aus der Annahme gezogener Wechsel	**3350 Wechselverbindlichkeiten (Schuldwechsel)**
Verb. gg. verb. Unternehmen	**3400 Verbindlichkeiten gegenüber verbundenen Unternehmen**
Sonstige Verbindlichkeiten	**3500 Sonstige Verbindlichkeiten**
	3510 Verbindlichkeiten gegenüber Gesellschaftern
	3550 Erhaltene Kautionen
	3560 Darlehen
	3600 Agenturwarenabrechnungen
	3630 Sonstige Verrechnungskonten, durchlaufende Posten
	3695 Verrechnungskonto geleistete Anzahlungen bei Buchung über Kreditoren-Konto
	3700 Verbindlichkeiten aus Betriebssteuern und -abgaben
	3720 Verbindlichkeiten aus Lohn- und Gehalt
	3730 Verbindlichkeiten aus Lohn- und Kirchensteuer
	3740 Verbindlichkeiten im Rahmen der sozialen Sicherheit
	3760 Verbindlichkeiten aus Einbehaltungen
	3770 Verbindlichkeiten aus Vermögensbildung
	3790 Lohn- und Gehaltsverrechnungskonto (nur für EDV)
	3800 Umsatzsteuer
	3801 Umsatzsteuer 7 %
	3803 Umsatzsteuer aus innergemeinschaftlichem Erwerb 16 %
	3805 Umsatzsteuer 16 %
	3806 Umsatzsteuer 15 %
	3817 Umsatzsteuer aus im anderen EU-Land steuerpfl. Lieferungen
	3820 Umsatzsteuervorauszahlungen
	3830 Umsatzsteuervorauszahlungen 1/11
	3840 Umsatzsteuer lfd. Jahr (Verbindlichkeiten geg. dem Finanzamt)
	3841 Umsatzsteuer Vorjahr
	3845 Umsatzsteuer frühere Jahre
	3846 Verrechnungskonto Umsatzsteuer (Abschlusskonto)
	Rechnungsabgrenzungsposten
Passive Rechnungsabgrenzung	3900 Passive Rechnungsabgrenzung

Umsatzerlöse

Umsatzerlöse	**4000 Umsatzerlöse**
	4100 Steuerfreie Umsätze § 4 Nr. 8 ff UStG
	4120 Steuerfreie Umsätze § 4 Nr. 1a, 2-7 UStG (z. B. Ausfuhr)
	4125 Steuerfreie innergemeinschaftliche Lieferungen, 4 Nr. 1b UStG
	4150 Sonstige steuerfreie Umsätze, Ausland
	4300 Erlöse 7 %
	4315 Erlöse aus im Inland steuerpfl. EU-Lieferungen 16 %
	4320 Erlöse aus im anderen EU-Land steuerpflichtigen Lieferungen
	4400 Erlöse 16 %
	4405 Erlöse aus Verkauf an Personal
	4450 Umsatzsteuerpflichtige Anzahlungen von Kunden

4500 Provisionserlöse
4508 Provisionserlöse 16 %
4510 Erlöse aus Abfallverwertung
4520 Erlöse aus Leergut
4540 Erlöse aus weiterberechnete Kosten
4605 Entnahme von Gegenständen ohne Umsatzsteuer
4610 Entnahme von Gegenständen 7 % (z. B. Waren)
4620 Entnahme von Gegenständen 16 % (z. B. Waren)

Sonstige betriebliche Erträge

4625 Entnahme von Gegenständen 16 % (z. B. Sachanlagengegenstände)

4639 Entnahme von sonstigen Leistungen ohne Umsatzsteuer
4640 Entnahme von sonstigen Leistungen (Pkw-, Telefon-Nutzung) steuerpfl. (Nr. 1-7 und Abs. 7 EStG / § 1 Abs. 1 Nr. 2c UStG)

4659 Eigenverbrauch (Aufwend. i. S. d. § 4 Abs. 5 Nr. 1-7 u. Abs. 7)
4660 Eigenverbrauch ohne Umsatzsteuer

Umsatzerlöse

4690 Nicht steuerbare Umsätze (Schadenersatz)

4700 Erlösschmälerungen
4710 Erlösschmälerungen 7 %
4720 Erlösschmälerungen 16 %
4724 Erlösschmälerungen aus steuerfreien innergem. Lieferungen
4725 Erlösschmälerungen aus steuerfreien innergem. Lieferungen 7 %
4726 Erlösschmälerungen aus steuerfreien innergem. Lieferungen 16 %
4727 Erlösschmälerungen aus im anderen EU-Land steuerpflichtigen Lieferungen

4730 Gewährte Skonti
4731 Gewährte Skonti 7 %
4735 Gewährte Skonti 16 %

4740 Gewährte Boni
4750 Gewährte Boni 7 %
4760 Gewährte Boni 16 %

Erhöhung oder Verminderung des Bestandes an fertigen und unfertigen Erzeugnissen

Erhöhung oder Verminderung des Bestandes an fertigen und unfertigen Erzeugnissen	4800 Bestandsveränderungen fertige Erzeugnisse und Leistungen
	4810 Bestandsveränderungen unfertige Erzeugnisse
	4815 Bestandsveränderungen unfertige Leistungen

GuV-POSTEN	KONTENKLASSE 4

Andere aktivierte Eigenleistungen

And. aktivierte Eigenleistungen	4820	Andere aktivierte Eigenleistungen

Sonstige betriebliche Erträge

Sonstige betriebliche Erträge	4830	Sonstige betriebliche Erträge
	4835	Sonstige betriebliche Erträge 16 %
	4840	Erträge aus Kursdifferenzen
	4844	**Erlöse aus Anlagenverkäufen**
	4845	Erlöse aus Anlagenverkäufen 16 % (bei Buchgewinn)
	4855	Anlagenabgänge (Restbuchwert bei Buchgewinn)
	4860	Grundstückserträge
	4900	Erträge aus dem Abgang von Gegenständen des Anlagevermögens
	4905	Erträge aus dem Abgang von Gegenständen des Umlaufvermögens (ausser Vorräten)
	4910	Erträge aus Zuschreibungen des Anlagevermögens
	4915	Erträge aus Zuschreibungen des Umlaufvermögens, ausser Vorräten
	4920	Erträge aus der Herabsetzung der Pauschalwertberichtigung zu Forderungen
	4921	Erträge aus der Herabsetzung der Einzelwertberichtigung zu Forderungen
	4925	Erträge aus abgeschriebenen Forderungen
	4930	Erträge aus der Auflösung von Rückstellungen
	4935	Erträge aus der Auflösung von Sonderposten mit Rücklagenanteil (steuerfreie Rücklagen)
	4937	Erträge aus der Auflösung von Sonderposten mit Rücklagenanteil (Sonderabschreibungen)
	4940	Verrechnete Sachbezüge, Regelsteuersatz (z. B. Kfz-Gestellung)
	4941	Verrechnete Sachbezüge, ermäss. Regelsteuersatz (z. B. Verpflegung)
	4946	Verrechnete Sachbezüge, steuerfrei
	4960	Periodenfremde und betriebsfremde Erträge (soweit nicht ausserord.)
	4970	Versicherungsentschädigungen
	4975	Investitionszuschüsse (steuerpflichtig)
	4980	Investitionszulagen (steuerfrei)

KONTENKLASSE 5

Materialaufwand

Aufwendungen für Roh-, Hilfs- und Betriebsstoffe und für bezogene Waren	5000	Aufwendungen für Roh-, Hilfs- und Betriebsstoffe
	5100	Einkauf Roh-, Hilfs- und Betriebsstoffe
	5110	Einkauf Rohstoffe
	5120	Einkauf Hilfsstoffe
	5130	Einkauf Betriebsstoffe
	5190	Energiestoffe (Fertigung)
	5200	**Wareneinkauf**
	5300	Wareneinkauf Handelsware 7 %
	5400	Wareneinkauf Handelsware 16 %
	5420	Innergemeinschaftlicher Erwerb 7 %
	5425	Innergemeinschaftlicher Erwerb 16 %
	5435	Innergemeinschaftlicher Erwerb ohne Vorsteuerabzug und 16 % USt
	5550	Steuerfreier innergemeinschaftlicher Erwerb

Aufwendungen für Roh-, Hilfs- und Betriebsstoffe und für bezo- gene Waren	**5700**	**Nachlässe**
	5710	Nachlässe 7 %
	5720	Nachlässe 16 %
	5724	Erhaltene Skonti / Nachlässe aus ig.. Erwerb 7 %
	5725	Erhaltene Skonti / Nachlässe aus ig.. Erwerb 16 %
	5730	**Erhaltene Skonti**
	5731	Erhaltene Skonti 7 %
	5736	Erhaltene Skonti 16 %
	5740	**Erhaltene Boni / Rabatte**
	5750	Erhaltene Boni / Rabatte 7 %
	5760	Erhaltene Boni / Rabatte 16 %
		Anschaffungsnebenkosten
	5800	Anschaffungsnebenkosten
	5820	Leergut
	5840	Zölle und Einfuhrabgaben
		Aufwendungen für bezogene Leistungen
Auwendungen für bezogene Leistungen	5900	Fremdleistungen

KONTENKLASSE 6

Personalaufwand

Löhne und Gehälter	6000	Löhne und Gehälter
	6010	Löhne (produktiv)
	6015	Gemeinkostenlöhne
	6020	Gehälter
	6027	Geschäftsführergehälter
	6030	Aushilfslöhne
(oder Sonstige Steuern)	6040	Lohnsteuer für pauschalierungspflichtige Bezüge
	6050	Ehegattengehalt
	6060	Freiwillig soziale Aufwendungen, lohnsteuerpflichtig
	6070	Krankengeldzuschüsse
	6080	Vermögenswirksame Leistungen
	6085	Geldwerte Vorteile und Sachbezüge
	6090	Fahrtkostenerstattung Wohnung/Arbeitsstätte
	6095	Periodenfremde Personalaufwendungen (z. B. Abfindungen, die Vorjahre betreffen)
Soziale Abgaben und Aufwen- dungen für Altersversorgung und für Unterstützung	**6100**	**Soziale Abgaben und Aufwendungen für Altersversorgung und für Unterstützung**
	6110	Gesetzliche soziale Aufwendungen (AG-Anteil)
	6120	Beiträge zur Berufsgenossenschaft
	6130	Freiwillig soziale Aufwendungen, lohnsteuerfrei
	6140	Aufwendungen für Altersversorgung (z. B. Pensionszahlungen, Zuführungen zu Pensionsrückstellungen, Direktversicherungen, Beiträge zur Insolvenzversicherung)
	6150	Versorgungskassen
	6160	Aufwendungen für Unterstützung (z. B. betriebliche Beihilfen für Krankheit, Geburt, Heirat, Unfall, Kur- und Arztkosten, Zuführung zu Unterstützungskassen)
	6170	Sonstige soziale Abgaben

Abschreibungen auf immaterielle Vermögensgegenstände des Anlagevermögens und Sachanlagen sowie auf aktivierte Aufwendungen für die Ingangsetzung und Erweiterung des Geschäftsbetriebs

6200	Abschreibungen auf immaterielle Vermögensgegenstände
6210	Ausserplanmässige Abschreibungen auf imm. Vermögensgegenstände
6220	Abschreibungen auf Sachanlagen
6230	Ausserplanmässige Abschreibungen auf Sachanlagen
6240	Abschreibungen auf Sachanlagen aufgr. steuerl. Sondervorschriften
6260	Sofortabschreibung geringwertiger Wirtschaftsgüter
6262	Abschreibungen auf aktivierte GwG

Abschreibungen auf immaterielle Vermögensgegenstände des Anlagevermögens und Sachanlagen sowie auf aktivierte Aufwendungen für die Ingangsetzung und Erweiterung des Geschäftsbetriebs

Abschreibungen auf Vermögensgegenstände des Umlaufvermögens, soweit diese die in der Kapitalgesellschaft üblichen Abschreibungen überschreiten

Abschreib. auf Vermögensgegenstände des UV, soweit diese die in der Kapitalgesellschaft übl. Abschreibungen überschreiten

6270	Abschreibungen auf Vermögensgegenstände des Umlaufvermögens (soweit unüblich hoch)
6272	Abschreibungen auf Umlaufvermögen, steuerrechtlich bedingt
6280	Forderungsverluste (soweit unüblich hoch)

Sonstige betriebliche Aufwendungen

Sonstige betriebliche Aufwendungen

6300	**Sonstige betriebliche Aufwendungen**
6301	Andere Personalkosten (z. B. Werksarzt, Betriebsveranstaltungen)
6305	Raumkosten
6310	Miete
6315	Pacht
6320	Heizung
6325	Gas, Strom, Wasser (Verwaltung, Vertrieb)
6330	Reinigung
6335	Instandhaltung betrieblicher Räume
6340	Abgaben für betrieblich genutzten Grundbesitz
6345	Sonstige Raumkosten
6350	Sonstige Grundstücksaufwendungen
6400	Versicherungen
6420	Beiträge
6430	Sonstige Abgaben und Gebühren
6436	Steuerlich abzugsfähige Verspätungszuschläge und Zwangsgelder
6437	Steuerl. nicht abzugsfähige Verspätungszuschläge und Zwangsgelder
6440	Ausgleichsabgabe im Sinne des Schwerbehindertengesetzes
6450	Reparaturen und Instandhaltung von Bauten
6460	Reparaturen und Instandhaltung von tech. Anlagen und Maschinen
6470	Reparaturen und Instandhaltung von Betriebs-/ Geschäftsausstattung
6475	Reparaturen und Instandhaltung von anderen Anlagen
6490	Sonstige Reparaturen und Instandhaltung
6520	Kfz-Versicherungen
6530	Laufende Kfz-Betriebskosten
6540	Kfz-Reparaturen
6550	Garagenmiete
6560	Fremdfahrzeuge (auch Kfz-Leasing)
6570	Sonstige Kfz-Kosten
6600	Werbekosten
6610	Geschenke, steuerlich abzugsfähig
6620	Geschenke, steuerlich nicht abzugsfähig

Sonstige betriebliche Aufwendungen	6630 Repräsentationsaufwendungen
	6640 Bewirtungskosten
	6641 20 % nicht abzugsfähige Bewirtungskosten
	6644 Bewirtungskosten, unangemessen hoch
	6645 Nicht abzugsfähige Betriebsausgaben
	6650 Reisekosten Arbeitnehmer
	6670 Reisekosten Unternehmer
	6700 Kosten der Warenabgabe
	6710 Verpackungsmaterial
	6740 Ausgangsfrachten
	6760 Transportversicherungen
	6770 Verkaufsprovisionen
	6780 Fremdarbeiten
	6790 Aufwand für Gewährleistung
	6800 Porto
	6805 Telefon
	6810 Telefax, Fernschreiber
	6815 Bürobedarf
	6820 Zeitschriften, Bücher
	6821 Fortbildungskosten
	6825 Rechts- und Beratungskosten
	6827 Abschluss- und Prüfungskosten
	6830 Buchführungskosten
	6835 Mieten, Mietleasing für Einrichtungen
	6845 Werkzeuge und Kleingeräte
	6850 Sonstiger Betriebsbedarf
	6855 Nebenkosten des Geldverkehrs
	6859 Aufwendungen für Abraum- und Abfallbeseitigung
	6860 Nicht anrechenbare Vorsteuer
	6875 Nicht abziehbare Hälfte der Aufsichtsratsvergütungen
	6878 Spenden (bei Kapitalgesellschaften)
	6880 Aufwendungen für Kursdifferenzen
	6885 Erlöse aus Anlagenverkäufen (bei Buchverlust)
	6895 Anlagenabgänge - Restbuchwert bei Buchverlust
	6900 Verluste aus dem Abgang von Gegenständen des Anlagevermögens
	6905 Verluste aus dem Abgang von Gegenständen des Umlaufvermögens (ausser Vorräten)
	6910 Abschreibungen auf Umlaufvermögen (ausser Vorräte und Wertpapiere des UV, soweit übliche Höhe)
	6920 Einstellung in die Pauschalwertberichtigung zu Forderungen
	6921 Einstellung in die Einzelwertberichtigung zu Forderungen
	6925 Einstellung in Sonderposten mit Rücklagenanteil (stfr. Rücklagen)
	6927 Einstellung in Sonderposten mit Rücklagenanteil (Sonderabschreib.)
	6930 Forderungsverluste (übliche Höhe)
	6932 Forderungsverluste aus steuerfreien EU-Lieferungen (übliche Höhe)
	6934 Forderungsverluste aus im Inland steuerpflichtigen EU-Lieferungen
	6935 Forderungsverluste, Regelsteuersatz
	6960 Periodenfremde Aufwendungen, soweit nicht ausserordentlich
	6967 Sonstige Aufwendungen, betriebsfremd und regelmässig

Erträge aus Beteiligungen	7000	Erträge aus Beteiligungen
Erträge aus anderen Wertpapieren und Ausleihungen des Finanzanlagevermögens	7010	Erträge aus anderen Wertpapieren und Ausleihungen des Finanzanlagevermögens

Sonstige Zinsen und ähnliche Erträge

Sonstige Zinsen und ähnliche Erträge	7100	Sonstige Zinsen und ähnliche Erträge
	7105	Zinserträge aus betrieblich abzugsfähigen Steuern
	7106	Zinserträge aus Körperschaftsteuer
- davon aus verb. Unternehmen	7109	Sonstige Zinsen und ähnliche Erträge aus verbundenen Unternehmen
Sonstige Zinsen und ähnliche Erträge	7110	Sonstige Zinserträge
	7120	Zinsähnliche Erträge
	7130	Diskonterträge

Abschreibungen auf Finanzanlagen und auf Wertpapiere des Umlaufvermögens sowie Verluste aus entsprechenden Abgängen

Abschreibungen auf Finanzanlagen und auf Wertpapiere des Umlaufvermögens	7200	Abschreibung auf Finanzanlagen
	7210	Abschreibung auf Wertpapiere des Umlaufvermögens

Zinsen und ähnliche Aufwendungen

Sonstige Zinsen und ähnliche Aufwendungen	**7300**	**Zinsen und ähnliche Aufwendungen**
	7305	Zinsaufwendungen aus betrieblich abzugsfähigen Steuern
- davon aus verb. Unternehmen	7309	Zinsaufwendungen an verbundene Unternehmen
Sonstige Zinsen und ähnliche Aufwendungen	7310	Zinsaufwendungen für kurzfristige Verbindlichkeiten
	7320	Zinsaufwendungen für langfristige Verbindlichkeiten
	7330	Zinsähnliche Aufwendungen
	7340	Diskontaufwendungen

Außerordentliche Erträge

Ausserordentliche Erträge	7400	Ausserordentliche Erträge

Ausserordentliche Aufwendungen

Ausserordentl. Aufwendungen	7500	Ausserordentliche Aufwendungen

Steuern vom Einkommen und vom Ertrag

Steuern vom Einkommen und vom Ertrag	7600	Körperschaftsteuer (einschliesslich Solidaritätszuschlag)
	7610	Gewerbesteuer
	7630	Kapitalertragsteuer (einschliesslich Solidaritätszuschlag)
	7635	Zinsabschlagsteuer (einschliesslich Solidaritätszuschlag)
	7640	Steuernachzlg. Vorjahre für Steuern vom Einkommen und Ertrag
	7642	Steuererstatt. Vorjahre für Steuern vom Einkommen und Ertrag
	7644	Erträge aus der Auflösung von Rückstellungen für Steuern vom Einkommen und Ertrag

Sonstige Steuern

Sonstige Steuern	**7650**	**Sonstige Steuern**
	7675	Verbrauchssteuer
	7680	Grundsteuer
	7685	KFZ-Steuer
	7690	Steuernachzahlungen Vorjahre für sonstige Steuern
	7692	Steuererstattungen Vorjahre für sonstige Steuern
	7694	Erträge aus der Auflösung von Rückstellungen für sonstige Steuern

GuV-POSTEN		KONTENKLASSE 7	
Gewinnvortrag nach Verwendung		7700	Gewinnvortrag nach Verwendung
Verlustvortrag nach Verwendung		7720	Verlustvortrag nach Verwendung
Entnahmen aus Kapitalrücklagen		7730	Entnahmen aus Kapitalrücklagen
			Entnahmen aus Gewinnrücklagen
Entnahmen aus Gewinnrücklagen		7735	Entnahmen aus der gesetzlichen Rücklage
		7740	Entnahmen aus der Rücklage für eigene Anteile
		7745	Entnahmen aus satzungsmässigen Rücklagen
		7750	Entnahmen aus anderen Gewinnrücklagen
			Einstellungen in Gewinnrücklagen
Einstellungen in Gewinnrücklagen		7765	Einstellungen in die gesetzlichen Rücklage
		7770	Einstellungen in die Rücklage für eigene Anteile
		7775	Einstellungen in die satzungsmässige Rücklagen
		7780	Einstellungen in andere Gewinnrücklagen
Ausschüttung		7790	**Ausschüttung**
Vorträge auf neue Rechnung		7795	**Vorträge auf neue Rechnung**

BILANZPOSTEN

(Vortragskonten)

KONTENKLASSE 9

9000 Saldenvorträge (Eröffnungsbilanzkonto)
9090 Summenvortragskonto

9100 Schlussbilanzkonto
9200 Gewinn- und Verlustkonto

DEBITORENKONTEN (Kunden)

Konten-Nummern im Bereich 10000 - 69999 (empfohlen 10000 - 19999)

KREDITORENKONTEN (Lieferanten)

Konten-Nummern im Bereich 70000 - 99999 (empfohlen 70000 - 79999)

21.2 Gemeinschafts-Kontenrahmen (nach BiRiLiG) - DATEV SKR 03

BILANZPOSTEN	KONTENKLASSE 0

Konzessionen, gew. Schutzrechte u. ähnl. Rechte und Werte sowie Lizenzen an solchen Rechten und Werten	**0010 Konzessionen, gewerbliche Schutzrechte und ähnliche Rechte und Werte sowie Lizenzen an solchen Rechten und Werten** 0027 Software
Geschäfts- oder Firmenwert	0035 Geschäfts- oder Firmenwert
Geleistete Anzahlungen	0039 Geleistete Anzahlungen auf immaterielle Vermögensgegenstände

Sachanlagen

Grundstücke, grundstücksgleiche Rechte und Bauten einschliesslich der Bauten auf fremden Grundstücken	0050 Grundstücke, grundstücksgleiche Rechte und Bauten einschliesslich der Bauten auf fremden Grundstücken 0060 Grundstücke und grundstücksgleiche Rechte ohne Bauten 0065 Unbebaute Grundstücke 0070 Grundstücksgleiche Rechte (Erbbaurecht, Dauerwohnrecht) 0080 Bauten auf eigenen Grundstücken und grundstücksgleichen Rechten 0085 Grundstückswerte eigener bebauter Grundstücke 0090 Geschäftsbauten 0100 Fabrikbauten 0110 Garagen 0112 Hof- und Wegebefestigungen 0113 Einrichtungen für Geschäfts-, Fabrik- und andere Bauten 0115 Andere Bauten 0140 Wohnbauten 0146 Aussenanlagen für Geschäfts-, Fabrik- und andere Bauten 0150 Geschäfts-, Fabrik-, Wohnbauten im Bau
Geleistete Anzahlungen und Anlagen im Bau	0159 Anzahlungen auf Geschäfts-, Fabrik-, Wohnbauten
Grundstücke, grundstücksgleiche Rechte und Bauten einschliesslich der Bauten auf fremden Grundstücken	0160 Bauten auf fremdem Grundstücken 0178 Einrichtungen für Geschäfts-, Fabrik- Wohn- und andere Bauten
Technische Anlagen und Maschinen	0200 Technische Anlagen und Maschinen 0205 Technische Anlagen 0210 Maschinen 0220 Maschinengebundene Werkzeuge 0280 Betriebsvorrichtungen
Geleistete Anzahlungen und Anlagen im Bau	0290 Technische Anlagen und Maschinen im Bau 0299 Anzahlungen auf Technische Anlagen und Maschinen
Andere Anlagen, Betriebs- und Geschäftsausstattung	0300 Andere Anlagen, Betriebs- und Geschäftsausstattung 0310 Andere Anlagen 0320 PKW 0350 LKW 0380 Sonstige Transportmittel 0420 Büroeinrichtung 0430 Ladeneinrichtung 0440 Werkzeuge 0460 Gerüst- und Schalungsmaterial 0480 Geringwertige Wirtschaftsgüter bis 800,00 DM 0490 Sonstige Betriebs- und Geschäftsausstattung

BILANZPOSTEN	KONTENKLASSE 0

| Geleistete Anzahlungen und Anlagen im Bau | 0498 Andere Anlagen, Betriebs- und Geschäftsausstattung im Bau |
| | 0499 Anzahlungen auf andere Anlagen, Betriebs- und Geschäftsausstattung |

Finanzanlagen

Anteile an verbundenen Unternehmen	**0500 Anteile an verbundenen Unternehmen**
Beteiligungen	**0510 Beteiligungen**
Wertpapiere des Anlageverm.	**0525 Wertpapiere des Anlagevermögens**
Sonstige Ausleihungen	**0540 Sonstige Ausleihungen**
	0550 Darlehen
	0570 Genossenschaftsanteile zum langfristigen Verbleib
	0580 Ausleihungen an Gesellschafter
	0595 Rückdeckungsansprüche aus Lebensversicherungen zum langfristigen Verbleib
Anleihen	**0600 Anleihen**
Verbindlichkeiten gegenüber Kreditinstituten	**0630 Verbindlichkeiten gegenüber Kreditinstituten**
Verbindlichkeiten gegenüber verbundenen Unternehmen	**0700 Verbindlichkeiten gegenüber verbundenen Unternehmen**
Sonstige Verbindlichkeiten	**0730 Verbindlichkeiten gegenüber Gesellschaftern**
	0760 Darlehen
Gezeichnetes Kapital	**0800 Gezeichnetes Kapital (Kapitalgesellschaften)**
Ausstehende Einlagen auf das gezeichnete Kapital	0801 Ausstehende Einlagen, nicht eingefordert
	0810 Ausstehende Einlagen, eingefordert
Kapitalrücklage	0840 Kapitalrücklage
Gesetzliche Rücklage	0846 Gesetzliche Rücklage
Satzungsmässige Rücklage	0851 Satzungsmässige Rücklagen
Gewinnvortrag oder Verlustvortrag	0860 Gewinnvortrag vor Verwendung
	0868 Verlustvortrag vor Verwendung
Gewinnvortrag oder Verlustvortrag auf neue Rechnung	0869 Vorträge auf neue Rechnung
Kapital (Einzelunternehmer)	**Kapital Vollhafter/Einzelunternehmer**
	0870 Festkapital
	0880 Variables Kapital
	0885 Eigenkapital (Einzelunternehmer)
	0890 Gesellschafter-Darlehen
	0900 Kommandit-Kapital
Sonderposten mit Rücklagenanteil	0930 Sonderposten mit Rücklagenanteil
	Rückstellungen
Rückstellungen für Pensionen und ähnliche Verpflichtungen	**0950 Rückstellungen für Pensionen und ähnliche Verpflichtungen**
Steuerrückstellungen	0955 Steuerrückstellungen

BILANZPOSTEN	KONTENKLASSE 0
Sonstige Rückstellungen	0970 Sonstige Rückstellungen

KONTENKLASSE 0

Sonstige Rückstellungen	0970 Sonstige Rückstellungen

Rechnungsabgrenzungsposten

Rechnungsabgrenzungsposten Aktiva	**0980 Aktive Rechnungsabgrenzung** 0983 Aktive latente Steuern 0985 Als Aufwand berücksichtigte Umsatzsteuer auf Anzahlungen 0986 Damnum/Disagio
Rechnungsabgrenzungsposten Passiva	0990 Passive Rechnungsabgrenzung
Forderungen aus Lieferungen und Leistungen	**0996 Pauschalwertberichtigung zu Forderungen** **0998 Einzelwertberichtigungen zu Forderungen**

KONTENKLASSE 1

Schecks, Kassenbestand, Guthaben bei Kreditinstituten

Schecks, Kassenbestand, Guthaben bei Kreditinstituten	**1000 Kasse** **1100 Postbank** **1200 Bank**
Forderungen aus L/L	1300 Wechsel aus Lieferungen und Leistungen (Besitzwechsel)
Schecks, Kassenbestand, Guthaben bei Kreditinstituten	**1330 Schecks**

Wertpapiere

Anteile an verbundenen Unternehmen	**1340 Anteile an verbundenen Unternehmen** (Umlaufvermögen)
Sonstige Wertpapiere	**1348 Sonstige Wertpapiere**

Forderungen und sonstige Vermögensgegenstände

Sonstige Vermögensgegenstände	1355 Ansprüche aus Rückdeckungsversicherungen 1360 Geldtransit 1365 Geldverkehr (EDV)
Forderungen aus Lieferungen und Leistungen	**1400 Forderungen aus Lieferungen und Leistungen** 1410 Forderungen aus Lieferungen und Leistungen (ohne Kontokorrent) 1460 Zweifelhafte Forderungen
Sonstige Vermögensgegenstände	**1500 Sonstige Vermögensgegenstände** 1507 Forderungen gegen Gesellschafter
Geleistete Anzahlungen	**1510 Geleistete Anzahlungen auf Vorräte** 1516 Geleistete Anzahlungen auf Vorräte, Regelsteuersatz
Sonstige Vermögensgegenstände	1521 Agenturwarenabrechnungen 1525 Kautionen 1530 Forderungen gegen Personal 1540 Steuerüberzahlungen 1542 Steuererstattungsansprüche gegenüber anderen EU-Ländern 1545 Umsatzsteuerforderungen 1547 Forderungen aus entrichteten Verbrauchsteuern 1549 Körperschaftsteuerrückforderungen 1550 Darlehen

Sonstige Vermögensgegenstände oder Sonstige Verbindlichkeiten	1570 Abziehbare Vorsteuer 1571 Abziehbare Vorsteuer 7 % 1572 Abziehbare Vorsteuer aus innergemeinschaftlichem Erwerb 1575 Abziehbare Vorsteuer 16 % 1576 Abziehbare Vorsteuer 15 % 1588 Entrichtete Einfuhrumsatzsteuer 1590 Durchlaufende Posten

Sonstige Verbindlichkeiten	1593 Verrechnungskto. erh. Anzahlungen bei Buchung über Deb.-Konto

Forderungen aus Lieferungen und Leistungen	**1600 Verbindlichkeiten aus Lieferungen und Leistungen** 1610 Verbindlichkeiten aus L/L (ohne Kontokorrent)
Verbindlichkeiten aus der An- nahme gezogener Wechsel	**1660 Wechselverbindlichkeiten (Schuldwechsel)**

Sonstige Verbindlichkeiten	**1700 Sonstige Verbindlichkeiten**

Erhaltene Anzahlungen auf Bestellungen	**1710 Erhaltene Anzahlungen auf Bestellungen** 1716 Erhaltene Anzahlungen auf Bestellungen, Regelsteuersatz

Sonstige Verbindlichkeiten	1731 Agenturwarenabrechnungen 1732 Erhaltene Kautionen **1736 Verbindlichkeiten aus Betriebssteuern und -abgaben** **1740 Verbindlichkeiten aus Lohn- und Gehalt** **1741 Verbindlichkeiten aus Lohn- und Kirchensteuer** **1742 Verbindlichkeiten im Rahmen der sozialen Sicherheit** **1746 Verbindlichkeiten aus Einbehaltungen** **1750 Verbindlichkeiten aus Vermögensbildung** **1755 Lohn- und Gehaltsverrechnungskonto (nur für EDV)** 1767 Umsatzsteuer aus im anderen EU-Land steuerpfl. Lieferungen

Sonstige Verbindlichkeiten oder Sonstige Vermögensgegenstände	**1770 Umsatzsteuer** 1771 Umsatzsteuer 7 % 1772 Umsatzsteuer aus innergemeinschaftlichem Erwerb **1775 Umsatzsteuer 16 %** 1776 Umsatzsteuer 15 % **1780 Umsatzsteuervorauszahlungen** 1781 Umsatzsteuervorauszahlungen 1/11 1789 Umsatzsteuer lfd. Jahr (Verbindlichkeiten gegenüber dem Finanzamt) 1790 Umsatzsteuer Vorjahr 1791 Umsatzsteuer frühere Jahre 1792 Sonstige Verrechnungskonten, durchlaufende Posten 1793 Verrechnungskonto geleistete Anzahlungen bei Buchung über Kreditoren-Konto

Kapital (Einzelunternehmen)	**1800 Privatentnahmen allgemein** **1880 Eigenverbrauch** **1890 Privateinlagen**

GuV-POSTEN	KONTENKLASSE 2

Ausserordentliche Aufwendungen

Ausserordentliche Aufwendungen	2000	Ausserordentliche Aufwendungen

Betriebsfremde und periodenfremde Aufwendungen

Sonstige betriebliche Aufwendungen	2010	Betriebsfremde Aufwendungen
	2020	Periodenfremde Aufwendungen, soweit nicht ausserordentlich

Zinsen und ähnliche Aufwendungen

Sonstige Zinsen und ähnliche Aufwendungen	**2100**	**Zinsen und ähnliche Aufwendungen**
	2107	Zinsaufwendungen aus betrieblich abzugsfähigen Steuern
	2109	Zinsaufwendungen an verbundene Unternehmen
	2110	**Zinsaufwendungen für kurzfristige Verbindlichkeiten**
	2120	**Zinsaufwendungen für langfristige Verbindlichkeiten**
	2130	Diskontaufwendungen
	2140	Zinsähnliche Aufwendungen

Sonst. betriebl. Aufwendungen	2150	Aufwendungen für Kursdifferenzen

Steueraufwendungen

Steuern vom Einkommen und vom Ertrag	2200	Körperschaftsteuer (einschliesslich Solidaritätszuschlag)
	2210	Kapitalertragsteuer (einschliesslich Solidaritätszuschlag)
	2215	Zinsabschlagsteuer (einschliesslich Solidaritätszuschlag)
	2280	Steuernachzlg. Vorjahre für Steuern vom Einkommen und Ertrag
	2282	Steuererstatt. Vorjahre für Steuern vom Einkommen und Ertrag
	2284	Erträge aus der Auflösung von Rückstellungen für Steuern vom Einkommen und Ertrag

Sonstige Steuern	2285	Steuernachzahlungen Vorjahre für sonstige Steuern
	2287	Steuererstattungen Vorjahre für sonstige Steuern
	2289	Erträge aus der Auflösung von Rückstellungen für sonstige Steuern

Sonstige betriebliche Aufwendungen	2300	Sonstige Aufwendungen
	2307	Sonstige Aufwendungen, betriebsfremd
	2310	Anlagenabgänge (Restbuchwert bei Buchverlust)

Sonstige betriebliche Erträge	2315	Anlagenabgänge (Restbuchwert bei Buchgewinn)

Sonstige betriebliche Aufwendungen	2320	Verluste aus dem Abgang von Gegenständen des Anlagevermögens
	2325	Verluste aus dem Abgang von Gegenständen des Umlaufvermögens (ausser Vorräten)
	2340	Einstellung in Sonderposten mit Rücklagenanteil (stfr. Rücklagen)
	2345	Einstellung in Sonderposten mit Rücklagenanteil (Sonderabschreibungen)
	2350	Sonstige Grundstücksaufwendungen

Sonstige Steuern	2375	Grundsteuer

Sonstige betriebliche Aufwendungen	2380	Spenden (bei Kapitalgesellschaften)
	2385	Nicht abziehbare Hälfte der Aufsichtsratsvergütungen
	2400	Forderungsverluste (übliche Höhe)
	2402	Forderungsverluste aus steuerfreien EU-Lieferungen (übliche Höhe)
	2405	Forderungsverluste 16 %

GuV-POSTEN		
Abschreibungen auf Vermögensgegenstände des Umlaufvermögens, soweit diese die in der Kapitalgesellschaft üblichen Abschreibungen überschreiten	2430	Forderungsverluste (soweit unüblich hoch)
Sonstige betriebliche Aufwendungen	2450	Einstellung in die Pauschalwertberichtigung zu Forderungen
	2451	Einstellung in die Einzelwertberichtigung zu Forderungen
Einstellungen in die Gewinnrücklagen	2496	Einstellungen in die gesetzlichen Rücklage
	2497	Einstellungen in die satzungsmässige Rücklagen
	2498	Einstellungen in die Rücklage für eigene Anteile
	2499	Einstellungen in andere Gewinnrücklagen
Ausserordentliche Erträge	**2500**	**Ausserordentliche Erträge**
		Betriebsfremde und periodenfremde Erträge
Sonstige betriebliche Erträge	2510	Betriebsfremde Erträge (soweit nicht ausserordentlich)
	2520	Periodenfremde Erträge (soweit nicht ausserordentlich)
Erträge aus Beteiligungen	2600	Erträge aus Beteiligungen
Sonstige betriebliche Erträge	2620	Erträge aus anderen Wertpapieren und Ausleihungen des Finanzanlagevermögens
		Sonstige Zinsen und ähnliche Erträge
Sonstige Zinsen und ähnliche Erträge	2650	Sonstige Zinsen und ähnliche Erträge
	2657	Zinserträge aus betrieblich abzugsfähigen Steuern
	2658	Zinserträge aus Körperschaftsteuer
	2659	Sonstige Zinsen und ähn. Erträge aus verbundenen Unternehmen
Sonstige betriebliche Erträge	2660	Erträge aus Kursdifferenzen
Sonstige Zinsen und ähnliche Erträge	2670	Diskonterträge
	2680	Zinsähnliche Erträge
Sonstige betriebliche Erträge	**2700**	**Sonstige Erträge**
	2710	Erträge aus Zuschreibungen des Anlagevermögens
	2715	Erträge aus Zuschreibungen des Umlaufvermögens, ausser Vorräten
	2720	Erträge aus dem Abgang von Gegenständen des Anlagevermögens
	2725	Erträge aus dem Abgang von Gegenständen des Umlaufvermögens (ausser Vorräten)
	2730	Erträge aus der Herabsetzung der Pauschalwertberichtigung zu Forderungen
	2731	Erträge aus der Herabsetzung der Einzelwertberichtigung zu Forderungen
	2732	Erträge aus abgeschriebenen Forderungen
	2735	Erträge aus der Auflösung von Rückstellungen
	2740	Erträge aus der Auflösung von Sonderposten mit Rücklagenanteil (steuerfreie Rücklagen)
	2741	Erträge aus der Auflösung von Sonderposten mit Rücklagenanteil (Sonderabschreibungen)
	2742	Versicherungsentschädigungen
	2743	Investitionszuschüsse (steuerpflichtig)
	2744	Investitionszulagen (steuerfrei)
	2750	Grundstückserträge

GuV-POSTEN	KONTENKLASSE 2	
Entnahmen aus Kapitalrücklagen	2795	Entnahmen aus Kapitalrücklagen
Entnahmen aus Gewinnrücklagen	2796	Entnahmen aus der gesetzlichen Rücklage
	2797	Entnahmen aus satzungsmässigen Rücklagen
	2798	Entnahmen aus der Rücklage für eigene Anteile
	2799	Entnahmen aus anderen Gewinnrücklagen
Gewinnvortrag oder Verlustvortrag	2860	Gewinnvortrag nach Verwendung
	2868	Verlustvortrag nach Verwendung
Gewinnvortrag oder Verlustvortrag auf neue Rechnung	2869	Vorträge auf neue Rechnung
Ausschüttung	2870	Ausschüttung

KONTENKLASSE 3

Materialaufwand

Aufwendungen für Roh-, Hilfs- und Betriebsstoffe und für Waren	3000	Einkauf Roh-, Hilfs- und Betriebsstoffe
	3010	Einkauf Rohstoffe
	3020	Einkauf Hilfsstoffe
	3030	Einkauf Betriebsstoffe
	3090	Energiestoffe (Fertigung)

Aufwendungen für bezogene Leistungen

Fremdleistungen	**3100**	**Fremdleistungen**
Aufwendungen für Roh-, Hilfs- und Betriebsstoffe und für Waren	**3200**	**Wareneinkauf**
	3300	Wareneinkauf Handelsware 7 %
	3400	**Wareneinkauf Handelsware 16 %**
	3420	Innergemeinschaftlicher Erwerb 7 %
	3425	Innergemeinschaftlicher Erwerb 16 %
	3435	Innergemeinschaftlicher Erwerb ohne Vorsteuer
	3550	Steuerfreier innergemeinschaftlicher Erwerb
	3700	**Nachlässe**
	3710	Nachlässe 7 %
	3720	Nachlässe 16 %
	3724	Erhaltene Skonti / Nachlässe aus ig. Erwerb 7 %
	3725	Erhaltene Skonti / Nachlässe aus ig. Erwerb 16 %
	3730	**Erhaltene Skonti**
	3731	Erhaltene Skonti 7 %
	3736	Erhaltene Skonti 16 %
	3740	**Erhaltene Boni / Rabatte**
	3750	Erhaltene Boni / Rabatte 7 %
	3760	Erhaltene Boni / Rabatte 16 %
	3800	**Anschaffungsnebenkosten**
	3830	Leergut
	3850	Zölle und Einfuhrabgaben

BILANZPOSTEN	KONTENKLASSE 3
Roh-, Hilfs- und Betriebsstoffe	3970 Bestand Roh-, Hilfs- und Betriebsstoffe (zusammengefasst)
	3971 Rohstoffe (Bestand)
	3972 Hilfsstoffe (Bestand)
	3973 Betriebsstoffe (Bestand)
Fertige Erzeugnisse und Waren	3980 Warenbestand Handelsware
Geleistete Anzahlungen	3985 Geleistete Anzahlungen auf Vorräte

GuV-POSTEN	KONTENKLASSE 4

Material- und Stoffverbrauch

Aufwendungen für Roh-, Hilfs- und Betriebsstoffe	4000 Aufwendungen für Roh-, Hilfs- und Betriebsstoffe

Personalaufwand

Löhne und Gehälter	4100 Löhne und Gehälter
	4110 Löhne (produktiv)
	4115 Gemeinkostenlöhne
	4120 Gehälter
	4125 Ehegattengehalt
	4127 Geschäftsführergehälter
Soziale Abgaben und Aufwendungen für Altersversorgung und für Unterstützung	4130 Gesetzliche soziale Aufwendungen (AG-Anteil)
	4138 Beiträge zur Berufsgenossenschaft
Sonstige betrieb. Aufwendungen	4139 Ausgleichsabgabe im Sinne des Schwerbehindertengesetzes
Soziale Abgaben und Aufwendungen für Altersversorgung und für Unterstützung	4140 Freiwillig soziale Aufwendungen, lohnsteuerfrei
Löhne und Gehälter	4145 Freiwillig soziale Aufwendungen, lohnsteuerpflichtig
	4146 Geldwerte Vorteile und Sachbezüge
	4150 Krankengeldzuschüsse
Soziale Abgaben und Aufwendungen für Altersversorgung und für Unterstützung	4160 Versorgungskassen
	4165 Aufwendungen für Altersversorgung (z. B. Pensionszahlungen, Zuführungen zu Pensionsrückstellungen, Direktversicherungen,
	4169 Aufwendungen für Unterstützung (z. B. betriebliche Beihilfen für Krankheit, Geburt, Heirat, Unfall, Kur- und Arztkosten, Zuführung zu Unterstützungskassen)
Löhne und Gehälter	4170 Vermögenswirksame Leistungen
	4175 Fahrtkostenerstattung Wohnung/Arbeitsstätte
	4180 Periodenfremde Personalaufwendungen (z. B. Abfindungen, die Vorjahre betreffen)
	4190 Aushilfslöhne
(oder Sonstige Steuern)	4199 Lohnsteuer für pauschalierungspflichtige Bezüge

GuV-POSTEN	KONTENKLASSE 4
Sonstige betriebliche Aufwendungen	4200 Raumkosten 4210 Miete 4220 Pacht 4230 Heizung 4240 Gas, Strom, Wasser (Verwaltung, Vertrieb) 4250 Reinigung 4260 Instandhaltung betrieblicher Räume 4270 Abgaben für betrieblich genutzten Grundbesitz 4280 Sonstige Raumkosten 4300 Nicht anrechenbare Vorsteuer
Steuern vom Einkommen und vom Ertrag	4320 Gewerbesteuer
Sonstige Steuern	4350 Verbrauchssteuer (z. B. Getränkesteuer)
Sonstige betriebliche Aufwendungen	4360 Versicherungen 4380 Beiträge 4390 Sonstige Abgaben und Gebühren 4396 Steuerlich abzugsfähige Verspätungszuschläge und Zwangsgelder 4397 Steuerl. nicht abzugsfähige Verspätungszuschläge und Zwangsgelder
Sonstige Steuern	4510 KFZ-Steuer
Sonstige betriebliche Aufwendungen	4520 Kfz-Versicherungen 4530 Laufende Kfz-Betriebskosten 4540 Kfz-Reparaturen 4550 Garagenmiete 4570 Fremdfahrzeuge (auch Kfz-Leasing) 4580 Sonstige Kfz-Kosten 4610 Werbekosten 4630 Geschenke, steuerlich abzugsfähig 4635 Geschenke, steuerlich nicht abzugsfähig 4640 Repräsentationsaufwendungen 4650 Bewirtungskosten 4651 20 % nicht abzugsfähige Bewirtungskosten 4654 Bewirtungskosten, unangemessen hoch 4655 Nicht abzugsfähige Betriebsausgaben 4660 Reisekosten Arbeitnehmer 4670 Reisekosten Unternehmer 4700 Kosten der Warenabgabe 4710 Verpackungsmaterial 4730 Ausgangsfrachten 4750 Transportversicherungen 4760 Verkaufsprovisionen 4780 Fremdarbeiten 4790 Aufwand für Gewährleistung 4800 Reparaturen und Instandhaltung von tech. Anlagen und Maschinen 4805 Reparaturen und Instandhaltung von anderen Anlagen, Betriebs- und Geschäftsausstattung 4809 Sonstige Reparaturen und Instandhaltung 4810 Mietleasing

Abschreibungen auf immaterielle Vermögensgegenstände des Anlagevermögens und Sachanlagen sowie auf aktivierte Aufwendungen für die Ingangsetzung und Erweiterung des Geschäftsbetriebs	4822 Abschreibungen auf immaterielle Wirtschaftsgüter 4826 Ausserplanmässige Abschreibungen auf immaterielle Vermögensgegenstände 4830 Abschreibungen auf Sachanlagen 4840 Ausserplanmässige Abschreibungen auf Sachanlagen 4850 Abschreibungen auf Sachanlagen aufgrund steuerlicher Sondervorschriften 4855 Sofortabschreibung geringwertiger Wirtschaftsgüter 4860 Abschreibungen auf aktivierte GwG
Abschreibungen auf Finanzanlagen und auf Wertpapiere des Umlaufvermögens	4870 Abschreibung auf Finanzanlagen 4875 Abschreibung auf Wertpapiere des Umlaufvermögens
Abschreibungen auf Vermögensgegenstände des Umlaufvermögens, soweit diese die in der Kapitalgesellschaft üblichen Abschreibungen überschreiten	4880 Abschreibungen auf Vermögensgegenstände des Umlaufvermögens (soweit unüblich hoch)
Sonstige betriebliche Aufwendungen	4886 Abschreibungen auf Umlaufvermögen (ausser Vorräte und Wertpapiere des UV, soweit übliche Höhe) 4887 Abschreibungen auf Umlaufvermögen, steuerrechtlich bedingt 4900 Sonstige betriebliche Aufwendungen 4901 Andere Personalkosten (z. B. Werksarzt, Betriebsveranstaltungen) 4910 Porto 4920 Telefon 4925 Telefax, Fernschreiber 4930 Bürobedarf 4940 Zeitschriften, Bücher 4945 Fortbildungskosten 4950 Rechts- und Beratungskosten 4955 Buchführungskosten 4957 Abschluss- und Prüfungskosten 4960 Mieten, Mietleasing für Einrichtungen 4969 Aufwendungen für Abraum- und Abfallbeseitigung 4970 Nebenkosten des Geldverkehrs 4980 Sonstiger Betriebsbedarf 4985 Werkzeuge und Kleingeräte

Unfertige Erzeugnisse, unfertige Leistungen	7050 Unfertige Erzeugnisse (Bestand) 7080 Unfertige Leistungen (Bestand)
Fertige Erzeugnisse und Waren	7100 Fertige Erzeugnisse und Waren (zusammengefasst) 7110 Fertige Erzeugnisse (Bestand) 7140 Waren (Bestand)

GuV-POSTEN

Umsatzerlöse

GuV-Posten	Kontonummer und Bezeichnung
Umsatzerlöse	8000 Umsatzerlöse
	8100 Steuerfreie Umsätze § 4 Nr. 8 ff UStG
	8110 Sonstige steuerfreie Umsätze, Inland
	8120 Steuerfreie Umsätze § 4 Nr. 1a, 2-7 UStG (z. B. Ausfuhr)
	8125 Steuerfreie innergemeinschaftliche Lieferungen, 4 Nr. 1b UStG
	8150 Sonstige steuerfreie Umsätze, Ausland
	8300 Erlöse, ermässigter Regelsteuersatz
	8315 Erlöse aus im Inland steuerpfl. EU-Lieferungen 16 %
	8320 Erlöse aus im anderen EU-Land steuerpflichtigen Lieferungen
	8400 Erlöse, Regelsteuersatz
	8405 Erlöse aus Verkauf an das Personal
	8490 Umsatzsteuerpflichtige Anzahlungen von Kunden
	8500 Provisionserlöse
	8508 Provisionserlöse 16 %
	8520 Erlöse aus Abfallverwertung
	8540 Erlöse aus Leergut
Sonstige betriebliche Erträge	8590 Verrechnete Sachbezüge, steuerfrei
	8591 Verrechnete Sachbezüge, 16 % (z. B. Kfz-Gestellung)
	8595 Verrechnete Sachbezüge, 7 % (z. B. Verpflegung)
	8600 Sonstige betriebliche Erträge
Sonstige Zinsen und ähnliche Erträge	8650 Erlöse Zinsen und Diskontspesen 16 %
Umsatzerlöse	8655 Erlöse aus weiterberechnete Kosten
	8700 Erlösschmälerungen
	8710 Erlösschmälerungen 7 %
	8720 Erlösschmälerungen 16 %
	8724 Erlösschmälerungen aus steuerfreien innergem. Lieferungen
	8725 Erlösschmälerungen aus steuerfreien innergem. Lieferungen 7 %
	8726 Erlösschmälerungen aus steuerfreien innergem. Lieferungen 16 %
	8727 Erlösschmälerungen aus im anderen EU-Land steuerpflichtigen Lieferungen
	8730 Gewährte Skonti
	8731 Gewährte Skonti 7 %
	8735 Gewährte Skonti 16 %
	8740 Gewährte Boni
	8741 Gewährte Boni 7 %
	8746 Gewährte Boni 16 %
Sonstige betriebliche Erträge	8800 Erlöse aus Anlagenverkäufen 16 %
	8801 Erlöse aus Anlagenverkäufen (bei Buchgewinn)
Sonstige betriebliche Aufwendungen	8820 Erlöse aus Anlagenverkäufen (bei Buchverlust)

GuV-POSTEN

Umsatzerlöse

Sonstige betriebliche Erträge

Umsatzerlöse

Erhöhung oder Verminderung des Bestandes an fertigen und unfertigen Erzeugnissen

And. aktivierte Eigenleistungen

BILANZPOSTEN

(Vortragskonten)

KONTENKLASSE 8

8905   Entnahme von Gegenständen ohne Umsatzsteuer
8910   Entnahme von Gegenständen 16 % (z. B. Waren)
8915   Entnahme von Gegenständen 7 % (z. B. Waren)

8918   Entnahme von Gegenständen 16 % (z. B. Sachanlagen)
8920   Entnahme von sonstigen Leistungen (Pkw-, Telefon-Nutzung)
       16 % (Nr. 1-7 und Abs. 7 EStG / § 1 Abs. 1 Nr. 2c UStG)
8939   Entnahme von sonstigen Leistungen ohne Umsatzsteuer
8940   Eigenverbrauch 16 % (Aufwend. i. S. d. § 4 Abs. 5 Nr. 1-7 u. Abs. 7)

8944   Eigenverbrauch ohne Umsatzsteuer

8950   Nicht steuerbare Umsätze (Schadenersatz)

8960   Bestandsveränderungen unfertige Erzeugnisse
8970   Bestandsveränderungen unfertige Leistungen

8980   Bestandsveränderungen fertige Erzeugnisse und Leistungen

8990   Andere aktivierte Eigenleistungen

KONTENKLASSE 9

9000   Saldenvorträge (Eröffnungsbilanzkonto)
9090   Summenvortragskonto

9100   Schlussbilanzkonto
9200   Gewinn- und Verlustkonto

DEBITORENKONTEN (Kunden)

Konten-Nummern im Bereich 10000 - 69999 (empfohlen 10000 - 19999)

KREDITORENKONTEN (Lieferanten)

Konten-Nummern im Bereich 70000 - 99999 (empfohlen 70000 - 79999)

Stichwortverzeichnis